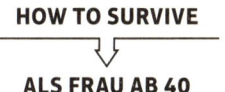

HOW TO SURVIVE

ALS FRAU AB 40

DAGMAR DA SILVEIRA MACÊDO

HOW TO SURVIVE

ALS FRAU AB 40

**So leben Sie glücklich mit Falten, Pfunden
und anderen Zumutungen des Älterwerdens**

SCHWARZKOPF & SCHWARZKOPF

INHALT

VORWORT 9

1. WIE SIE IHRE ERSTEN SCHRITTE INS ZEITALTER ZWISCHEN KUSCHEL- UND RHEUMADECKE ÜBERLEBEN 11

Wie Sie sich an den Gedanken gewöhnen, kein junger Hüpfer mehr zu sein • Wieso 40 werden ein großer Schritt im Leben einer Frau ist • Warum Sie erst ab 40 wirklich erwachsen sind • Wie Sie Ihren Platz zwischen »Sie« und »Du« finden • Wie Sie sich damit abfinden, dass Sie nun keine Zeit mehr haben, auf den Mann mit seinem weißen Pferd zu warten • Wie Sie es überleben, dass Ihnen niemand mehr hinterherpfeift

2. KÖRPERLICHE VERÄNDERUNG I – HAUPTSACHE HAUT 31

Warum Frauen Falten und Männer Linien haben • Warum Sie nicht in Würde altern müssen • Wie Sie jetzt Ihre Haut in den oberen Problemzonen in den Griff bekommen • Wie Sie die richtige Creme finden • Was Sie über die Grenzen der dekorativen Gesichtsgestaltung wissen sollten • Wie Sie bei Hyperpigmentierung nicht hyperventilieren • Was Sie sonst noch ohne Spritze und Skalpell tun können • Wie Sie Botox & Co. gewinnbringend einsetzen • Warum plastische Chirurgie manchmal doch ganz nützlich sein kann

3. KÖRPERLICHE VERÄNDERUNGEN II – RÜCKEN & ANDERE ZIPPERLEIN 65

Wie Sie Ihren Körper auf den Prüfstand stellen und neu definieren • Wie Sie trotz Rücken eine gute Figur machen • Warum Sie Ihrem Beckenboden nun ein eigenes Sportprogramm widmen sollten • Warum Wechseljahre bereits ab 40 ein Thema sind • Warum Hüftgold sich jetzt bei Ihnen besonders wohlfühlt • Wie Sie auf ein neugieriges »Wann ist es denn so weit« antworten • Wie Sie sich gegen Hitzewallung und Herzrasen wappnen • Wie Sie weiterhin gut durchschlafen • Wie Sie Stimmungsschwankungen und Heulattacken entgegentreten • Wie Sie einen Damenbart in Form bringen • Wie Sie Ihre erste Lesebrille ertragen lernen • Wie Sie Wechseljahresbeschwerden zu Ihrem Vorteil nutzen

4. PIMP YOUR STYLE – OUTFIT & FRISUR 109
Wie Sie gegen die Bevormundung von Frauenzeitschriften immun werden • Wie Sie Trends überleben • Was Sie jetzt bei Ihrer Garderobenwahl beachten sollten • Warum eine Mom-Jeans keine gute Wahl für eine Mom ist • Wie Sie heiße Sommertage überstehen • Wie Sie Ihren Busen in Bestform bringen • Wie Sie trotz schlechter Beleuchtung in der Umkleidekabine Ihren Spaß am Shoppen behalten • Warum sich ein paar Gedanken um Ihre Frisur lohnen • Was Sie Ihren Haaren ab 40 ersparen sollten • Wie Sie den Anblick einer jüngeren Frau neben sich erträglicher gestalten

5. JOB & KARRIERE 139
Warum jetzt die richtige Zeit ist, noch einmal neu durchzustarten • Wie Sie Ihren Traumjob finden • Wie Sie Ihr Berufsleben rebooten • Wie Sie von der Familienmanagerin zur Karrierefrau avancieren • Wie Sie für das Hotel »Mama« neue Angestellte finden • Warum Sie jetzt dringend Ihre Rente im Auge behalten sollten • Warum Sie mit Mut zur Unvollkommenheit am erfolgreichsten sind • Wie Sie mit Stutenbissigkeit umgehen • Wie Sie damit umgehen, dass »Autoritäten« plötzlich jünger sind als Sie

6. PARTNERSCHAFT & SEXUALITÄT 165
Warum jetzt so viele Ehen zerbrechen • Wie Sie mit einer jüngeren Nachfolgerin umgehen und was Sie ihr voraushaben • Warum

Lebenserfahrung sexy macht und Sie deshalb gerade mit über 40 besonders attraktiv sind • Wie Sie sich einen neuen Partner angeln • Warum ein »Toy Boy« nun eine gute Wahl sein kann • Warum ein »Sugar Daddy« auch Vorteile hat • Wie Sie ohne Partner glücklich werden • Warum Scheidentrockenheit kein Weltuntergang ist • Wie Sie im Notfall bei Neonlicht die Fassung wahren

7. FAMILIE & ANDERE CLAN-MITGLIEDER 199
Wie Sie mit der tickenden Uhr umgehen • Wie Sie vermeiden, eine nervige Ü40-Latte-macchiato-Mutter zu werden • Wie Sie überleben, wenn der Zug abgefahren ist • Wie Sie überleben, wenn Sie keine Kinder möchten • Wie Sie Ihren Pubertisten erläutern, dass Sie gerade ebenfalls tief im Hormonchaos stecken • Wie Sie die leeren Zimmer Ihrer Kinder ertragen, wenn Ihre Kinder erwachsen werden • Wie Sie sich jung fühlen, wenn jemand Sie »Oma« nennt • Wie Sie sich darauf vorbereiten, dass Sie bald nicht mehr Ihren Kindern, sondern Ihren Eltern die Windeln wechseln müssen

8. FREUNDE, FREIZEIT & FAULENZEN 227
Warum Sie auch mit 40 noch richtig abrocken sollten • Wie Sie eine durchzechte Nacht überleben • Warum Sie jetzt nicht mehr zu jedem nett sein müssen • Warum Frauenfreundschaften jetzt so wichtig sind • Wie Sie sich auf ein erstes Klassentreffen nach 20 Jahren vorbereiten • Wie Sie alte Freundschaften wiederentdecken • Wieso ein Hobby obligatorisch in den Alltag integriert gehört • Wie Sie sich auf den Verlust Ihrer Kindheitshelden vorbereiten

9. BORN TO BE ~~WILD~~ MILD ODER WIE SIE DEN REST IHRES LEBENS ÜBERLEBEN 251
Wie Sie das befreiende Gefühl, nichts mehr zu verpassen, richtig auskosten • Wie Sie Ihre Handicaps zum Positiven wandeln und Ihre Macken kultivieren • Wie Sie ein Role Model werden • Wie Sie eine Bucketlist anlegen • Was Sie bei Ihrer Selbstfindung einplanen müssen

10. EGO-BOOSTER – SCHNELLE LÖSUNGEN FÜR MIESE TAGE **263**
Wie Sie sich älter machen, um jünger zu wirken • Wie Sie einen
Bad Hair Day retten • Wie Sie glaubwürdig Ihr Alter nach unten
korrigieren – wenn es sein muss • Wie Sie sich ein persönliches
Ego-Booster-Portfolio basteln

DANKE **273**

QUELLEN **276**

Liebe Leserin,

»Älter werden ist nichts für Feiglinge« wusste schon die große Bette Davis.[1] Die Hollywood-Diva bringt es auf den Punkt. Ab 40 wird Älterwerden ein Thema, denn von nun an sind Sie keine junge Frau mehr. Sie sind jetzt mittelalt und werden Veränderungen an Ihrem Körper entdecken, genauso wie an Ihrer inneren Einstellung. Einige dieser Neuerungen werden von Ihnen eine ordentliche Portion Courage abverlangen. Zum Beispiel, wenn Sie eines Morgens aufwachen und feststellen, dass Sie über Nacht zwei Kleidergrößen gewachsen sind. Oder, dass eine unscheinbare Falte an Ihrem Hals zur Truthahnhaut mutiert, jedes Mal, wenn Sie sich nach vorne beugen. Oder, dass Sie jetzt zu alt geworden sind, um sich immer noch was von Ihrer Mutter vorschreiben zu lassen. Oder, dass Sie plötzlich ein sehr lautes Glockenläuten hören.

Sobald Sie sich der beginnenden eigenen körperlichen Alterung bewusst werden, stellen Sie sich ja vielleicht auch die Frage, ob der ehemals gute Vorsatz »in Würde zu altern« wirklich so erstrebenswert ist, wie Sie das noch mit Anfang 30 überzeugt in die Welt posaunt haben – oder ob man nicht doch IRGENDWAS machen kann.

Natürlich kann man, beziehungsweise frau, etwas machen! Locker bleiben zum Beispiel. In diesem Sinne, bleiben Sie tapfer. Es trifft uns alle – niemand bleibt von den Konsequenzen des Älterwerdens verschont – es sei denn, Sie ziehen es vor, jung und knackig zu sterben.

Gönnen Sie sich was Prickelndes zur Lektüre, wenn es Sie beruhigt. Ab 40 gönnen sich Frauen gerne mal ein Gläschen[2].

Herzlichst, Dagmar da Silveira Macêdo

WIE SIE IHRE ERSTEN SCHRITTE INS ZEITALTER ZWISCHEN KUSCHEL- UND RHEUMADECKE ÜBERLEBEN

Wahrscheinlich halten sie diesen Ratgeber in Händen, weil sie kurz vor Ihrem 40. Geburtstag stehen. Oder vielleicht haben Sie auch schon die magische Grenze »40« um das ein oder andere Jährchen überschritten und haben sich zufällig, quasi im Vorbeigehen, am eigenen Spiegelbild erschreckt, unschöne Veränderungen an Ihrer Haut entdeckt oder einen beunruhigenden Artikel über Haar-Trends ab 45 in einer Frauenzeitschrift gelesen? Oder Sie haben Ihre furchtbar enervierende Tante Margret vor Augen, die sich mit 45 benahm und aussah, als sei sie schon mit einem Bein im Grab? So oder so, was auch immer Ihr persönlicher Trigger ist, Ihre Nase in dieses Buch zu stecken, Sie sind nicht die einzige Frau auf der Welt, für die der 40. Geburtstag eine Herausforderung ist. Oft ist der einzige Grund, Angst vor der 40 zu haben, dass mit dieser Zahl etwas assoziiert wird, bei dem man keine Verbindung zu sich selbst sieht, beziehungsweise sehen möchte. Wer möchte sich auch schon gerne als mittelalte Frau definieren, wenn man innerlich gerade erst 20 geworden ist?

1.

WIE SIE SICH AN DEN GEDANKEN GEWÖHNEN, KEIN JUNGER HÜPFER MEHR ZU SEIN

Ganz generell geben runde Geburtstage bei betroffenen Jubilaren (Damen wie Herren übrigens) nur selten Anlass zu spontanen Begeisterungsstürmen. Ein runder Geburtstag ist immer ein Abschluss von etwas, an das man sich gewöhnt hat, und Auftakt zu etwas Neuem. Unbekanntes macht Angst. Von dieser Regel ausgeschlossen sind die Geburtstage Nr. 10, 20 und 90. Die Gründe dafür sind einfach nachvollziehbar: Ersterem wird ungeduldig entgegengefiebert; Neunjährige freuen sich, endlich zu den »Großen« zu gehören. Und ab zehn ist man allein schon durch die zweite

Ziffer mehr als nur mit neun. 20 zu werden bedeutet meist einen Gewinn von Freiheit, denn für viele Twens ist das der Eintritt in ein spannendes Abenteuer, zum Beispiel durch das Bestehen des Abiturs und den dann folgenden Auszug aus dem elterlichen Nest in die erste eigene Wohnung. Und der 90.? Der fällt unter das Thema *Gnade* und wird begleitet von tiefer Dankbarkeit – sofern das Geburtstagskind noch gesund und munter ist. Ein 90. Geburtstag ist auf jeden Fall Anlass für ein großes Familienfest, bei dem die ganze Sippschaft aufeinandertrifft und man neben dem Ehrentag der stolzen Jubilarin auch Wiedersehen mit längst vergessenen Vettern und Cousinen feiert, dem Bürgermeister die Hand schütteln kann und sich gegenseitig auf den neuesten familiären Tratschstand bringt. Also immer ein ganz spannendes Ereignis.

Ansonsten überwiegt generationenübergreifend eine gewisse Angst, eine neue Dekade zu bestreiten und sich allen damit verbundenen Klischees ausgeliefert zu sehen. Die rauschende Party, die ein solches Jubiläum begleitet, ist ein kategorischer Imperativ, den man eher für die lieben Freunde als für sich selbst schmeißt – weil man das eben so macht.

Meine Omma war eine pragmatisch veranlagte Frau und pflegte solche selbstzweiflerischen Gedanken über das Älterwerden kurzerhand mit einem beherzten »Man ist immer so alt, wie man sich fühlt« beiseite zu schieben. Omma war zwar immer sehr darauf bedacht, was Nachbarinnen für schicklich hielten, aber immun gegen Bevormundungen von Frauenzeitschriften und Angeboten aus dem Werbefernsehen. Das alles war für sie Firlefanz. Andere Frauen, mich selbst eingeschlossen, sind da anfälliger, und deshalb konnte ich ihr nie wirklich aus tiefster Überzeugung zustimmen. Die vordergründige Angst der weiblichen Bevölkerung, älter zu werden, wird ja auch wirklich kräftig von der Werbung und den Medien geschürt und beschränkt sich dort gerne – Sie ahnen es – auf das Äußere, allenfalls Rücken, Kniegelenke, und seit einiger Zeit kommen auch Blasenschwäche und Scheidentrockenheit dazu. Damit wären wir noch mal beim Spiegelbild, dem Moment der Wahrheit und der ungläubigen Frage an die Frau im Spiegel, die einem manchmal morgens entgegengähnt: Hallo, wer sind Sie, alte Frau? Kenn ich Sie?

Da kann das ganze innere Weltbild zusammenbrechen. Dementsprechend haben Frauen, die sich zwar innerlich wie Mitte 20 fühlen, Muffe davor, dass ihre äußere Hülle anfängt, eine andere Sprache zu sprechen. Denn so weit stimmt die Selbstwahrnehmung: Mit 40 bilden Sie sich Falten nicht mehr ein, die sind definitiv da, werden mehr und ausgeprägter. Und auch an anderen Stellen nagt der Zahn der Zeit: Besenreiser, Hängebäckchen, Taillenspeckgürtel, Winkfleisch und Gleitsichtbrille – leider begegnen uns diese unschönen Dinge in der Mitte des Lebens. Alles tritt jetzt peu à peu ans Licht. Die eine bekommt es früher, die andere später. Aber ab 40 fängt es an, und es hört nie wieder auf. Sie finden, das hört sich übel an? Ja, das ist es auch. Äußerlich gesehen sind die besten Jahre leider vorbei. Der Lack ist ab.

Älterwerden ist aber nicht nur dramatisch, deprimierend oder desaströs. Natürlich dürfen Sie der glatten Haut, dem strammen Hintern ruhig die ein oder andere Träne nachweinen. Nur zu. Dann aber richten Sie bitte Ihr Krönchen zurecht und marschieren mit erhobenem Kopf weiter. Denn das Leben besteht zum Glück nicht nur aus makelloser Haut. Wenn Sie sich mit den körperlichen Veränderungen einigermaßen arrangiert haben, beziehungsweise Sie Ihr Fitnessprogramm (und nicht das Fitnessprogramm Sie!) fest im Griff haben, können Sie sich auf andere, sehr viel spannendere Dinge konzentrieren. Die gibt es nämlich tatsächlich, auch wenn Sie das im Anfangsstadium des Verlustes Ihrer jugendlichen Straffheit nur schwer glauben können. Haben Sie sich dran gewöhnt und gehen Sie aus der schwierigen Anfangszeit souverän hervor, stehen die Chancen gut, dass Sie wesentlich glücklicher sind als ihre jüngeren Geschlechtsgenossinnen.

Die Möglichkeiten, die Ihnen als erfahrener Frau offenstehen, sind keine schlechten Alternativen:

- Sie werden gelassener.
- Sie werden selbstsicherer.
- Sie haben jede Menge Lebenserfahrung.
- Da Sie nun endlich wie eine Erwachsene aussehen, werden Sie auch wie eine behandelt und nicht mehr wie ein kleines Mädchen.
- Sie können »Nein« sagen, ohne schlechtes Gewissen zu haben.
- Niemand fragt Sie mehr nach Ihrem Personalausweis.
- Niemand kontrolliert Sie. Sie dürfen sich zum Beispiel so viel Alkohol und Zigaretten kaufen, wie Sie möchten. Sie dürfen verreisen, Abenteuer erleben, sich in Gefahr begeben. Oder auch eine Sesselpupserin sein.
- Sie dürfen überhaupt alles machen, was Sie wollen, solange Sie mit Ihrem Handeln keine Gesetze brechen.
- Und, und, und …

Wer braucht schon einen jugendlichen Luxuskörper bei diesen Perspektiven? Wenn Sie jetzt zaghaft und heimlich den Finger heben möchten, lassen Sie ihn einfach wieder unauffällig sinken. Sie werden sehen, zwischen 40 und 50 wissen Sie irgendwann sehr genau, was sie können, was Sie brauchen und vor allem was Sie wollen. Es kommt sogar noch besser. Sie werden auch sehr genau wissen, was Ihnen nicht guttut. Und Sie werden dementsprechend zu handeln wissen. Mit sehr viel mehr Selbstbewusstsein als Sie es jemals als junge Frau für möglich gehalten hätten. Die Gewissheit, auf sehr viel Erfahrung bauen zu können, wird sich enorm positiv auf Ihre Lebensqualität auswirken.

Letztendlich werden Sie drauf pfeifen, dass die Kosmetikindustrie Sie bereits ab 45 als »reife« Frau sieht. Das ist Ihnen nämlich einfach irgendwann genauso herzlich egal wie die ewig naturrosigen Wangen der glatthäutigen und glutäugigen Kassiererin in Ihrem Lieblingssupermarkt an der Ecke.

2

WIESO 40 WERDEN EIN GROSSER SCHRITT IM LEBEN EINER FRAU IST

Aber was heißt denn hier eigentlich alt? Älter werden wir ja schließlich von Geburt an. Erika Mustermann, Deutschlands First Lady des Durchschnitts, wird heutzutage immerhin 84 Jahre alt. Das heißt, nach Adam Riese haben Sie, liebe Leserin, mit hoher Wahrscheinlichkeit erst mit Ende 42 den Zenit ihres Lebens erreicht. Konkret bedeutet das, dass Sie mit Anfang 40 noch die Hälfte Ihres Lebens vor sich haben. Nur mal so zum Vergleich: Wären Sie vor 150 Jahren geboren worden, könnten Sie sich glücklich dünken, wenn Sie die 40 überhaupt erreicht hätten. Und wenn Sie diesen Geburtstag geschafft hätten, in welchem Zustand. Als durchschnittliche – also nicht besonders wohlhabende – Frau hätten Sie jeden Tag der Woche, außer vielleicht sonntags wegen des Kirchgangs, definitiv mehr als 8 Stunden geschuftet. Sie hätten ohne Mithilfe von Elektrogeräten den Haushalt gewuppt, alle Mäuler gestopft und Ihre alte grummelige Schwiegermutter gepflegt. Zwischendurch hätten Sie anstatt 1,4 Kinder eher zwischen 4 und 8^3 Kinder geboren, und zwar ohne kassenärztliche Unterstützung, Mutterschutz und Urlaubsanspruch.

Sie aber haben Anfang 40 noch mal 50 Prozent Lebenszeit vor sich. Sie können, wenn Sie wirklich möchten, noch mal komplett von vorne anfangen – nur, dass Sie nicht mehr bei null starten, sondern mit Ihren 40 Lenzen ein außerordentlich reichhaltig gefülltes Bouquet an Lebenserfahrung mitbringen. Selbst wenn Sie niemals aus Ihrem Dorf rausgekommen sind, haben Sie bereits einiges erlebt und überstanden. Sie haben etliche kleine und große Fehler überlebt, sind hingefallen, haben Wunden geleckt und sind wieder aufgestanden. Sie haben körperliche und seelische Schmerzen erfahren und garantiert einige merkwürdige Macken entwickelt und kultiviert. Sie sind kein unbeschriebenes Blatt mehr. Und wissen Sie was? Das ist gut so, denn jede Ihrer Narben hat eine Geschichte. Und aus jeder Geschichte haben Sie Erfahrungen, die Sie anwenden (sollten). Dieses Potenzial hat eine junge, stramme 20-Jährige in aller Regel nicht.

Mit 40 kommen Sie in ein Alter, in dem Sie Kassensturz machen sollten. Gucken Sie mal, was Sie so alles erreicht haben und was Sie noch erreichen wollen. Fragen wie »Verläuft mein Leben so, wie ich es mir wünsche?« stellen sich fast automatisch, wenn man auf dem Halbzeithügel steht. Vielleicht fällt Ihnen plötzlich auf, dass Sie immer und immer wieder denselben Fehler machen? Vielleicht sind Sie jetzt bereit, diese unsinnige Wiederholung ernsthaft zu ändern?

Ja, rein rechnerisch sind Sie jetzt eine mittelalte Frau. Das ist ein wirklich hässlicher Begriff – »mittelalt«. Aber: So what! Das Leben ist nicht übermorgen vorbei, auch wenn Sie am Anfang überall Lackschäden bei sich entdecken. Sehen Sie es lieber positiv: Die Hälfte Ihres Lebens liegt noch vor Ihnen, und jetzt ist der Zeitpunkt, an dem Sie Bilanz ziehen und überlegen, wie es für Sie weitergehen kann, was Sie auf dem Buckel weiterhin mitschleppen oder was sie ablegen möchten.

EIN PAAR BEISPIELE GEFÄLLIG?

Option eins: Sie haben Ihr ganzes bisheriges Leben Ihrer Karriere gewidmet. 24/7 Erreichbarkeit ist Ihre Normalität, und mindestens zwei der berühmten drei Ks (Kinder, Karriere, Küche – manchmal auch durch Kirche zu ersetzen) waren bisher Fremdworte für Sie. Trotzdem hören Sie auf einmal die sprichwörtliche Uhr immer lauter ticken und meinen, dass eine kleine Familie doch ganz kuschelig wäre? Dann jetzt nichts wie los. Noch haben Sie den richtigen Zeitpunkt nicht verpasst. Aber hurtig: Die Uhr läuft, und zwar mit jedem Jahr ein bisschen schneller.

Option zwei: Bei Ihnen ist es genau andersherum: Sie waren bisher ausschließlich eine im Neudeutsch sogenannte Familienmanagerin, also Hausfrau und Mutter? Dann sind Ihre Kinder jetzt alt genug, um selbst klarzukommen, weil die wahrscheinlich schon längst auf eigenen Beinen stehen können. Die brauchen Sie nicht mehr Tag und Nacht. Und die wollen das auch gar nicht. Es wird also Zeit, dass Sie nun endlich Ihr jahrelang im Hobbykeller praktiziertes Know-how dem Arbeitsmarkt zur Verfügung stellen und der Welt zeigen, dass Sie mehr können als nur unsichtbar hinter anderen herzuräumen und Chauffeurdienste zu übernehmen.

Option drei: Sie wollen einen neuen Partner? Ob mit Familie oder ohne, er soll nur der Richtige sein. Feine Idee und so realistisch. Die Scheidungsrate ist zwischen 40 und 50 mit Abstand am höchsten. Die Aussichten, dass Sie JETZT ein interessantes Exemplar ergattern können, werden also ebenfalls enorm hoch sein. Die Chancen, nicht nur einen heißen Lover, sondern sogar einen Mann fürs Leben zu ergattern, waren tatsächlich nie besser. Nicht einmal in Ihrer Teeniezeit. Denn damals gab es zwar viel Angebot, aber Sie hatten noch nicht die Lebenserfahrung, die Sie jetzt mitbringen. Im Gegensatz zu Ihrem 16-jährigen Ich von damals wissen Sie nämlich heute, dass eine optische Kopie von Brad Pitt beziehungstechnisch nicht der Weisheit letzter Schluss ist. Also, nichts wie ran an den Fisch!

Option vier: Sie wollen es sich selbst oder Ihrem jüngeren und athletischen Kollegen Dietmar mal so richtig beweisen? Ihr Körper kann jetzt noch mal ein ernst zu nehmendes sportliches Hoch hervorbringen. Mental und finanziell sind Sie nun bereit, sich ein Sabbatjahr zu leisten und sich diszipliniert auf Ihren ersten (und dann wahrscheinlich nicht einzigen) Triathlon vorzubereiten. Die Chancen, dass Sie besser durchhalten als Dietmar, stehen gut.

Option fünf: Apropos Herausforderung – die Iron-Woman ist für sie Pillepalle? Das Hobby zum Beruf machen und dabei alles riskieren ist auch ganz groß ab 40 (nicht nur für die ehemalige Familienmanagerin). Wenn Sie der Typ »Ich–gehe-lieber-aufs-Ganze« sind, kündigen Sie Ihren Bürojob und verwirklichen Sie sich in einem lang gehegten Traum vom Aussteigen endlich selbst. Diese Option ist mit ausreichend Planung machbar – idealerweise unterstützt durch ein weit verzweigtes Netzwerk und ein möglichst großes Finanzpolster als Sicherheitsreserve. Wenn Sie die beiden letztgenannten nicht vorweisen können, können Sie trotzdem loslegen, nur eben mit einer recht hohen Risikobereitschaft. Aber das ist vielleicht gerade nach Ihrem Geschmack.

Option sechs: Ihnen reicht die Herausforderung im Kleinen. Vielleicht etwas »total Verrücktes« wie ein Bungee-Sprung vom Staudamm oder ein Baseflight bei Nacht, einen eigenen YouTube-Kanal für Ihre French-Nail-Beratung oder einfach klassische Reitstunden? Sie sind erwachsen. Sie entscheiden, was Sie machen möchten. Ich habe mir zum Beispiel zum 45. Geburtstag Klavierstunden geschenkt. Ich spiele laut, ich spiele falsch, ich spiele nur für mich. Ja, ich bin untalentiert, aber es macht mir einen Riesenspaß. Suchen Sie sich einen Lehrer mit einem weichen Herzen, der Ihr abstraktes Geklimper ertragen kann. Jemanden, der sie mit einer engelsgleichen Geduld bei was auch immer anleitet und begleitet. Und der Sie lobt.

Machen Sie was immer Sie vorhaben einfach nur für sich selbst. Frei nach dem Motto »Jetzt oder nie«. Wann, wenn nicht jetzt bekommen Sie so eine perfekte Chance je wieder? Mit *perfekt* meine ich, dass Sie in Ihrem fünften Jahrzehnt eine perfekte Mischung aus Lebenserfahrung, Willen, körperlicher Kraft, Urteilsvermögen, Geduld, Gelassenheit oder sogar Scheiß-egal-was-die-anderen-von-mir-denken-Haltung, noch genügend Zeit und tatsächlich Jugendlichkeit vereinen. Sie können das Ruder Ihres Lebens noch mal komplett herumreißen. Wer weiß, vielleicht schlummert in Ihnen ja auch ein bisher unentdecktes Talent, das nur darauf wartet, wach geküsst zu werden.

3.

WARUM SIE ERST AB 40 WIRKLICH ERWACHSEN SIND

»Mit Anfang 40 ging's mir so gut wie nie. Die Kinder waren etwas selbstständiger, ich habe wieder angefangen zu arbeiten, mein Mann und ich sind uns wieder nähergekommen. Nicht nur das – wir hatten den besten Sex »ever« zwischen 40 und 50. Irgendwie freier und ungezwungener. Ja, und meinen Eltern ging es auch gut. Ich habe mich so eins mit mir gefühlt. Ich glaube, ich wurde erst mit 40 wirklich erwachsen.« Was meine Freundin Ingrid, inzwischen schon 58, da beschreibt ist ganz typisch.

Sie sehen ab 40 nicht nur erwachsen aus, sie fühlen sich auch so. Für die meisten Frauen bedeutet die magische Zahl 40 einen eindeutigen Schnitt zwischen Jugend und Alter. Quasi ein Zwischenraum, in dem man sich von diversen familiären Zwängen gelöst hat und noch keine neuen dazugekommen sind. Natürlich sind Sie auf dem Papier mit 18 erwachsen. Klar, aber so richtig erwachsen sind dann nur die Allerwenigsten. Die meisten wohnen ja auch noch zu Hause oder bringen zumindest die Wäsche zum Waschen zu Mami, weil es bequem ist und die das mit der Wäsche einfach besser kann. Und überhaupt, man hat ja selbst noch keine Waschmaschine und will auch keine.

Mit 40 haben dann aber doch die meisten die Abnabelung von den Eltern ganz gut geschafft. Sie haben sich zumindest weitestgehend der Kontrolle Ihrer Eltern entzogen und sind damit endgültig kein Kind mehr. Die Ausbildung ist auch meist durch. Vielleicht

sind die eigenen Kinder auch schon mehr oder weniger selbstständig oder zumindest so flügge, dass Sie sie nicht pausenlos beauf-
sichtigen müssen. Gleichzeitig sind Ihre eigenen Eltern noch nicht
so gebrechlich, dass Sie als nächste Angehörige dort stündliche
Pflegedienste übernehmen müssten. Ihre Eltern können also noch
ganz gut für sich selbst sorgen.

Dieses Jahrzehnt zwischen 40 und 50 ist also wie ein kurzes Va-
kuum zwischen den Pflegephasen ihrer Angehörigen und gleichzeitig sind Sie selbst noch in keiner. Heißt für Sie: endlich mehr
Freiheit. Das lässt sich übrigens auch rechnerisch einfach erklären:
In Deutschland ist eine Frau im Durchschnitt kurz vor ihrem 30.
Geburtstag, wenn sie ihr erstes Kind bekommt[4]. Wenn Erika Mustermann 40 wird, ist ihr Kind also fast elf Jahre alt und braucht
keine 24-Stunden-Betreuung. Ab einem Alter von circa 13 wollen
adoleszente Kinder sowieso lieber mit Gleichaltrigen rumhängen,
als sich an Mamas Rockzipfel festzuhalten. Erikas Eltern sind circa
25 Jahre älter als Erika[5] und damit ungefähr 65. Falls Mutti und
Vattern nicht noch mitten im Berufsleben stehen, gehören sie zu
den Rentnern, für die sich Rentner sein noch einigermaßen lohnt.
Heißt, Erika sieht ihre Eltern entweder nie, weil die beiden immer
auf Achse im neu angeschafften Campingmobil sind, oder sie pro-
fitiert von kostenlosen Babysittern. So oder so, ist sie noch nicht
mit der elterlichen Pflege beschäftigt. Sie selbst ist mit Anfang 40
ebenfalls körperlich noch kräftig genug, um stramm im Schuh zu
stehen, vorausgesetzt, dass sie sich noch keine üblen Krankheiten
eingeheimst hat.

Unterm Strich heißt das für Sie: mehr Zeit für Ihre eigenen Interessen. Es sei denn, Sie entscheiden sich just dann für die Gründung
oder Erweiterung Ihrer Kernfamilie. Auch gut, denn es ist Ihre bewusste und erwachsene Entscheidung. Dazu aber erst später mehr.

Nutzen Sie die Zeit, um sich Gedanken zu machen, was Sie wollen und mit Ihrer Freizeit anfangen sollen – falls Sie es bisher noch
nicht getan haben. Rumchillen und lesen, Kaffeetrinken mit einer

Freundin; kümmern Sie sich um berufliche Erfüllung, erweitern Sie Ihr Sportprogramm und gehen Sie laufen oder überraschen Sie sich selbst am helllichten Tag mit hemmungslosem Sex mit Gatte Lutz. Oder genießen irgendetwas, was Ihnen sonst so Spaß macht. Machen Sie doch einfach, was Sie wollen. Jetzt ist die beste Zeit dazu.

4.

WIE SIE IHREN PLATZ ZWISCHEN »SIE« UND »DU« FINDEN

Ich bin mit der anerzogenen, nicht weiter hinterfragten Gewissheit aufgewachsen, dass Erwachsene gesiezt werden. Erwachsene waren für mich Menschen, die alt waren, und alt war man, wenn man mindestens so alt war wie meine Mutter. Eine völlig einfache und logische Gleichung. Oder nicht?

In den letzten 40 Jahren hat sich diese Selbstverständlichkeit gewandelt. Mittlerweile werden Menschen aller Altersklassen nicht nur in schwedischen Möbelhäusern geduzt, sondern auch in Cafés und Boutiquen. Zumindest in solchen, die sich für besonders hip erachten und wo man durch ein lässiges »Du« irgendwie cooler rüberkommt. In Großstädten findet man diese Duzer an jeder Ecke. Auf dem Land muss man sie vielleicht noch suchen. Das liegt aber wahrscheinlich eher an der nicht ganz so großen Café- und Boutiquendichte der ruralen Umgebung.

Obwohl das Zwangsduzen immer mehr um sich greift, scheint man ab 40 eine feine Trennlinie übertreten zu haben. Die Häufigkeit, mit der Sie nun plötzlich gesiezt werden, wird deutlich ansteigen. Ist das jetzt gut oder schlecht? Fühlt man sich denn heutzutage alt, wenn man gesiezt wird? Also, ich finde nicht. Ich werde jedenfalls normalerweise an den meisten öffentlichen Orten nicht mehr geduzt. Mal abgesehen von besagten Möbelhäusern, die durch ihr mehr oder weniger konsequentes Duzen ein Zuhause-Gefühl herstellen möchten, den innerstädtischen In-Boutiquen, in die ich meiner Tochter folgen muss, weil mein Portemonnaie mehr hergibt als ihres und wo ich mich durch das aufgezwungene »Du« noch deplatzierter fühle, oder den hippen Cafés in großen Städten, deren Betreiber mit der Wahl ihres Jobs eine Art Berufsjugendlichkeit angenommen haben und die diese dann auf andere »Alte« projizieren.

Tatsächlich finde ich dieses Zwangsgeduze oft einfach nur lästig. Ich möchte gar nicht mehr mit allen gleich vertraulich werden. Die durch das Siezen erzeugte höfliche Distanz kann doch auch ganz angenehm sein. Meistens ist es ja auch so, dass das Thema *Siezen oder nicht* ein unternehmerisches, ein kulturkreisabhängiges und branchenspezifisches Grundsatzthema ist. In bestimmten Berufsgruppen gehört es einfach zum guten Ton, sich schnell zu duzen. Da hat man quasi kaum eine Wahl. Am einfachsten ist es, Sie passen sich der üblichen Form an. Es sei denn, Sie wollen eine eigene erwachsene Entscheidung treffen und so angeredet werden, wie Sie sich wohlfühlen. Als 40-jährige erwachsene Frau müssen Sie keinerlei Trendquatsch mehr mitmachen. Hier zeigt sich nämlich der Alters-Respekt-Vorteil: Sie entscheiden – es wird jeder akzeptieren.

Ausnahmen von dieser Entscheidungsfreiheit sind Partys, Konzerte, Elternabende oder alle Veranstaltungen, die in einer Sporthalle stattfinden. Hier begeben Sie sich freiwillig in einen Freizeitmodus, in dem alle gleich sind. Als Mitglied der Herde kämpft man selbstverständlich gemeinsam Schulter an Schulter. Hier ist es egal, ob Sie ein Prof. Dr. vor Ihren Namen stellen dürfen oder ohne Zeugnis von der Schule geflogen sind oder auch sonst nichts auf die Kette kriegen; ob Sie 24 oder 54 sind. Egal. In diesem engen geschlossenen Kosmos gelten Sie als Gleichgesinnte mit einer gemeinsamen Mission. Um das zu festigen und nach außen sichtbar zu machen, duzt man sich. Ein »Sie« würde extrem negativ auffallen; damit würden Sie sich selbst als Außenseiterin des jeweiligen Interessenverbandes stellen. Das wollen Sie nicht, oder? Durch das selbstverständliche Duzen sind Sie Teil der eingeschworenen Gemeinschaft. Eine für alle, alle für eine. Als Außenseiterin bekämen Sie nichts ab von allen selbst gebackenen Mitbringseln, und »Hast du schon gehört«-Infos gäbe es dann für Sie auch nicht.

5.

WIE SIE SICH DAMIT ABFINDEN, DASS SIE NUN KEINE ZEIT MEHR HABEN, AUF DEN MANN MIT SEINEM WEISSEN PFERD ZU WARTEN

Dieses Kapitel ist für Frauen, die gerne gerettet werden – davon gibt es ja das ein oder andere Exemplar. Wenn Sie sowieso schon immer lieber auf eigenen Füßen gestanden haben, gehen Sie bitte einfach zum nächsten Kapitel über.

Der (geheime) Traum vom Prinzen auf Schimmel (kommt wahlweise auch als Ritter auf Rappen oder Cowboy auf Fuchs daher, je nach Präferenz der kleinen oder großen Prinzessin) hält sich hartnäckig, nicht zuletzt durch die intensive Förderung durch rosa und pinkfarbene Märchenwelten im omnipräsenten Medienwahnsinn in Kinder- und Wohnzimmern. Das Prinzip »Märchenprinz« ist simpel gestrickt und von immer gleichem Muster. Ein potenter Prinz/Ritter rettet Mädchen/Frau aus einer mehr oder weniger gefährlichen Situation. Dadurch ist Mädchen/Frau glücklich und lebt, wenn es/sie nicht gestorben ist, bis an sein/ihr Lebensende in einem rosa-goldfarbenen Traum aus Reihenmittelhaus inklusive Handtuchgarten am Stadtrand, Japan-SUV und Handtaschenhund. Der Auserwählte ist Herr aller Lagen, verspricht das Blaue vom Himmel, eine Schulter zum Anlehnen und ein goldenes Ei, hat ein Herz für Tiere und sieht selbstredend blendend aus. Problem: Den Typen gibt es nicht. Und wenn doch, dann hat er einen Haken. Er ist entweder ein armer Schlucker, eine olfaktorische oder geistige Herausforderung, leidet an unerträglicher Ein- oder Unterbildung, hat eine Exfrau samt unerzogener Blagen oder hängt noch immer

24

seiner Mama am Rockzipfel, die Sie dann jedes Wochenende besuchen dürfen oder noch schlimmer, die einen Schlüssel zu seiner Wohnung hat und die ihren Sohnemann – Überraschung – am Sonntag um halb zehn mit selbst gebackenem Mohnkuchen beglückt. Glückwunsch.

Ab 40 wird irgendwann jede noch so rosa bebrillte Frau begreifen: Es gibt weder den Prinzen noch sein schneeweißes Pferd. Niemand wird Sie retten. Eher finden Sie eine Nadel im Heuhaufen – da existiert immerhin eine minimale Erfolgschance (ich habe in der Tat mal eine Kontaktlinse im Pferdestall wiedergefunden). Aber einen Retter, noch dazu einen Prinzen, samt allen dazugehörigen vergoldeten Accessoires und auch noch guten Charaktereigenschaften – NEIN!

Als 40-Jährige werden Sie aufhören zu warten und stattdessen Ihr eigenes Pferd satteln und die Zügel für Ihr Leben fest in die eigenen Hände nehmen. Nicht nur, weil Sie keine Zeit mehr haben, zu warten. Nein, weil es einfach mehr Spaß macht und für Sie selbst befriedigender ist, das eigene Pferd zu lenken, als auf jemanden zu warten, der eh nie da ist, wenn man ihn braucht. Denn wenn hier überhaupt jemand ein Krönchen trägt, dann sind Sie es selbst. Also richten Sie selbiges, sollte es verrutscht sein, und besorgen Sie sich das, was Sie brauchen, selbst. Als Traumtypen nehmen Sie lieber den mit dem dicken Apfelschimmel, um bei dem Bild zu bleiben. Dieser Reiter ist mitsamt seinem Ross zwar nicht so makellos und elegant wie der mit dem schneeweißen Hengst, dafür aber sind beide robuster und verlässlicher und können einen Karren auch mal aus dem Dreck ziehen.

6

WIE SIE ES ÜBERLEBEN, DASS IHNEN NIEMAND MEHR HINTERHERPFEIFT

Fragt man Frauen zwischen 50 und 80, antworten die meisten (jedenfalls die aus meinem Verwandten- und Bekanntenkreis), dass das Zeitalter zwischen 40 und 50 die allerschönsten Jahre bereithielt. In diesem Sinne können Sie sich jetzt zurücklehnen und in diese neue Lebensphase mit einer komplett entspannten Grundhaltung starten. Wäre da nicht der böse körperliche Alterungsprozess, der für Frauen jeder nachwachsenden Generation so ungeheuer – ich sag mal – gewöhnungsbedürftig ist. Es gibt nur wenige Frauen, die alle Gedanken an äußere Veränderungen beiseiteschieben und diesen Aspekt des Älterwerdens als selbstverständlichen Teil ihres Lebens ohne Wehmut annehmen können.

Meine Freundin Kerstin, fast 45, ist so ein seltenes Exemplar. Ihr Äußeres interessiert sie nicht die Bohne. Ihr war und ist es vollkommen egal, wie sie sich äußerlich verändert. »Der Körper ist dazu da, den Menschen zusammenzuhalten«, so Kerstins Überzeugung. Dabei ist Kerstin durchaus eine gepflegte Erscheinung. Heißt: Ihre Klamotten sind sauber, sie riecht gut und sieht ganz normal aus. Sie legt einfach keinen Wert darauf, ob ihre Schuhe zur Hose oder selbige zum Pulli und beide zusammen zum Anlass passen. Und ob sie Falten hat oder nicht, ist ihr auch egal. Es ist für sie ein erwartbarer Prozess im Leben, dem sie keine weitere Beachtung schenkt. Weil sie das so sieht und so in sich ruht, hat sie auch niemals das Gefühl, sie könnte plötzlich unsichtbar sein. Kerstin und allen Damen, die das ebenso empfinden, meine Hochachtung. Echt. Die meisten Frauen möchten allerdings nicht nur auf ihre inneren Werte reduziert werden. Deshalb gehen sie nicht ganz so souverän mit dem Älterwerden und den Reaktionen darauf um. Oder sollte man sagen, der Nicht-Reaktion?

Beim Gedanken ans Älterwerden schwingt die Angst mit, die jugendliche Schönheit, auf die man sich nun seit Jahren vorbildlich verlassen konnte, einzubüßen. Mit dem Gedanken an den unwiederbringlichen Verlust der Attraktivität wird gerne der Verlust der Wirkung auf das (meistens) andere Geschlecht synonymgesetzt. Nicht mehr attraktiv zu sein oder noch schlimmer UNSICHTBAR zu sein – welch wahrlich schrecklicher Gedanke! Aber total normal, diese Angst, wenn äußerliche Veränderungen stattfinden – seien Sie versichert.

Trotzdem: Das Gefühl, unsichtbar zu sein, während Sie noch wissen, wie es sich angefühlt hat, als Sie 1990 bei *Vogue* von Madonna der Star auf der Dorfdisco-Tanzfläche waren – geht gar nicht! Gerade, wenn Sie es seit Ihrer Teenagerzeit gewohnt sind, im Mittelpunkt zu stehen, trifft die Entdeckung des eigenen Alterungsprozesses Sie besonders hart. Wenn der sogenannte Bauarbeitereffekt (auf Schritt und Tritt angegafft zu werden und plumpe Pfiffe zu erhalten) ausbleibt, setzt sich parallel die Selbstzweifelmaschinerie in Gang. Natürlich ist plumpe Aufmerksamkeit total nervig, wenn man akut davon betroffen ist. Wenn aber gefühlt (!) von jetzt auf gleich gar keine Aufmerksamkeit mehr da ist, wenn Blicke Sie maximal noch streifen, aber nicht mehr auf Ihnen hängen bleiben, sondern nur noch auf Ihrer zehn Jahre jüngeren Begleiterin, dann ist das kein tolles Gefühl. Es tut weh.

Kerstin würde jetzt fragen: »Ist es denn wirklich erstrebenswert, auf Pfiffe angewiesen zu sein?« Das Ding ist, so blöd das Gepfeife auch sein mag, es ist eine Art von Anerkennung. Eine fragliche vielleicht, aber es ist eine: Jemand findet uns attraktiv, vielleicht sogar sexy. In jedem Fall werden wir gesehen, stechen positiv aus der Masse heraus. Das streichelt das Ego. Da sind wir doch alle ein bisschen primitiv, nicht wahr?

Das Beste ist, Sie akzeptieren solche Phasen, in denen Ihnen schmerzlich bewusst wird, dass Sie nicht mehr die Allerjüngste sind, dass Sie nicht mehr der Hingucker des Events sind. Einfach mal tief durchatmen und auf die Fakten schauen: Sie werden keinen 20-jährigen Schönling mehr vom Hocker reißen. Weder in der Bahn noch im Fitnessclub, erst recht nicht am Strand. Sie sind nicht mehr süß. Sie sind nicht mehr naiv. Sie sind nicht mehr bereit, einen Kerl ohne Wenn und Aber anzuhimmeln. Sie sind nur noch bedingt formbar. Man nimmt Ihnen auch nicht mehr ab, dass Sie ein total hilfloses Seelchen sind. Alles Eigenschaften, auf die Männer (leider) reagieren. Alle Männer, auch die, die das niemals öffentlich zugeben werden oder die überzeugt sind, absolut im Sinne der Gleichberechtigung von Frau und Mann zu handeln.

Machen Sie sich Folgendes klar: Männer sind meist einfach gestrickt. Trotzdem müssen Sie nicht exorbitant schön oder jung oder süß sein, um die Aufmerksamkeit eines Mannes einzufangen. Auch mit Verstand, Charme, Witz und Schlagfertigkeit können Sie beim anderen Geschlecht punkten. (Es gibt natürlich auch Männer, die vor schlauen Frauen regelrecht Angst haben, aber die wollen Sie ja nicht, oder?) Wenn Sie sich selber mögen und wenn Sie gut drauf sind, reicht das meistens schon, um mal den ein oder anderen Blick einzufangen. Es braucht dann vielleicht mal einen zweiten Blick, und es klappt auch nicht an jeder Baustelle – aber wer will das schon?

Verdrängen Sie Ihre Traurigkeit nicht, wenn Sie mal geknickt sind, dass Sie nicht mehr ganz so knackig sind. Lassen Sie Melancholie zu, und erinnern Sie sich an die Zeit, als Sie von dem ewigen Gepfeife genervt waren. Und sollten Sie jetzt vorwurfsvoll sagen wollen »Mir hat sowieso noch nie jemand hinterhergepfiffen«, dann würde ich Ihnen antworten, dass dann eventuell jetzt Ihre Zeit gekommen ist. Es ist nämlich tatsächlich so, dass Frauen, die in Ihrer Jugend oder auch noch Anfang 30 eher unauffällig durchs Leben gelaufen sind, erst ab 40 aufwärts – manchmal auch noch viel später – zur wirklichen Blüte heranreifen. Überlegen Sie mal, ob Sie nicht eigentlich schon ziemlich wählerisch geworden sind, so im Laufe der Jahre. Der muskelbepackte Milchbart-Bubi interessiert

Sie doch nicht ernsthaft, oder? Na, bitte! Immer schön ehrlich zu sich selbst bleiben.

Noch mal zum Nicht-gesehen-Werden: Das kann man auch positiv betrachten. Sie können ein potenzielles Unsichtbarsein prima als eine praktische Tarnung nutzen. Es kann ja auch von Vorteil sein, wenn Sie nicht immer und überall auffallen. So eine arme vollbusige, langbeinige Blondine fällt ja selbst im völlig verlotterten Look total auf. Die KANN sich gar nicht verstecken! Völlig unbehelligt die Straße entlanggehen zu können hat was. Auf richtig stupides Anmachen können Sie wirklich getrost verzichten. Das können Sie besser.

Ach ja, wenn Sie auch eine Kerstin haben: Die Kerstins dieser Welt haben oft eine Art, auf alle, die nicht so schnörkellos denken wie sie selbst, ein wenig hinabzusehen. Weil dieses äußerliche Empfinden so oberflächlich ist. Damit haben die Kerstins zwar irgendwie recht, aber ein bisschen gebauchpinselt zu werden ist einfach auch schön. Tragen Sie so eine Kritik einfach mit Fassung. Und sagen Sie ihr mal ein schönes Kompliment. Am besten was sehr Konkretes. Also nicht: »Du siehst toll aus«, sondern »Dieser Pulli sieht so toll aus an dir! Deine Augen strahlen!« Es wird auch einer Kerstin gefallen.

2. KAPITEL

KÖRPERLICHE VERÄNDERUNG I

HAUPTSACHE HAUT

Sie konnten sich immer auf Ihr Aussehen verlassen, haben damit kokettiert, und auf einmal klappt das nicht mehr? Wie wir schon gesehen haben, gibt es scheinbar für Frauen nichts Schlimmeres, als alt und faltig zu werden. Wir definieren uns zu einem großen Teil über unsere Schönheit beziehungsweise das, was gesellschaftlich für schön erachtet wird: Knackig, straff und jugendlich ist schön. Alt, faltig und wabbelig ist hässlich.

Das ist natürlich Quatsch. Schönheit hat sehr viele Facetten, nicht nur drei. Trotzdem, die drei zuerst genannten Eigenschaften sind in den Köpfen der meisten Menschen sehr dominant. Sichtbar gelebtes Leben ist immer nur in anderen Gesichtern schön; wenn man die Spuren davon am eigenen Körper sieht, dann macht sich leichte bis schwere Panik breit. Wir meinen jung sein oder zumindest bleiben zu müssen. Mit Anfang 40 zeigen sich aber deutliche Gebrauchsspuren. Je weiter Sie sich auf die zweite Hälfte zubewegen, desto schneller schreitet dieser Prozess fort. Rechnen Sie damit, dass die Schübe über Nacht kommen und Sie sie morgens im Spiegel sehen.

Die Haut ist das offensichtlichste Altersmerkmal des Körpers. Sie wirft Falten, sie beugt sich der Schwerkraft, sie wird dünn und fleckig, bekommt oder verliert Haare. An ihr sieht man das Alter zuerst. Also sollten wir nett mit ihr umgehen und sie pfleglich behandeln. Es empfiehlt sich, die Haut so früh wie möglich mit einer guten Creme zu verwöhnen. Das hat auch die Industrie erkannt und stellt uns eine Fülle von sinnigen und unsinnigen Helferlein zur Verfügung, die mit allerlei Zaubertricks zu verführen – und uns das Geld aus der Tasche zu ziehen – wissen.

Die richtigen Helferlein finden – aber wie bloß in dem großen Meer der Möglichkeiten? Es gibt heute so viele Mittelchen, dass man eher die Qual der Wahl hat, was man so alles machen oder machen lassen kann.

7

WARUM FRAUEN FALTEN UND MÄNNER LINIEN HABEN

Da es nun um das Oberthema Haut geht, vorweg mal ein paar Gedanken um einen albernen, aber sich hartnäckig haltenden Mythos: »Frauen haben Falten, Männer Linien«. Was für eine saublöde Behauptung! Ich kenne den Spruch schon ewig, habe ihn von einem Bekannten gehört, als ich ungefähr 20 war. Woher der Spruch kommt, weiß ich nicht, aber bestimmt hat ihn ein Mann in die Welt gesetzt. Trotzdem scheint, sehr zu meinem Bedauern, was dran zu sein: Tiefe Lachfalten, gerne in Kombination mit grauen Schläfen und Silberfäden im Bart, scheinen der Attraktivität eines Mannes keinen Abbruch zu tun. Eher im Gegenteil. Falten scheinen den Sexappeal des Mannes sogar zu erhöhen. Es ist auch kein modernes Phänomen von heute, sondern scheint schon immer gültig gewesen zu sein. Nehmen wir als Beispiele drei *Sexy Guys*: den geadelten Gentleman-Haudegen Sean Connery, den Womanizer Richard Gere oder das Action-Sixpack Dwayne »The Rock« Johnson. Sie alle waren, als sie zum »Sexiest Man Alive«[6] gekürt wurden, über 40 – Gere sogar zwei Mal. Es stehen tatsächlich immer einige ältere Semester mit ausreichend Falten, sorry Linien, oben auf Listenplätzen dieser fragwürdigen Wahl. Bei den »Sexiest Woman Alive«[7]-Kandidatinnen wird die Luft dagegen für ältere Frauen recht dünn (im wahrsten Sinne des Wortes) – es gab bisher zwei auf dem Siegertreppchen: Halle Berry in 2008 war 42 und Penelope Cruz in 2014 war gerade 40.

Sogar der Vollbart, ein Körperschmuck, der seinen Träger deutlich älter scheinen lässt, ist seit einiger Zeit wieder ein angesagtes (also hippes) Accessoire bei jungen Männern (also Hipstern). Männermodels sind ebenfalls betont gerne angegraut: an Schläfen und im restlichen, sorgfältig zurechtgestutzten Gesichtshaar. Mit im Focus: verwitterte Haut um die Augen. Alles Merkmale, die Lebensalter und damit Erfahrung symbolisieren. Beim Mann wohlgemerkt.

Warum möchten Männer sich älter machen? Warum versuchen Frauen dagegen alles, um sämtliche Altersattribute loszuwerden, während jede Linie – also analog zum Begriff Lebenslinie – beim Mann für erlebtes Leben und Erfahrung steht? Warum heißen diese Lebenslinien bei Frauen Falten und schmälern die Attraktivität? Warum gelten eine Frau überhaupt mit 40 als alt und ein Mann als sexy und begehrenswert? Hängt es damit zusammen, dass Frauen in der Mitte des Lebens irgendwann ihre Fruchtbarkeit einbüßen? Das ist zumindest eine Erklärung, die ich immer wieder höre. Oder sind wir im emanzipierten 21. Jahrhundert schon drüber hinweg? Ist das nicht mehr zeitgemäß in einer Welt, in der selbst 50- und sogar 60-Jährige noch Kinder austragen können? Fragen über Fragen!

Erstens glaube ich nicht, dass die Gesellschaft schon so wahnsinnig emanzipiert ist, wie man allgemein denkt, dass sie es ist (oder sich es wünscht). Da muss man nur mal einen Blick auf weibliche und männliche Gehaltsabrechnungen werfen. Oder eben auf den Unterschied zwischen Linien und Falten. Zweitens glaube ich, gibt es nur eine einzige Antwort auf alle diese Fragen – und diese Antwort ist sehr, sehr einfach: Männer definieren sich gerne über Statussymbole. Eine glatte und knackige Frau passt deshalb optisch einfach besser zum tiefergelegten Sportwagen als eine Frau, die kaum aus der tiefen Sitzschale wieder hochkommt. Das hat wenig mit nachlassender Fruchtbarkeit zu tun, sondern eher damit, wie gut das durch das Werbefernsehen verweichlichte Gehirn sich von äußeren Formen beirren lässt. Demnach denkt der männliche Statussymboljäger, eine langmähnige, pfirsichhäutige Schönheit mit prallen Brüsten in enger Bluse und mit dellenfreien Oberschenkeln in knappen Jeans sei sexuell aktiver als eine mit 25 Kilo zu viel auf den Rippen und grauen Strähnen im fettigen Haar. Welcher Dame man hier ein zügelloseres Sexualleben unterstellt, scheint sonnenklar zu sein. Mit Betonung auf *scheint*. Der gemeine Statusjäger geht hier blind und frei nach dem umgedrehten Motto *Functions follows Form* vor. Und leider bestärken Frauen selber dieses Gedankengut nur zu gerne, indem sie jede offen zur Schau gestellte Falte einer Geschlechtsgenossin anprangern. Und wer schürt diese Stutenbissigkeit, ja, lebt geradezu durch sie? Die gefühlten drei Millionen Frauenzeitschriften (dazu mehr im Kapitel 28 *Wie Sie gegen die Bevormundung von Frauenzeitschriften immun werden*).

Es gibt jedoch Licht am Ende des Tunnels: Die Kosmetikindustrie und die Werbebranche holen beim männlichen Eitelkeitsempfinden gerade mächtig auf. Der optische Druck steigt auch bei den Herren der Schöpfung. Denn auch die haben mittlerweile die Qual der Wahl des Cremetiegels, plagen sich mit Rasurpickeln im Achsel- und Schambereich, müssen entwürdigende Waxing-Prozeduren über sich ergehen lassen und ihre Augenbrauen in Form zupfen. Rechnen Sie damit, dass Ihr Mann bald sein eigenes Regal im Badezimmer fordert. Fragen Sie doch im Bekanntenkreis mal, wie viele Männer bereits wissen, wer oder was sich hinter dem wohlklingenden Wort *Depiladora* verbirgt. Sie werden überrascht sein, wie viele mit diesem Begriff etwas anfangen können. Schönheitskorrekturen sind längst auch für ganz normale Durchschnittsmänner ein Thema. Natürlich heimlich. Also ist es lediglich eine Frage der Zeit, bis der gesellschaftliche Druck auch die Männer fest im Griff haben wird und auch sie keine Linien mehr haben, sondern genau wie wir: einfache gemeine Falten. Vielleicht haben wir Frauen dann endlich so viel Selbstbewusstsein, dass wir zu unseren *Linien* stehen können.

8

WARUM SIE NICHT IN WÜRDE ALTERN MÜSSEN

»Ich werde in Würde altern. Niemals werde ich mich unters Messer legen!« Mit Anfang 20, auch noch mit 30 war ich davon total überzeugt. Ich – was machen lassen? NEVER!

Die meisten Frauen wollen, wenn Sie noch jung und von Falten Lichtjahre entfernt sind, in Würde altern. Zumindest wollen das deutsche Frauen. Noch. In anderen Ländern sieht das schon anders aus. Oder glauben Sie ernsthaft, dass alle Brasilianerinnen von Natur aus einen Knackarsch-Hingucker-Po als Allerwertesten haben?

Doch was heißt das eigentlich, »in Würde altern«? Hier muss man zunächst mal unterscheiden, was genau mit *Würde* gemeint ist. Man kann nämlich zweierlei darunter verstehen. Zum einen meint *in Würde altern*, dass man als wirklich alter Mensch, auch wenn man krank und gebrechlich ist, mit Respekt behandelt wird, dass man nicht in Dreck und Verwahrlosung leben muss, wenn man Geld oder Geist verloren haben sollte. Dass man Essen, ein Dach über dem Kopf und etwas Liebe bekommt. Kurzum, dass man selbstbestimmt leben kann und darf, ob man noch bei Sinnen ist oder eben nicht.

Zum anderen meint es aber auch, dass man quasi *natürlich* altert; also, dass man sich mit den (äußeren) Veränderungen abfindet und sie gefälligst erträgt. Da es in diesem Buch um das Überleben ab 40 geht, beschäftigen wir uns hier mit Letztgenanntem, denn Sie haben mit 40 ja noch ein paar Jährchen Zeit, um Maßnahmen zu treffen, dass erstgenannte Bedeutung von Würde eintreten kann.

Also: Je mehr Veränderungen Sie am Körper entdecken, desto schwieriger wird es, dem Vorhaben, in Würde zu altern (im kosmetischen Sinne), treu zu bleiben. Ich bekenne, ohne rot zu werden: Ja, ich finde es mittlerweile richtig doof, dass sich meine Haut verändert, dass generell mein Körper ein Eigenleben entwickelt, das ich nur schwer bis gar nicht ausbremsen kann. Dass ich es einfach nicht schaffe, zehn Kilo abzunehmen und auch nur ansatzweise meine Wunschfigur zu erreichen. Ich finde es weder erstrebenswert, eine Gleitsichtbrille tragen zu müssen, noch finde ich es toll, dass meine Knie knacken und knirschen. Ich mag mich auch nicht damit abfinden, dass ich immer mehr graue Haarsträhnen entdecke (und zwar nicht nur auf dem Kopf). Ich mag weder meine Falten, noch meine Linien, noch die Tatsache, dass ich mich unter rein gesundheitlichen Aspekten mit meinem Beckenboden auseinandersetzen muss, damit ich mir beim Lachen nicht in die Hose mache. Diese ganzen körperlichen Veränderungen bahnen sich einen Weg in mein Leben: schleichend, unaufhaltsam und sehr deutlich. Das ist nicht schön.

»Die Inge hat was machen lassen«, höre ich heute noch meine Omma sagen. »Machen lassen« hieß alles und nichts. Schon ein simples Abdecken der grauen Strähnen bedeutet, etwas »gemacht bekommen zu haben«. Mehr als Haarefärben, Ohrenanlegen, maximal eine Nasenkorrektur (damals trotzdem eher selten) war aber meist nicht drin. Weiter wurde in der Regel nicht mal gedacht. »Etwas machen lassen« – egal was – war aber immer negativ gemeint. So nach dem Motto »Die hat's nötig«. Das machte eine anständige Frau nicht, sie hatte sich gefälligst ihrem Alter entsprechend zu benehmen und zu kleiden. Das wird heute zum Glück nicht mehr ganz so streng gesehen. *In Würde altern* heißt heute nicht mehr, dass Sie sich mit allem, was in, auf und mit Ihrem Körper passiert, abfinden müssen.

Mir ist es mittlerweile egal, dass ich noch vor wenigen Jahren in Würde altern wollte. Ich möchte mich, auch wenn ich uralt werde, immer noch attraktiv finden. Und nicht unsichtbar. Für mich heißt deshalb »in Würde altern«, selbst zu entscheiden, ob ich zu meinen altersbedingten Veränderungen stehen möchte oder, wenn ich das nicht mehr kann, dass ich etwas dagegen tun darf. Ohne verurteilt zu werden oder mir selbst Vorwürfe zu machen.

Entscheiden Sie also selbst, wie weit Sie sich konservieren möchten. Machbar ist sehr viel, wenn Sie es sich leisten können. Aber bitte, bleiben Sie auf dem Teppich. Sie sind in der Mitte des Lebens, Sie gehen nicht auf die Hundert zu. Das, was von den nächsten Jahren ab mit Ihrem Körper passiert, ist erst der Anfang. Graziös zu altern wird deshalb von Jahr zu Jahr mehr eine Kunst.

9.

WIE SIE JETZT IHRE HAUT IN DEN OBEREN PROBLEMZONEN IN DEN GRIFF BEKOMMEN

Schauen wir uns die Haut mal etwas genauer an und werfen wir als Erstes mal einen Blick auf eine ganz besonders schwierige Problemzone: Truthahnhals ist ein sehr gemeines Wort. Leider aber auch ein sehr passendes. Der Hals Anfang 40 ist bei einem aufrechtstehenden Körper noch recht unauffällig – in den meisten Fällen.

Wie stellen Sie fest, dass Ihre Halshaut im Begriff ist, sich der Schwerkraft zu beugen? Nun, zuerst einmal machen Sie sich mit dem Gedanken vertraut, dass nicht Sie es sein werden, die den desolaten Zustand Ihres Halses als Erste bemerken wird. Meistens ist es Ihr Partner, der in den zweifelhaften Genuss kommt, während Sie gedanklich noch Lichtjahre von Hautalterung entfernt sind. Kleiner Trost: Männer sind oft ziemlich blind, was Veränderungen an der eigenen Partnerin angeht.

Wenn Sie wissen wollen, was Ihr Partner längst weiß, machen Sie folgendes einfache Experiment: Setzen Sie sich hin. Nehmen Sie sich einen Handspiegel. Halten Sie ihn etwa auf Brusthöhe. Schauen Sie von schräg oben hinein und bewegen Sie den Spiegel langsam von sich weg, sodass Sie Ihren Kopf etwas schildkrötenartig nach vorne strecken müssen. Das ist jetzt in etwa die Position, die Ihr Hals einnimmt, wenn Sie stehen und sich über einen sitzenden

Menschen beugen, um ihn zum Beispiel zum Abschied zu küssen. Im Handspiegel können Sie nun schön beobachten, wie Ihre Halshaut nach unten fällt, in der Mitte der Hängepartie eine Falte wirft und sich der Rest schrumpelig drum herumlegt. Sie sehen nichts dergleichen? Glück gehabt – für heute.

Der Hals ist allerdings auch eine ganz gemeine Stelle! Hier können Sie nicht wirklich etwas wegschminken; allenfalls mit Stoff verdecken (schwierig bei tropischen Temperaturen). Zum Beispiel mit einem Rollkragenpullover; im Englischen passenderweise »Turtleneck«, also Schildkrötenhals, genannt (ebenso wie der Truthahn ist ja auch die Schildkröte recht schrumpelig am Hals). Genauso wie Hände – auch ganz schwierige Körperteile. Aber wir bleiben erst einmal bei der Großbaustelle »Gesicht, Hals & Dekolleté«. Hier sieht man die Zeichen der Zeit zuerst. Wer mit Mitte 20 dachte »oh, Mist, ich krieg Falten«, kann über so einen jugendlichen Ausruf mit 40 nur noch milde lächeln. Insgeheim wusste man damals ja auch, dass die vermeintlichen Falten allenfalls dunkle Schattenlinien waren und die letzte Party die Verursacherin war. Mit 40 weiß man, dass man keine Party-Feier-Linien sieht, sondern dass die Zeichen des Alters ihre Schatten vorauswerfen.

WAS ALSO KÖNNEN SIE TUN?

- Hören Sie auf zu rauchen. Sofort. Raucherinnenhaut altert sehr viel schneller. Besonders die zarte Haut um die Augen fängt schneller an zu hängen, und Tränensäcke fühlen sich deutlich wohler. Auch die Ausprägung der Nasolabialfalten wird deutlich tiefer. Und vergessen Sie Ihren rosigen Teint.
- Verkürzen Sie Ihre Sonnenbäder auf ein vernünftiges Maß, unterstützt durch einen zum Hauttyp passenden Sonnenschutz. Also, einschmieren mit Nussöl ohne Sonnenschutzfaktor ist keine gute Idee. Es ist ja auch nicht mehr so en vogue, sich wie

ein glänzendes Brathähnchen zu präsentieren wie noch in den 1980ern. Gehen Sie lieber in den Schatten. Da wird man ja auch braun, dauert halt etwas länger. Kniffelig ist, dass zu wenig Sonne ebenfalls schädlich ist. Sie brauchen ja Vitamin D – fürs Gemüt und für die alternden Knochen.

- Achten Sie auf Ihre Ernährung. Stimmt der Mix aus Ballaststoffen, Vitaminen, Spurenelementen? Oder bestehen Ihre Mahlzeiten aus fast 100 Prozent frittierten Erdäpfeln, Weißbrot, Pressfleisch, Nussnugatcreme und Convenient Food? Sollten Sie sich bei den Letztgenannten angesprochen fühlen, denken Sie besser ernsthaft über eine Ernährungsumstellung nach. Investieren Sie in eine Beratung oder Begleitung durch eine ausgebildete Fachkraft. Die Krankenkassen unterstützen Sie eventuell. Nachfragen lohnt sich. Fakt ist: Gutes Essen macht bessere Haut.

- Alkohol ist natürlich auch nicht so das Nonplusultra für knackiges Fleisch. Wir reden hier nicht von dem einen gelegentlichen (!) Glas Rotwein am Abend, dem Prosecco zum Anstoßen oder einem Gläschen Whiskey zu einer besonderen Gelegenheit. Nein, wir reden von täglichem, ausgeprägtem Gebrauch. Partyexzess-Niveau schaffen Sie ab 40 nur noch selten, da ist die Gefahr also nicht so groß. Mehr über die Konsequenzen von Alkohol und zu viel Party am Ü40-Körper sprechen wir in Kapitel 65 *Wie Sie eine durchzechte Nacht überleben.*

- Trinken Sie viel Wasser oder ungesüßte Kräutertees. Ersäufen Sie sich dabei nicht selbst. Promidamen, die behaupten, sie seien allein durch die sechs Liter Wasser täglich so taufrisch, lügen. Und alles über 2,5 Liter ist auch eher was für Menschen, die für einen Triathlon trainieren.

- Vermeiden Sie Peelings aus Kernen. Die sind sehr scharfkantig und können Ihrer Haut mehr schaden als nutzen. Investieren Sie lieber ab und zu in eine professionelle Behandlung in einem Kosmetikstudio.

- Schlafen Sie, solange und sooft Sie können.

- Ganz erheblichen Einfluss auf Ihre Haut haben außerdem Ihre mitgelieferten Gene. Ihre Uroma hatte, obwohl sie zeitlebens eine starke Kettenraucherin war, eine samtige Pfirsichhaut? Dann kann ich nur sagen, herzlichen Glückwunsch, Sie können sich Hoffnungen machen, sehr lange eine sehr stramme Haut zu behalten. Es könnte aber auch sein, dass Sie ganz nach dem anderen Familienzweig schlagen: Trotz gesündester Lebensführung legt sich Ihre Haut schon in jungen Jahren ordentlich ins Plissee. Ein bisschen Poker ist halt bei allem dabei. Und Sie haben dann einfach Pech.
- Last, but not least, um die Haut schön elastisch und samtweich zu erhalten, ist natürlich eine gute Pflege substanziell. Sie wissen, was das heißt: abends schön sorgfältig abschminken – und zwar immer. Morgens sanft reinigen und beide Male cremen, cremen, cremen.

10.

WIE SIE DIE RICHTIGE CREME FINDEN

In den 1980ern, als ich mich verstärkt für Hautcreme zu interessieren begann, war es noch relativ einfach, eine Gesichtscreme zu finden. Es gab die obligatorische blaue Familien-Dose im Bad und ansonsten eine recht übersichtliche Anzahl an anderen Anbietern. Exotisch waren damals Cremes, die – mit nicht weiter spezifizierten – »Pflanzen«extrakten als Inhaltsstoffe den Gipfel der Natürlichkeit repräsentierten. Sicher gab es schon echte Biokosmetik, aber nicht in unserem 08/15-Haushalt. Die High Society in unserer Straße hatte eine von uns bestaunte Avon-Beraterin mit einem Koffer voller Döschen und Tübchen. Wir nicht.

Heute zeigt uns hochglänzende Werbung gefühlt jede Woche eine neue exotische Wunderwaffe, von der dann 0,001 Prozent

Wirkstoff in der Crememasse enthalten ist, der aber prominent im Namen oder noch besser im Werbeslogan untergebracht ist. Da braucht es, um besonders wirksam zu sein, Seiden-, Braunalgen- oder Meerlavendelextrakte, Gelee mit Koffein, Öl mit Moringasamen oder irgendwas durch ein spezielles Verfahren Extrahiertes aus dem Granatapfel. Überhaupt der Granatapfel! Hoch technisierte Cremes, im Gegensatz zu biologischen Cremes, brauchen entsprechend komplexe Begriffe, die dem Chemielabor oder der lateinischen Sprache entlehnt sind. Allein durch Aufpimpen mit dem Begriff »Komplex«, wird ein Produkt wirksamer, auf jeden Fall aber medizinischer, und es darf eventuell dann auch etwas kostspieliger sein. Cremes mit französischen Vokabeln auf den Tiegeln versprechen eine bessere Wirkung. Wenn etwas aus einem »Laboratoire« kommt, ist es ebenfalls besser erforscht, als das in einem Labor möglich wäre. Anglizismen wie »Anti-Age« oder »Youth« können die Mikrozirkulation besser ankurbeln als »Gegen-Alter« und »Jugend«. Und »Correction« wirkt ausgleichender bei Rändern, Verfärbungen und großen Poren als nur »Korrektur«. Cremes, die lediglich Panthenol und Vitamin B3 beinhalten, sind gähnend langweilig und dadurch vielleicht sogar wirkungslos. Mindestens ein »organic« auf der Tube ist Pflicht. Im strategischen Kampf gegen Falten ist jedes noch so weit hergeholte Mittel ein probates. Und mit dem nötigen Glauben bleibt es auch kein Marketing-Sprech, sondern wird wirken. Oder nicht?

Sie können das alles glauben oder Sie können es lassen. Eine Gesichtscreme ist ein im Handel (Apotheken eingeschlossen, solange die Creme eine als kosmetisch deklarierte und rezeptfrei angebotene ist) frei verkäufliches Produkt und darf deshalb gar nicht so einen einschneidenden (Achtung: zweideutig!) Effekt haben wie etwas, was wirklich unter die Haut geht – selbst wenn die Inhaltsstoffe es könnten. Was eine hochwertige und damit wahrscheinlich auch etwas teurere Creme tatsächlich kann, ist hervorragende Inhaltstoffe enthalten, die Ihrer Haut guttun. Betonung liegt auf *kann*: Eine

Creme kann der Haut helfen, sich etwas zu regenerieren, sie kann vor Sonnenstrahlen und Umwelteinflüssen ein bisschen schützen. Sie kann erreichen, dass Ihre Haut nicht juckt, sondern sich schön weich und glatt anfühlt oder dass Ihr Make-up gut hält. Kurz: Eine Creme, mit der Sie sich gut fühlen. Eine Creme, egal wie viel Sie dafür bezahlt haben und egal, in wie viele wohllautende denglisch-frankophil-bio-chemische Worthülsen sie gekleidet ist, wird Sie weder jünger machen, noch wird sie Gesichtskrater auspolstern. Was Ihre Haut tatsächlich braucht, ist Feuchtigkeit und Fett. Je nach Hauttyp in unterschiedlicher Konzentration. Sie können für eine gut verträgliche Creme 3,50 Euro im Drogeriemarkt ausgeben oder eine Creme für ein paar Hundert oder sogar ein paar Tausend Euro kaufen, die dann Fischeier von kaukasischen Lachsen enthält oder Goldfäden oder irgendeinen anderen Klimbim. Sie werden weder mit der einen noch mit der anderen Creme Ihre Zornesfalte ausmerzen, Ihre Lippenfalten in eine Zuckerschnute oder Ihre beginnenden Hängewangen in pralle Apfelbäckchen verwandeln. Was Cremes können, ist, Ihre durstige Haut mit viel Feuchtigkeit zu versorgen. Oder zu verhindern, dass sie schuppt, juckt oder spannt. Sie können sie pflegen und mit Nährstoffen versorgen, sodass sie sich gut anfühlt. Kleinste Knitterfältchen können abgemildert werden, aber verschwinden werden sie nicht. Spätestens nach ein paar Stunden sind sie wieder da. Wenn die Haut gut genährt ist mit einer für Ihre Haut passenden Pflege, wird sie sich tatsächlich besser anfühlen und tatsächlich auch besser aussehen. Ihr Make-up, sofern sie nicht komplett in echt »Nude« gehen, wird nicht zu einer Mondlandschaft kraternisieren, sondern auf eine glattere Basis treffen, was dem Gesamtergebnis dann zuträglich ist. Alles in allem hat die komplette Pflege eine nicht zu unterschätzende Wirkung auf Ihre Erscheinung in toto.

Die teuerste Creme ist aber nicht unbedingt die bessere für Ihre ganz individuelle Haut. Und sehr viele Inhaltsstoffe sind ebenfalls nicht für jede Haut das Richtige. Sogar reine Naturstoffe können

Allergien auslösen, auch die aus Ihrem Garten. Dass die Inhaltsstoffe, die in einer nur 3,50 Euro teuren Creme stecken, nicht ganz so hochwertig sein können wie in einer biozertifizierten Creme, die fair gehandeltes Rosenöl beinhaltet, sollte auf der Hand liegen. Trotzdem muss auch die Rosencreme kein Monatsgehalt kosten. Mit den entsprechenden Zutaten im eigenen Garten könnten Sie sie sogar selbst herstellen. Sofern Sie dazu Zeit hätten.

Zurück zur Frage, wie Sie die richtige Creme finden. Das ist ob des schier unüberblickbaren Marktangebotes fast so schwer, wie den Partner fürs Leben zu finden.

Überlegen Sie sich zunächst, ob Sie lieber eine Biocreme, die aus rein natürlichen Wirkstoffen besteht, möchten, vielleicht sogar eine mit ausschließlich veganen Inhaltsstoffen, oder ob Ihnen eine biochemische Creme aus einem »Laboratoire« sympathischer ist.

Bestimmen Sie Ihren Hauttyp. Wenn Sie unsicher sind, was für eine Haut Sie haben, fragen Sie nicht die Verkäuferin in der Drogerieabteilung Ihres Supermarktes an der Ecke, sondern gehen Sie in ein Fachgeschäft: also ein Kosmetikinstitut oder eine dermatologische Praxis. Ich dachte beispielsweise jahrzehntelang, ich hätte eine empfindliche und sehr trockene Haut. Habe ich aber nicht. Im Gegenteil, meine Haut ist recht widerstandsfähig und sogar ziemlich unkompliziert.

Achten Sie darauf, dass Ihre Creme keine Parabene, keine Silikone und keine Paraffine beinhaltet. Paraffine zum Beispiel werden aus Erdöl gewonnen und haben tolle Eigenschaften, weshalb sie auch gerne als Schmierstoffe für Motoren eingesetzt werden. Egal, was sie versprechen, sie verkleben Ihre Poren. Das heißt, die Haut kann nicht atmen, sie trocknet aus, weil der natürliche Säureschutzmantel zerstört wird. Aufgetragen fühlen sie sich zunächst super an, weil sie die Haut ganz weich und geschmeidig machen. Das kommt aber, weil sie sich leider wie eine undurchdringliche Wachsschicht über alles drüber lagern. Gar nicht gut auf Dauer, solche verstopften Poren! Und massive Faltengefahr. Also Finger weg. Vorsicht: Auch

Cremes aus dem Apothekenregal können Paraffine enthalten. Wenn Sie allerdings von einer paraffinhaltigen Creme umsteigen, seien Sie etwas geduldig. Die Haut lernt erst langsam wieder frei zu atmen.

Suchen Sie sich eine Creme, die sich gut anfühlt, und die Sie sich dauerhaft leisten können. Ständige Produktwechsel reizen die Haut. Experimente kann nicht jede Haut vertragen. Parfüm übrigens auch nicht, deshalb darf eine gute Creme mit hochwertigen Inhaltsstoffen auch nach gar nichts riechen. (Paraffine sind übrigens auch geruchlos).

Apropos gereizte, trockene Haut, wenn Sie plötzlich beim Ausziehen Ihrer Strumpfhose denken, es schneit, ist es wahrscheinlich nur Ihre trockene Haut, die herabrieselt. Deshalb vergessen Sie den Rest Ihres Körpers nicht. Mit zunehmendem Alter wird auch diese Haut trockener. Besonders an den Beinen und irgendwann auch an den Armen sieht sie – nicht eingecremt – aus wie alt-ägyptisches Papyrus. Regelmäßige Fußpflege wird ebenfalls ein Thema, denn die Hornhautkrater an den älter werdenden Fersen können mitunter kräftige Wunden verursachen, wenn sie an zarter Wadenhaut entlangschaben – von Laufmaschenproduktion rede ich erst gar nicht. Also immer schön cremen und die Haut elastisch halten. Wenn Sie sehr fettige Haut haben, sind Sie tatsächlich ausnahmsweise einmal total im Vorteil: Ihre wird etwas länger frisch aussehen.

11.

WAS SIE ÜBER DIE GRENZEN DER DEKORATIVEN GESICHTSGESTALTUNG WISSEN SOLLTEN

Make-up ist ohne Zweifel eine tolle Erfindung. Viele unerwünschte Hautmakel lassen sich hervorragend durch geschickt aufgetragene Farbe kaschieren und zurechtzaubern. Je älter Ihre Haut wird, desto herausfordernder wird es allerdings, sie zu schminken. Also so, dass sich Ihr Aussehen durch die extra Farbe verbessert und nicht verschlechtert. Wer als Teenager mit Akne zu kämpfen hatte, weiß, dass das optische Ausgleichen von Unebenheiten die Königsdisziplin der dekorativen Gesichtsgestaltung ist. Uneben wird die ältere Haut durch Falten, größere Poren, Feuchtigkeitsverlust – und natürlich sorgenvolles Zusammenziehen der Muskeln.

Wenn Sie sich also immer noch genau so schminken, wie Sie es mit 15 getan haben, sollten Sie dringend ab 40 die Wirkung Ihrer gewohnten Make-up-Routine überprüfen. Ihre Haut wird sich im Laufe der nächsten zehn Jahre rapide verändern, besonders gegen Ende 40 – immer mal wieder mit einem rasanten Schub. Bei einem kritischen Blick werden Sie leider eines plötzlichen Tages feststellen müssen, dass der Untergrund, auf dem Sie Ihren geliebten Glitzerlidschatten auftragen, kleinste Knitterfältchen ungewollt in Szene setzt und dass Ihre gewohnte Foundation Ihre Haut in ein Ebenbild der Wüste Gobi verwandelt hat. Zeit also, das Make-up altersgerecht anzupassen.

Wie möchten Sie aussehen? Heutzutage können Sie quasi jeden Look nachschminken, dank der unendlichen Anzahl Make-up-Tutorials auf YouTube. Sie wollen das Make-up von Marylin Monroe, von Kim Kardashian oder von Katy Perry oder Sie wollen einen total natürlichen *Nature*-Look wie Sylvie Meis mit einer schmaler gestalteten Nase oder doch lieber verführerische Cat-Eyes? Alles kein Problem. Die Anleitungen sind in der Regel idiotensicher und so nervtötend detailverliebt, dass Sie selbst als absoluter Make-up-Newbie durch die Vorführung in Kleinst- und Klitzekleinstschritten alles locker verstehen und Strich für Strich nachmalen können. Sie bekommen jede Menge Zusatzinfos der vorführenden »Hallo, meine Lieben«-Dame gratis dazu und erhalten so einen Einblick in das Gedankengut Ihrer Teenager-Töchter. Die meisten Videos sind außerdem hervorragende Produktplacements. Im Kleingedruckten zum Video erhalten Sie eine Liste der verwendeten Cremes und Bürstchen, die Sie nur noch ausdrucken müssen. Das ist alles absolut supi. Es gibt da nur ein Problem. Die selbst ernannten Beautyexpertinnen sind meistens sehr jung und besitzen eine dementsprechend glatte Haut. Wie Sie sicher noch aus dem Kunstunterricht wissen, ist es einfacher, einen geraden Strich auf einem glatten Papier zu ziehen als auf hubbeliger Wellpappe. Wenn also die jugendliche YouTuberin Schicht um Schicht im Gesicht aufeinanderlegt und sich dann auch noch semiprofessionell ausleuchtet, sieht deren Nase tatsächlich schmaler aus, die Lippen wirken voller und die Wangenknochen stechen sexy hervor. Wenn Sie vorm heimischen Spiegel die letzte Schicht Highlighter neben dem Bronzer platzieren, die über Ihrem gebakten Powder, der über Concealer und Foundation, die über dem Primer, der über dem Porefiller liegt, tupfen und dann in die echte Welt hinaustreten, nützt Ihnen kein Beautifier der Welt mehr irgendwas. Denn die gesamten Schichten sind mitsamt Ihrer Basispflege und der straffenden Lichtschutzfeuchtigkeitscreme in die nächste Falte gelaufen. Der Highlighter teilt Ihr Gesicht in geometrische Formen: ein lebendig gewordenes kubistisches Porträt, das Picasso himself nicht besser hingekriegt hätte. Um die Augen schimmern Ihnen nicht mehr fein aufeinander abgestimmte Shades of Grey, sondern lichtreflektierende Kaskaden aus Glamourpartikeln entgegen, die jede winzige Mimikfalte widerspiegelnd in Szene setzen. Kurz: Auf älter werdender Haut wird das Resultat suboptimal ausfallen. Mindestens.

MAKE-UP-FAUXPAS, DIE SIE VERMEIDEN KÖNNEN:

- Wilde, sexy Katzenaugen bekommen Sie nicht, indem Sie Ihre untere Wasserlinie mit einem schwarzen Kajal nachziehen. Der einzige Effekt, den Sie dadurch erreichen, ist der, dass Ihre Augen schmaler und kleiner wirken. Bei sehr großen Augen und einem dunklen Typ mag das okay aussehen. Wer aber sowieso schon kleine Augen hat, bekommt nun noch kleinere. Gerade helle Hauttypen bekommen zusätzlich dadurch einen sehr harten

Ausdruck. Ziehen Sie lieber eine hauchdünne Linie am oberen Wimpernkranz.

- Concealer ist dafür da, dunkle Schatten unter dem Auge und kleine Unregelmäßigkeiten zu vertuschen. Je mehr Falten Sie dort haben, desto sparsamer sollten Sie das Produkt hier verwenden. Achten Sie auch darauf, dass die Konsistenz nicht zu pastös ist. Es sollte unbedingt ein flüssiger Concealer sein. Wenn Sie das Produkt so großzügig auftragen wie die junge 19-jährige YouTube-Beautyqueen, schaffen Sie eine optimale Basis, um Ihre Falten hervorragend zur Schau zu stellen.

- Wenn Sie Pigmentflecken, Narben, Pickel, Verfärbungen abdecken wollen, verwenden Sie für diese Stellen spezielle Camouflage-Produkte und wenden Sie diese ausschließlich in diesem Bereich an. Schaffen Sie zunächst eine dünne Basisschicht aus entweder einem Primer oder einer zart deckenden Foundation. Dann erst die Camouflage-Produkte auftragen. Und immer schön zum Rest verblenden, sodass nicht Ihr gesamtes Gesicht wie eine Maske aussieht. Nehmen Sie sich dazu einen feuchten Beautyblender, das ist so ein tropfenförmiges Schaumgummi-Dingens. Eventuell dann eine weitere Schicht Foundation über das Ganze drüberlegen. Dünn!

- Sie können das Ganze punktuell mit einem losen Puder leicht fixieren. Auf keinen Fall *baken* Sie bitte den Puder in die Haut. *Baken* bedeutet, einen weißen oder transluzenten Puder fest und dick in die Haut einarbeiten, damit man von der darunterliegenden Haut nichts mehr sieht (sehr angesagt bei den Beautyqueens; nichts für Sie). Eignet sich für Fotos oder Studiolicht, nicht fürs echte Leben, auch nicht bei 20-Jährigen, es sei denn, Sie rechnen mit massivem Paparazzi-Andrang und Flutlicht. Jedenfalls sollten Sie Ihre mittelalte Haut unbedingt verschonen. Ist eine Fernsehkamera auf Sie gerichtet, bestehen Sie auf eine professionelle Visagistin. Puder ansonsten vorsichtig verwenden, denn Ihre Haut wird immer mehr zu Trockenheit neigen.

- Augenbrauen werden mit zunehmendem Alter dünner und heller. Es gibt mittlerweile Augenbrauen-Utensilien, dass einem schwindlig wird. Sie müssen also keine Angst haben, dass Sie nachher Balken wie Theo Waigel im Gesicht haben. Ein bisschen Kontur reicht, je nach Typ heller, breiter, dünner, dicker.
- Lippen überschminken, damit sie voller wirken, ist auch ein No-Go. Lassen Sie das, wenn kein Beleuchterteam um Sie herumwuselt. Ein künstlicher Lolita-Schmollmund sieht immer gewollt und niemals gekonnt aus – es sei denn, man ist damit geboren worden.
- Generell gilt für Frauen ab 40: Weniger ist mehr! Dies gilt besonders für Ihr Tages-Make-up. Verwenden Sie lieber mehrere hauchdünne Schichten, die Sie jeweils gut einarbeiten und verblenden, als ein oder zwei dicke. Am besten funktionieren Produkte auf Mineralbasis mit einem ganz, ganz leichten Schimmer. Zum Beispiel eine zart deckende Flüssig-Foundation, darüber ein ganz leichter loser Puder, aber nur an den Stellen, die glänzen. Manchmal ist eine leichte BB- oder CC-Creme auch die bessere Wahl, weil eine zu deckende Foundation die Falten eher betont. Abends darf es natürlich etwas mehr sein. Seien Sie trotzdem unbedingt sparsam! Viel hilft nicht viel.
- Wenn Sie Ihre Haut dann schön ebenmäßig gestaltet haben: Tragen Sie Lippenstift! Und trauen Sie sich ruhig an ein kräftiges Rot! Ein Klassiker, den jede Frau, egal wie alt, tragen kann. Ein knallroter Lippenstift braucht keine Schlauchbootlippen. Und noch was: Wenn Sie einen so herausstechenden Lippenstift tragen, seien Sie bei den anderen Farben im Gesicht etwas geiziger. Sie wollen ja schließlich einen Akzent setzen. Je faltiger die Haut um Ihre Lippen wird, desto akkurater müssen Sie den Lippenstift auftragen, damit die Farbe nicht nach kurzer Zeit in kleinen Rinnsalen um den Mund herum verläuft. Sie wollen ja nicht wie Heath Ledger als *Joker* aussehen. Nehmen Sie einen feinen Pinsel und umrahmen Sie zuerst die Lippen

mit der Lippenstiftfarbe (ein Lipliner geht natürlich auch, aber ich finde den Pinsel etwas präziser) und pressen Sie die Lippen auf ein Papiertaschentuch, um überschüssige Farbe zu entfernen. Dann erst füllen Sie die restlichen Lippen auf. Wieder aufs Tuch pressen und noch einmal nachziehen. Und nun bitte Haltung annehmen. Seien Sie sich bewusst, dass Ihre Lippen ein Blickfang sind. Wenn Ihre Lippen sehr spröde sind, tragen Sie, während Sie sich schminken, einen Fettstift auf und lassen ihn gut einziehen. Bevor dann der Lippenstift draufkommt, jegliche Fettreste gründlich entfernen.

NOCH DREI TIPPS:

1. Wenn Sie schon in den Wechseljahren sind, was ja durchaus vorkommen kann, verwenden Sie unbedingt von allen Schminkutensilien die wasserfeste Variante. Und seien Sie noch sparsamer. Denn wenn Sie arg schwitzen, zerläuft Ihnen in wenigen Minuten die ganze schöne Pracht.

2. Perlmutt-Nude-Töne lassen Sie im Regal stehen. Sie sind mit 40 meilenweit von Perlmutttönen entfernt. Eigentlich sollte niemand diese Schattierungen tragen. Sie machen alt und tatsächlich unsichtbar. Die einzige Funktion ist, dass eine Pseudogepflegtheit symbolisiert wird. Tatsächlich sind sie weder Fisch noch Fleisch.

3. Kaufen Sie sich einen Vergrößerungsspiegel. Sie werden ihn brauchen. Die Sehkraft lässt nach.

12

WIE SIE BEI HYPERPIGMENTIERUNG NICHT HYPERVENTILIEREN

Neben Falten hat die Haut noch weitere Alterserscheinungen auf Lager: Sie bekommt Flecken.

Ich erinnere mich sehr gut an die Hände meiner Omma. Ich habe den Duft Ihrer Handcreme in der Nase, sehe ihre Nagelform, ihre Runzeln – und ich sehe die vielen Altersflecken vor meinem geistigen Auge. Und vor circa einem halben Jahr entdeckte ich auf meiner eigenen rechten Hand eine ganz kleine etwas fleckige hellbraune Färbung, die denen auf der Hand meiner Omma von Tag zu Tag erschreckend ähnlicher wird. Mittlerweile haben sich mehrere Exemplare auf meinen Unterarmen dazugesellt. An den Wangenknochen, fürchte ich, möchten sich ebenfalls welche entwickeln. Dabei bin ich mit Ende 40 sogar noch ganz gut dabei, denn jegliche Formen der Hyperpigmentierung setzen normalerweise schon Anfang 40 ein.

Die Flecken, im Fachjargon *Lentigines seniles* oder *Lentigines solares*, sind ein ganz eindeutiges Zeichen dafür, dass Ihre Haut alt wird. ALT! Allein dieses Wort! Wie gesagt, ich verbinde diese Flecken ganz eindeutig mit meiner Omma, nicht mit meiner Mutter. Die hat nämlich keine. Wenn Ihre Gene mitspielen oder Sie zeit Ihres Lebens so gut wie nie in der Sonne waren, könnten Sie verschont bleiben. Als ein Kind der 1980er-Jahre hat Ihre Haut aber wahrscheinlich eher zu viel als zu wenig Sonne mitgekriegt. Sie haben sehr wahrscheinlich damals maximal Lichtschutzfaktor 4 (4 war ja schon fast uncool) auf die Haut bekommen und dadurch jedes Jahr mindestens einen saftigen Sonnenbrand erlitten – den Sie zwar unter Schmerzen, aber auch als ein wichtiges Indiz für erlebten Urlaub, Ferien und Sommer zur Schau trugen.

UV-Strahlung ist Stress für die Haut, aber nicht alleine die Schuldige für Hautveränderungen. Veranlagung, also Ihre Gene, hormonelle Turbulenzen oder Nikotin und Alkohol können das Fleckenwachstum ebenfalls begünstigen.

Kommen wir mal zu den Fakten: Die Flecken sind in der Regel vollkommen harmlos. Sie erscheinen an den Stellen, die vermehrt der Sonne ausgesetzt sind; also Handrücken und Gesicht. Aber auch das Dekolleté, Schultern und, wie bei mir, die Unterarme sind beliebte Stellen für Ommaflecken. Dass mein linker Arm stärker betroffen ist, zeigt, dass ich öfter Auto fahre und dabei meinen Arm lässig aufstütze. Es bleibt nichts geheim.

Je länger Sie sich in der Sonne braten, desto eifriger bilden die Melanozyten in Ihrer Haut Melanin. Je älter Sie werden, desto weniger Melanozyten haben Sie. Die wenigen, die übrig bleiben, vergrößern sich und verteilen sich unregelmäßig und dadurch bekommen Sie braune Flecken. Was also können Sie tun?

Sie können die Haut schützen: Immer schön mit einem hohen Lichtschutzfaktor entsprechend Ihres Hauttyps eincremen ist sicher das A und O. Allerdings darf der Lichtschutzfaktor auch nicht zu hoch sein, denn Ihre Haut muss auch noch Vitamin D aufnehmen können. Übrigens bezieht sich der Lichtschutzfaktor nur auf die UVB-Strahlen. Bei Altersfleckengefahr nehmen Sie besser einen Sonnenschutz, der auch vor UVA-Licht schützt. Im Gesicht allerdings darf es ruhig Lichtschutzfaktor 30 sein, wegen der Falten.

Sie können die Haut bleichen: Es gibt diverse Pflegemittelchen, die die Haut aufhellen können oder die die Melaninproduktion hemmen. Einige dieser Mittel sind rezeptpflichtig und sogar leicht toxisch. Alle sind mit Vorsicht zu genießen. Bevor Sie hier Selbstversuche starten, empfehle ich dringend, dass Sie sich an medizinisches Fachpersonal wenden. Oft werden die Cremes nämlich nicht so gut vertragen. Oder wollen Sie so aussehen wie Michael Jackson in seinen späten Jahren? Wählen Sie besser harmlosere Cremes mit Glycolsäure oder Vitamin-C-Derivaten.

Sie können die Haut chemisch peelen lassen: Säurehaltige Mittel schrubbeln sich durch die Oberhaut bis in die Lederhaut und scheuern damit die Flecken weg. Falten und Aknenarben gehen davon praktischerweise gleich mit flöten. Also ein Abwasch. Hier bitte keine unqualifizierten Versuche starten, sondern gleich die Dermatologin Ihres Vertrauens besuchen. Ihre Haut ist nach der Behandlung echt empfindlich.

Lasertherapie ist in einem Wort: effektiv. Der Laser zertrümmert die Pigmentablagerungen. Es brennt allerdings ein bisschen, und es kann auch ein heller Fleck zurückbleiben. Außerdem ist die Haut danach eine Zeit lang ziemlich empfindlich. Dass Sie hier nur Fachpersonal dranlassen, versteht sich von selbst, nicht wahr?

Wenn Sie eine Creme gefunden haben, besonders eine frei verkäufliche, seien Sie etwas geduldig. Es gibt kein gesundheitsfreundliches Simsalabim mit Soforteffekt. Egal, was Sie machen, wenn Sie was machen, Sie dürfen danach sehr lange nicht in die Sonne, denn sonst sehen Sie nachher schlimmer aus als vorher.

Wenn Sie eine Sonnenanbeterin sind und es nicht lassen können, in die Sonne zu gehen, dann hilft es, wenn Sie einen breitkrempigen Hut aufsetzen und eine Sonnenbrille tragen. Die Mittagssonne zu meiden ist auch eine gute Idee und – Sie ahnen es wahrscheinlich – hören Sie sofort auf, ins Solarium zu gehen und stehen Sie zu Ihrer vornehmen Blässe. Immer eine Alternative ist selbstverständlich: Sie leben einfach mit Ihren Flecken. Bei einigen Menschen fallen sie gar nicht groß auf. Zum Beispiel, wenn Sie sowieso schon mit vielen Sommersprossen gesegnet sind. Oder Sie passen Ihre Kleidung entsprechend an. Was meinen Sie, warum Madonna und Karl Lagerfeld nur noch mit schicken Handschuhen unterwegs sind und selbige sogar zum Markenzeichen hochstylisiert haben?

Altersflecken sind eine harmlose Form der Hyperpigmentierung. Wenn Sie Pech haben, können die Flecken Auswüchse in

Form von Alterswarzen annehmen. Meist allerdings erst so ab 60 aufwärts. Da haben Sie ja noch ein paar Jährchen, um sich mental darauf vorzubereiten. Alterswarzen sind nicht schön, aber meist ebenfalls harmlos.

Pigmentflecken sind selbstverständlich nicht die einzigen Hautveränderungen, die sich gerne ab dem mittleren Alter auf Ihrer Haut ansiedeln und sie etwas bunter machen. Sehr häufig finden sich zum Beispiel auch unzählige Tardive Hämangiome, im Volksmund gerne auch unter dem Namen Senile Hämangiome bekannt: Das sind kleine feuerrote etwas knubbelige Erhebungen, die die Haut wie Sommersprossen übersäen – können Sie entfernen lassen, kommen aber an anderer Stelle wieder. Wenn Ihnen neue Flecken an Ihrem Körper allerdings merkwürdig vorkommen, sie anfangen zu jucken oder sogar zu bluten, begeben Sie sich bitte lieber früher als später in geschulte Hände von geeignetem Fachpersonal – das bedeutet, in eine dermatologische Praxis und nicht zum Friseursalon, der auch Kosmetik anbietet.

13.

WAS SIE SONST NOCH OHNE SPRITZE UND SKALPELL TUN KÖNNEN

Wenn Sie wirklich eine (zumindest temporäre) Hautverjüngung erreichen wollen, müssen Sie sowohl zu härteren Methoden als auch erheblich tiefer in den Geldbeutel greifen. Wobei *härtere Methoden* nicht heißen soll, dass diese schmerzhaft sind. Die moderne Kosmetik hält zwar viele Versprechen bereit, die oft mehr behaupten, als sie halten können, aber sie kann auch was. Und das muss nicht wehtun. Na gut, finanziell vielleicht schon. Die Kosmetikerin jedenfalls macht heute mehr als nur Pickel ausquetschen und Gesichtsmasken auflegen.

Wer nicht gleich ganz so hart ran will und den Griff zur Spritze scheut, kann sich mal bei der apparativen Kosmetik umschauen. Hier gibt es verschiedenste Methoden, die mithilfe von speziellen Geräten (*Apparate*, der Name ist Programm) die Gesichtshaut (und nicht nur die) gründlich bearbeiten und in Form bringen: Sie peelen, reinigen die Haut, lösen Talgablagerungen und Verunreinigungen aus den Poren, tragen alte Hautschuppen ab und arbeiten ordentlich Feuchtigkeit, Vitamine und zum Beispiel die Allzweckwaffe Hyaluron tief in die Haut ein. Und ja, das sieht man anschließend. Schön prall schaut die Haut nach einer Behandlung aus. Auch lästige Hautverfärbungen und gutartige Hautmale können eliminiert, Akne- und sonstige Narben zumindest reduziert werden. Sie versprechen Ober- und Unterlidstraffungen und das Verschwinden von kleinen Linien und Falten. Die Haut wirkt gut genährt und tatsächlich straffer. Für eine kurze Zeit (ein paar Wochen, ein paar Monate). Die Versprechungen jedenfalls, als Alternative zur invasiven OP, sind verheißungsvoll: keine Schmerzen, keine Schnitte, keine Narkose, keine langen Ausfallzeiten, und und und.

Am schwierigsten finde ich, wie man sich zurechtfinden soll in dem schier unüberschaubaren Dschungel an Angeboten: Microdermabrasion, Mesotherapie, Mesoporation … Womit soll in meinem Gesicht gearbeitet werden? Mit Ultraschall, Plasma, Nadeln, Diamanten, Säuren, Laser, … Allein schon bei den ganzen Namen der verschiedenen Möglichkeiten kann einem schwindlig werden. Begeben Sie sich deshalb unbedingt in die geschulten Hände einer Fachkosmetikerin. Die nimmt Ihre Haut erst einmal sehr genau unter die Lupe und empfiehlt Ihnen dann, was an Ihrer ganz speziellen Haut möglich ist. Und wenn Sie unbedingt die Lösung haben wollen, mit der Ihre Freundin Sie letztens begeistert hat, als sie pfirsichhäutig und mit deutlichen Glow im Gesicht wieder nach Hause gekommen ist, Ihre Kosmetikerin Ihnen aber davon abrät, weil sie Sie noch länger als Kundin behalten möchte, dann glauben Sie ihr. Nehmen Sie die sanftere Methode. Nicht jede Haut verträgt alles. Ziel der jeweiligen Behandlung ist es, die Haut besser zu reinigen, als es der alte Waschlappen kann, und alte Zellen besser abzutragen, als es das Drogerie-Peeling vermag. Auf diese Weise lassen sich Wirkstoffe tiefer in die Haut einschleusen, als es jede nur erdenkliche Creme bewirken kann, um die Haut besser zu vitalisieren.

Was Sie bei allen Methoden beachten müssen: Bei einigen Anwendungen sind mehrere Sitzungen nötig. Das kostet. Wenn Sie langfristig etwas zeitloser altern möchten, müssen Sie nicht nur eine Menge an Zeit investieren. Schönheit ist mit zunehmendem Alter letztendlich eine nicht zu unterschätzende monetäre Frage. Die Größe Ihres Geldbeutels ist hier das Maß der Machbarkeit, denn alle apparativen Methoden müssen in einer gewissen Regelmäßigkeit angewandt werden. Wenn das nötige Kleingeld bei Ihnen eine untergeordnete Rolle spielt, können Sie den Alterungsprozess Ihrer Haut mit solchen Methoden eine ganze Weile in Schach halten. Suchtpotenzial haben die Behandlungen allemal. Kalkulieren Sie deshalb mit einem gewissen Abhängigkeitsfaktor, der sich, einmal auf den Geschmack gekommen, wohl nur dadurch bremsen lässt, weil Ihnen das Geld ausgeht.

Ich war nie eine Kosmetikinstitutsgängerin. Meistens aus Geldmangel (beziehungsweise habe ich meine Moneten lieber für was anderes ausgegeben), noch öfter aus Zeitmangel. Ich finde es ja schon anstrengend, zum Friseur zu gehen, weil es so lange dauert mit den ganzen Strähnchen und so. Da mich aber, je älter ich werde, mein zerknittertes Selbst an manchen Morgen so schockiert, habe ich nun gelegentliche kosmetische Besuche in meinen Zeitplan mit aufgenommen. Und ich genieße sie. Meiner Haut geht es allein schon dadurch besser, dass ich mich bei so einem Institutsbesuch wie Cleopatra fühle: herrlich umsorgt, eingehüllt in ein sehr, sehr dickes, schneeweißes Frotteehandtuch, eingelullt durch zarte Düfte und kaum hörbare sphärische Musik und sanft flüsternde Menschen, die mich wie die wichtigste Person der Welt behandeln.

Der psychologische Aspekt ist absolut nicht zu verachten oder zu unterschätzen. Allein schon das Gefühl danach, sich etwas Gutes gegönnt zu haben, macht attraktiv. Das bilde ich mir jedenfalls sehr glaubwürdig ein. Auch wunderbar für Haut und Seele, vielleicht nicht ganz so effektiv wie die apparative Kosmetik, sind Spaziergänge in Regen und Seeluft. Dafür günstiger.

NOCH EIN KLEINER EXKURS:

Die Haut bekommt nicht nur diverse Falten und wird in sich pergamentartiger und unelastischer im Laufe der Zeit (allerdings beginnt das eher in der zweiten Hälfte der 40er, es sei denn, Sie hängen schon seit 25 Jahren am Glimmstängel und sind genauso lange eine unermüdliche Partymaus – dann gerne auch schon früher). Zu den zu erwartenden Falten gibt es einige andere unschöne Alterserscheinungen im Gesicht, die sich verstärkt ab 40 entwickeln und die eine geschulte Kosmetikerin früh erkennt und dann mit geeigneten Maßnahmen gegensteuern kann. Ganz klassisch ist zum Beispiel die Rosacea beziehungsweise die Couperose. Was sich wie rassige südeuropäische Frauennamen anhört, sind tatsächlich doofe Hauterkrankungen, die in der leichten Variante, der Couperose, auf zarter Gesichtshaut kleine rote Äderchen durchscheinen lässt. In der ausgeprägteren Variante, der Rosacea, bilden sich sogar akneartige Pusteln und man sieht aus wie in der Pubertät – nur eben nicht so frisch. Zum einstweiligen Übertünchen helfen spezielle Feuchtigkeitscremes mit deutlichem Grünstich. Grün als Komplementärfarbe filtert das Rot weg. Falls es Sie etwas tröstet, Männer bleiben übrigens nicht verschont. Bei ihnen schlägt die Rosacea sogar viel stärker durch, nämlich gerne mal in Form von Talgdrüsen- und Bindegewebsverdickungen auf der Nase – die berühmte Knollennase. Bei Frauen ist diese Form äußerst selten anzutreffen, also ruhig Blut. Verwenden Sie Ihre grüne Creme und legen Sie über diese eine feine Schicht Foundation. Das Problem lässt sich so ganz gut in den Griff kriegen. Eine seriöse Kosmetikerin erkennt auch, wann es Zeit wird, medizinischen Rat einzuholen, und schickt Sie zur Dermatologin, bevor sie an Ihnen herumdoktert.

14.

WIE SIE BOTOX & CO. GEWINNBRINGEND EINSETZEN

Während in den USA Botoxpartys ja quasi Teil des gesellschaftlichen Kaffeekränzchens sind – auch bei Damen, die noch Lichtjahre von beginnender Elastose entfernt sein dürften –, sind die Deutschen da (noch!) ein wenig verhalten. Bis wir eine Unterspritzung als etwas Ähnliches wie den Friseurbesuch ansehen, wird es aber wahrscheinlich nicht mehr lange dauern, befürchte ich.

Es gibt verschiedene, durchaus geeignete Maßnahmen, um einzelnen tieferen Falten den Garaus zu bereiten. Der Altersfortschritt der Hautstruktur insgesamt wird dadurch allerdings nicht im Zaum gehalten. Da ist weiterhin intensive Pflege angesagt. Selbstverständlich durch die gründliche Reinigung morgens und abends und regelmäßiges Cremen, ebenso wie die sichtbare Auffrischung der Haut durch das Zusetzen von reichlich Feuchtigkeit und der Befreiung von alten Hautschüppchen.

Wegspritzen oder Auffüllen sind zwei weitgehend gängige Methoden, um grobe Vertiefungen zu eliminieren und damit den Look insgesamt jung und straff zu halten. Bei Falten wird grob zwischen statischen und mimischen Falten unterschieden. Zu den statischen Klassikern gehören zum Beispiel die nasolabialen Falten, also die beiden Vertiefungen links und rechts von Ihren Nasenflügeln zum Mundwinkel. Die mimischen Falten sind die, der Name ist Programm, die wir durch unsere Mimik beeinflussen können. Bedingt jedenfalls. Wer möchte sich schon die ganze Zeit kontrollieren? Zumindest Lachfältchen sind doch auch ganz charmant – allerdings, sobald wir selbst welche haben, nur noch bei anderen Menschen.

Statische Falten lassen sich gut auffüllen, zum Beispiel mit Hyaluron oder auch mit kleinen Kunststoffkügelchen. Ersteres ist derzeit die noch sichere und weitaus gängigere Variante. Mimische Falten dagegen werden nicht gefüllt, sondern hier müssen Nerven in Schach gehalten werden: Dabei werden die Nerven mit einem Gift, das unter dem Namen *Botox* uns allen wohlbekannt ist, lahmgelegt. Die Nerven sind dann wiederum nicht mehr in der Lage, die Muskeln, die für die Mimik verantwortlich sind, zu aktivieren. Beide Verfahren sind schnell ohne viel Tamtam umzusetzen und definitiv einfacher als eine große OP. Quasi nach dem Motto: wenig Einsatz, große Wirkung.

Obwohl sich alles so einfach anhört und nicht geschnippelt wird, unumstritten ist das Ganze dennoch nicht. Und dauerhaft auch nicht. Sie müssen das Prozedere alle paar Monate, wenn Sie Glück haben auch nur ein- oder zweimal im Jahr, wiederholen. Raucherinnen sind, wie immer, benachteiligt, da die Haut definitiv eher wieder schlappmacht. Wenn Sie also eine Person Ihres Vertrauens gefunden haben, die mit der Spritze umgehen darf und kann (!), ist das auf jeden Fall eine Möglichkeit, eine Weile jugendlicher auszusehen. Da liegt allerdings der Hase im Pfeffer. In Deutschland braucht es eine fachliche Qualifikation, um Botox spritzen zu dürfen. Das heißt, Ihre Friseurin darf Ihnen die Spritze im Hinterzimmer nur setzen, wenn sie eine Zusatzqualifikation als Ärztin oder Heilpraktikerin hat. In welchem Bereich diese Expertinnen und Experten tatsächlich ihrem Broterwerb nachgehen, ist egal. Der Gynäkologe darf genauso die Falte auffüllen oder den Nerv lähmen wie der Urologe oder die Orthopädin. Das Schönheitsgeschäft boomt und ist ein willkommenes Zubrot für Ärzte und Heilpraktiker, die das gerne nutzen, da ihr Halbgötterstatus ja auch nicht mehr das ist, was er mal war. Von daher haben Sie also eher die Qual der Wahl, zu wem Sie gehen. Ob diese Person dann aber besonders viel Übung hat, ist eine ganz andere Frage.

Meine Freundin Claudia, mittlerweile 48, ist ein begeistertes Versuchskaninchen der ersten Stunde. Sowohl Botox als auch Hyaluron finden sich in ihrer Haut (ebenso wie Silikon in ihrem Körper eine Etage weiter unten, dazu mehr im nächsten Kapitel) – seit fast sieben Jahren. Zuerst nur die Zornesfalte, seit einiger Zeit auch die Nasolabialfalte. Und was soll ich sagen? Wüsste ich es nicht von ihr persönlich, ich wäre nicht im Traum drauf gekommen, dass diese wunderhübsche im Freundeskreis als Naturschönheit bewunderte Frau da irgendeine Unterstützung gehabt hätte.

Geschickt gespritzt ist es also möglich, sich eine gewisse optische Originalität zu bewahren, die so täuschend echt aussieht, dass nicht einmal der eigene Mann irgendetwas ahnen muss. Wir lassen jetzt mal außer Acht, dass Männer sowieso für vieles keinen Blick haben (es gibt natürlich Ausnahmen von dieser Regel, wie immer). Aber tatsächlich müssen Sie die diversen Eingriffe, die Sie planen, ja auch nicht an die große Glocke hängen.

Wichtig für ein möglichst natürliches Aussehen ist, dass der Muskel nicht komplett lahmgelegt, sondern lediglich etwas geschwächt wird. Wenn Sie vorher Strich-dünne Lippen hatten und dann plötzlich als Angelina-Jolie-Lookalike die männlichen Kollegen verrückt machen, dann ist das, äh, unnatürlich. Das glaubt Ihnen keiner, es sei denn, Sie heißen Chiara Ohoven, dann klappt es vielleicht. Ansonsten kann Ihnen, auch wenn die Falten schon recht tief eingegraben sind, mit Hyaluron gut geholfen werden. Mit einer geschickten Kombination aus Botox und Hyaluron, strategisch gut im Gesicht platziert, lässt sich einiges bewegen, beziehungsweise eben nicht mehr, sodass das Gesamtergebnis natürlich aussieht.

Aufpassen sollten Sie, dass Sie nicht zur glatten Persiflage Ihrer selbst werden und im Laufe der Folgesitzungen zu einer Art aufgepolsterter Comicfigur mutieren. Sieht man sich mal die Klickgalerien im Internet von diversen C-Sternchen oder auch ehemaligen (vorwiegend amerikanischen) A-Promis an, die nur noch aufgrund ihrer Lippen- oder Busengröße im Rampenlicht stehen, sind die Ergebnisse schier unbegreiflich. Sind die denn alle blind? Jedes Gruselkabinett sieht dagegen doch adrett und Schwiegermutter-tauglich aus.

Lassen Sie also besser ein paar Lachfältchen um die Augen bestehen. Wenn Sie nicht gerade einen Beruf im Showgeschäft haben, also auf dem 120-Zoll-Bildschirm in Großaufnahme und HD zu sehen sind, sind Sie ja auch nicht wirklich unter Druck. So schön hochauflösendes Fernsehen ist, für die Frauen um die 40 ist es tatsächlich eine Herausforderung. Im Pixelbild ein Fältchen zu verstecken war da deutlich einfacher. Aber da ja nun auch Moderatorinnen öffentlich graue Haare tragen dürfen und damit einen Medienhype auslösen, ist da vielleicht eine Art Trendwende möglich. Zum Glück haben auch die Herren ein paar mehr sichtbare Poren; und besonders dem Thema Zahntiefenreinigung könnte sich der ein oder andere im Rampenlicht stehende Politiker auch mal widmen. Das ist nämlich auch kein schöner Hingucker.

Übrigens: Wer findet, die Reduzierung oder vielleicht nur die Konzentration und Beschäftigung mit dem rein Äußerlichen sei lächerlich und hirnlos, der schaue doch mal zurück in die Antike. Das Interesse der Frauen, sich herauszuputzen, um dem Alter zu trotzen, ist damals wie heute schon immer ein Thema gewesen. Und sogar im tiefsten Elend versuchen Frauen, sich hübsch zu machen. Denn auch das hat was mit Würde und Selbstachtung zu tun.

15.

WARUM PLASTISCHE CHIRURGIE MANCHMAL DOCH GANZ NÜTZLICH SEIN KANN

Wenn Sie das Gefühl haben, dass es nicht nur die Mimikfalten sind, die Sie älter aussehen lassen, als Sie sich fühlen, sondern dass generell Ihre Haut etwas zu weit geworden ist für Ihren Körper, ist ein schonungsloseres Programm gefragt. Da wo Sie mit einem guten Sportprogramm, gesunder Ernährung, apparativer Kosmetik und Unterspritzungen nicht weiterkommen, bleiben Ihnen nur zwei Möglichkeiten: Entweder Sie lassen es gut sein und altern doch in Würde (siehe oben) oder Sie setzen das Messer an. Der Mediziner formuliert das freundlich und spricht von »Korrektur«. Frei nach dem Motto, wo die Natur nur noch Fehler produziert, müssen die Götter in Weiß ihre Arbeit aufnehmen. Wenn Ihr Hals Sie also dermaßen stört und Sie nicht zwischen Totschwitzen im Rollkragenpullover oder Truthahnlook wählen möchten, bleibt nur der Weg in den OP. Schlupflider, Tränensäcke, Fettschürze, Hängebrüste, Doppelkinn: dagegen können Sie weder ancremen noch spritzen. Hier ist das Skalpell erste Wahl, wenn Sie Nägel mit Köpfen machen wollen.

Während die Nasen- und Ohrenkorrektur eher von jüngeren Semestern bevorzugt werden, sind mit zunehmendem Alter neben Lid- und Bruststraffungen besonders Lippen-, Jochbogen-, Kinn- und Po-Korrekturen beliebt. Für Muttis, denen diverse Schwangerschaften arg zu Leibe gerückt sind, empfiehlt sich da vielleicht gleich ein sogenanntes »Mummy-Make-over«, bei dem die erschlaffte Brust etwas gestrafft, also ohne Implantat nachgerüstet, und überschüssige Haut an Bauch und Rücken mittels Fettabsaugung eliminiert werden. Vielleicht kann das so gewonnene Fett auch gleich genutzt werden, um Ihnen einen südamerikanischen Bubble-Butt-Po, also Knackarsch, zu modellieren – im Schönheits-OP-Junkie-Fachjargon auch »Brazilian Butt Lift« genannt. Für die Lippen bleibt bestimmt auch noch was übrig. Wenn man schon mal dabei ist, quasi ein Klacks im Paket.

Jetzt mal im Ernst: Bevor Sie sich unters Messer legen, sollten Sie sich gut überlegen, was Sie von der ganzen Aktion erwarten. Wollen Sie aussehen wie Ihr eigenes 20-jähriges Selbst, nur ohne Dauerwelle? Dann vergessen Sie es. Um die OP-Naht herum altern Sie ja weiter.

Diskutieren Sie mit sich selbst, warum Sie eine Brust-OP haben möchten, bevor sie ernst machen. Wie meine Freundin Claudia. Schon als Teenager hat sie unter ihrer Brust gelitten, sich aber jahrelang mit ihr arrangiert. Sie hat zum Beispiel ein enorm schwaches Bindegewebe. Sie ist außerdem begeisterte Sportlerin. Mutter ist sie auch und hat viel und gerne gestillt. Einige Gewebe können das locker wegstecken. Claudias Gewebe nicht. Sie mochte sich einfach nicht mehr im Spiegel sehen, weil die Haut ihrer Brüste quasi überhaupt keine Füllung mehr hatte. Pragmatisch, wie sie ist, war ihre Überlegung: Es ist medizinisch machbar, ich habe das Geld und jetzt gerade auch die Zeit. Die OP ist gut gelaufen, Claudia hochzufrieden.

Wenn es Ihnen so geht wie Claudia, dann wägen Sie folgende Punkte ehrlich in einem Zwiegespräch mit sich selbst ab:

- Es ist eine Operation und medizinisch nicht notwendig, aber mit denselben Risiken verbunden. Begebe ich mich damit unnötig in Gefahr, oder ist es gefährlicher, es zu lassen, weil mein Selbstwertgefühl immer weiter in den Keller rutscht, da ich keine andere Möglichkeit sehe, mich je wieder wohlzufühlen?

- Es ist eine medizinisch notwendige Operation, weil zum Beispiel meine Brüste so groß sind, dass ich kaum noch laufen kann, oder ich 30 Kilo abgenommen habe und nun eine Hautfalte bis unters Knie habe?

- Kann ich mir das leisten? Oder muss ich mir von Freunden und Verwandten Geld leihen, das ich niemals wieder zurückzahlen kann, weil mir auch keine Bank der Welt einen Kredit gewähren wird?

- Ich bin mir wirklich sicher, dass die Person, die das Skalpell ansetzen wird, vertrauenswürdig ist und ich nicht mit zwei Schwämmen im Körper wieder aufwache.

- Ich habe mir außerdem mindestens zwei unterschiedliche, seriöse medizinische Meinungen eingeholt. Und zwar von einer Fachärztin beziehungsweise einem Facharzt für Plastische und

Ästhetische Chirurgie. Nur selbige haben eine entsprechende Ausbildung. Schönheitschirurg, Schönheitsspezialist oder andere fantasievolle Bezeichnungen sind nicht geschützt. Das darf sich jeder auf sein vergoldetes Messingschild stanzen lassen.

- Wenn Sie die einzige Verwandte für Ihre minderjährigen Kinder sind, sollten Sie sie gut aufgehoben wissen, falls doch was schiefgeht und sie längerfristig ausfallen. Die Kinder bekommen sonst nämlich eventuell einen Betreuer vom Amt.

- Überlegen Sie auch, ob Sie sich eventuell ein bezeichnendes Alleinstellungsmerkmal nehmen lassen und dann eine unter vielen Austauschbaren werden. Prominentes Beispiel ist »Baby«-Darstellerin Jennifer Grey, die 1987 eine Wassermelone trug und mit unser aller Patrick auf dem Boden herumkroch. Nach dem Mega-Erfolg ließ sie sich den prominenten Gesichtszinken auf USA-Durchschnittsmaß herunterhämmern und geriet anschließend in Vergessenheit: Karriere-Aus durch geglückte Nasen-OP. Dumm gelaufen.

- Passen Sie auch auf, dass Sie sich nicht behindern. Was nützt Ihnen ein aufgespritzter Schmollmund, wenn Sie anschließend Ihre Suppe nur noch schlürfend zu sich nehmen können?

Und noch eins: Überlegen Sie sich, was eine überdeutliche Veränderung an ihrem Körper oder Ihrem Gesicht für eine Message an Ihre Töchter sendet.

3. KAPITEL

KÖRPERLICHE VERÄNDERUNGEN II

RÜCKEN & ANDERE ZIPPERLEIN

Optische Veränderungen am Körper sind eine Sache, wie Sie aber mit echten physischen Einschränkungen optimal weiterleben eine ganz andere. Ab 40 schleichen sich, unabhängig von den Veränderungen an der reinen Oberflächenästhetik, die ersten wirklichen Zipperlein ins Leben. Das Lotterleben aus zu vielen wilden Partynächten mit zu viel Alkohol, zu viel Qualm, das jahrelange Rumsitzen vor der Glotze mit Chips in der einen und Bier in der anderen Hand fordern ihren Tribut. Auch Frauen, die exzessiv Leistungssport in Kindheit und Jugend betrieben haben, sind vor Gebrechen nicht gefeit – sogar im Gegenteil. Wie war das mit *Sport ist Mord*? Auch üble Veränderungen an den Körperzellen finden sich ab 40 häufiger als in den Jahren davor. Krebsvorsorge sollte frau ernst nehmen und regelmäßig Kontrollen wahrnehmen. Cholesterin ist auch plötzlich nichts mehr, mit dem sich nur Ihr alter, dicker Onkel Heinz auseinandersetzen müsste. Der Genuss von allzu viel Pommes-Currywurst, Schokocroissants, Spaghetti-Eis und fingerdicken Leberwurststullen mit Senf zeigt sich nun auch an Ihren Blutwerten. Von Knien, Ischias und beginnender Arthrose fangen wir gar nicht erst an.

Ab 40 sollten Sie Gesundheit wirklich als ernstes Thema betrachten. Und nicht nur das. Sie werden sich dabei ertappen, dass es ein breit gefächertes Gesprächsthema im Freundinnenkreis werden kann, wenn man nicht aufpasst – zum gegenseitigen Entsetzen, dass es schon so weit gekommen ist. Wenn die Wechseljahre mit ihren gefürchteten Begleiterscheinungen dann auch noch zaghaft anklopfen, steht der Rollator praktisch schon fahrbereit vor der Tür. Und die Vorstellung eines gepolsterten Treppenlifts ist plötzlich auch gar nicht mehr so abwegig, wenn Sie Ihren Körper unter Schnappatmung die Stufen hochwuchten, nicht wahr? Höchste Zeit, der Gesundheit mehr Beachtung zu schenken.

16

WIE SIE IHREN KÖRPER AUF DEN PRÜFSTAND STELLEN UND NEU DEFINIEREN

Der Mensch ist von Natur aus faul und konfliktscheu. Anders ist es nicht zu erklären, warum erstaunlicherweise nicht mal 50 Prozent aller Frauen in Deutschland regelmäßig zu den von den gesetzlichen Krankenkassen gesponserten Vorsorgeuntersuchungen gehen. Die Krankenkassen[8] bieten ja für Frauen ab dem 20. Lebensjahr diverse Routineuntersuchungen an, plus Extra-Check-up ab 35 alle zwei Jahre. Das nicht zu nutzen ist doch, ehrlich gesagt, nicht besonders schlau, denn das Angebot ist umsonst, und Sie erhalten dadurch wichtige Informationen über Ihren Körper und dessen Gesundheitszustand. Auch wenn Sie eher auf alternative Heilmethoden stehen und Ihre Kasse in keiner Weise nonkonforme Heilmethoden unterstützen möchte. Was Sie mit der Info machen und ob Sie eine potenzielle Krankheit lieber mit Handauflegen heilen möchten statt mit herkömmlicher Schulmedizin, können Sie dann doch immer noch entscheiden. Deshalb die Empfehlung kurz und knapp: Hingehen! Nutzen Sie jede kostenlose Untersuchung, die Ihnen Ihre Krankenkasse auf dem Tablett serviert. Wissen ist Macht und gibt einem zumindest die Möglichkeit, etwas gegenzusteuern, die Lebensweise zu ändern oder die verbleibende Zeit besser nutzen zu können.

Es gibt für Frauen ab 40 keine besonderen Untersuchungen, die die gesetzlichen Kassen zusätzlich übernehmen würden. Die gibt es erst wieder ab 50 in Form von Mammografie-Screening und Darmuntersuchungen. Das lässt sich zum Beispiel damit erklären, dass zwar ab der Pubertät die Neuerkrankungsrate bei Tumorerkrankungen stetig ansteigt und deshalb ab Ende 30 zwar sehr viel häufiger auftritt als davor, aber erst ab circa Mitte 50 tatsächlich eine deutlich steilere Kurve auftritt[9]. Ihr Ärzte-Team von der Hausärztin bis zum

Gynäkologen hält deshalb ein pralles Füllhorn an mehr oder weniger sinnvollen »Individuellen Gesundheitsleistungen« – sogenannte IGeL – für verunsicherte Patientinnen bereit. In der Regel wird bei allem, was außer den kostenlosen Routine-Check-ups angeboten wird, zur Kasse gebeten. Ausnahmen, die diese Regel bestätigen, werden von Krankenkasse zu Krankenkasse unterschiedlich behandelt; und wenn Sie eine Vorgeschichte haben, erst recht. Private Versicherungen sind da noch mal eine ganz andere Nummer.

Ab 40 werden Ihnen diese IGeL definitiv vermehrt angeboten: »Sie sind jetzt mit 40 in der Risikogruppe. Dieser Urintest geht ganz schnell und ist völlig schmerzfrei. Wir empfehlen ihn allen unseren Patientinnen in Ihrem Alter. Der Test ist eine IGeL und wird leider von den Krankenkassen nicht übernommen. Sollen wir ihn jetzt gleich durchführen? Urinbecher finden Sie auf der Toilette hinten links«. Für nur 43 Euro kann ich innerhalb von zwei Minuten erfahren, ob ich zum Tode verurteilt bin oder zu den 95 Prozent gehöre, die ihm noch mal von der Schippe gesprungen sind. Eine Antwort erwartet Schwester Nicoletta sofort.

Ja, was macht man da? Werde ich, falls ich nicht auf diesen überteuerten Papierstreifen pinkele, in zwei Jahren – und damit zu spät – entdecken, dass sich ein bösartiges Krebsgeschwür in meinem Körper ausgebreitet hat? Rette ich mit 43 Euro mein Leben? Werde ich sterben, wenn ich jetzt zu knauserig bin? Werde ich blind, weil ich unterschrieben habe, dass ich keine Glaukomfrüherkennungsuntersuchung machen lassen möchte? Oder soll ich mich in Sicherheit wiegen, weil ja, wäre der Test so gut und aussagekräftig, sicher meine Krankenkasse diesen Test in ihr Portfolio aufgenommen hätte, um ihre Schäfchen, also mich, ausreichend zu schützen? Ich fühle mich bei solchen Anfragen überfordert. Ich kann nicht entscheiden, welcher Indikatortest, der mir angeboten wird, mehr und welcher weniger sinnvoll ist. Ich kann das nicht beurteilen, noch weniger, wenn ich die Fachsprache des Arztes nicht verstehe, der sich für mich maximal drei Minuten Zeit nimmt, nachdem ich zwei

Stunden im Wartezimmer Frauenzeitschriften durchblättert habe. Rette ich mein Leben oder finanziere ich meinem Arzt und der Pharmaindustrie ihre nächsten Karibikurlaube? Hypochondrische Menschen sind verständlicherweise beliebtere Opfer als solche Naturskeptikerinnen wie ich. Ich komme mir ja schon verarscht vor, wenn mir der Hautarzt, der fast schon wieder aus dem Zimmer ist, bevor ich den Mund aufmachen kann, auf meine stammelig hervorgetragene Frage, doch bitte eben einen Blick auf ein Muttermal zu werfen, wenn ich schon mal da bin, sagt, dazu müsse ich einen Melanomvorsorgetermin mit Schwester Nicoletta ausmachen, ansonsten sei das Gucken, weil zwei Jahre noch nicht um sind, eine Selbstzahlerleistung. Der soll doch nur mal eben GUCKEN. Mit den Augen, ohne Geräte, zwei Sekunden!

Lassen Sie sich nicht verrückt machen. Und schon gar nicht in der Praxis unter Druck setzen. Im Zweifel vertagen Sie die Untersuchung, holen sich eine zweite Meinung bei einer anderen Ärztin – das kann natürlich terminlich monatelang dauern. Oder Sie gehen zu einer Verbraucherzentrale oder der Unabhängigen Patientenberatung und informieren sich dort: unabhängig über IGeL in der jeweiligen Fachrichtung. Ein Blick in den Online-Igel-Monitor[10] ist auch ganz interessant und schmälert Erwartungen. Dort erfahren Sie zum Beispiel, dass die Augeninnendruckmessung bei Ihrer Augenärztin, die Ihnen von Schwester Nicoletta dringend empfohlen wird, bevor Sie zu Frau Doktor rein dürfen, nur bedingt allein für sich genommen, ein Indikator für Grünen Star ist, dessen Auftreten ab 40 steigt. Und dass Sie, wenn Sie Nein sagen, auch wenn Ihnen Nicoletta den Zettel mit sehr vorwurfsvollem Blick à la »dann sind Sie selber schuld« unter die Nase hält, diesen übrigens nicht unterschreiben müssen.

Wenn Sie allerdings der Meinung sind, dass auch der Glaube Berge versetzt, dann, bitte, pinkeln Sie aus voller Überzeugung auf den Papierstreifen und zahlen Sie die 43 Euro.

Unabhängig von den minutenschnellen Vorsorgeuntersuchungen und den begleitenden ominösen IGeLn bei den Halbgöttern in

Weiß gilt ab 40: Seien Sie wachsam. Achten Sie auf Ihren Körper. Betrachten Sie ihn. Nackt bitte! Tasten Sie ihn ab. Überall, an allen Stellen, die Sie erreichen können! Vertrauen Sie Ihrem eigenen Gefühl: Abtasten der eigenen Brust ist zum Beispiel eine sehr effektive Vorsorgeuntersuchung, die Sie im eigenen Bad mal eben schnell selbst erledigen können (Brustkrebs ist die Nummer eins unter den Krebsarten bei Frauen, gefolgt von Darm und Lunge[11]). Wenn Sie unsicher sind, wie das genau geht, lassen Sie sich in der Praxis Ihrer Frauenärztin zeigen, auf was Sie achten müssen. Es ist sehr einfach. Im Prinzip tasten Sie einfach die ganze Brust gründlich ab, auch mal anheben und die Achselgegend nicht vergessen. Wenn das Personal in der Praxis zu hektisch ist, fragen Sie bei Pro Familia oder der Deutschen Krebshilfe nach, um nur mal zwei zu nennen.

Seien Sie aufmerksam für Veränderungen. Und wenn Ihnen etwas merkwürdig vorkommt, lassen Sie es prüfen. Blutartige Farbe im Stuhl ist keine Lappalie, es sei denn, Sie haben am Tag vorher massenweise Rote Beete gegessen. In den meisten Fällen wird Ihr Arzt Sie mitleidig angucken und sagen: »Frau Mustermann, kein Grund zur Sorge, das ist in Ihrem Alter völlig normal.« Wenn Sie Glück haben, können Sie die Erscheinung dann weglasern oder anders entfernen. Wenn Sie Pech haben nicht. Wahrscheinlich wäre es sowieso eine Sysiphos-Arbeit, die kleinen Veränderungen dauerhaft zu entfernen, weil das Dingens an anderer Stelle innerhalb kürzester Zeit wiederauftauchen wird. Nach zwölf Monaten oder so. Oder früher. Sie sind halt nicht mehr die Jüngste.

43 Prozent aller Frauen in Deutschland erkranken im Laufe Ihres Lebens an Krebs[12]. Die aller-allermeisten davon erst, wenn sie doppelt so alt sind wie Sie jetzt. Es gibt also keinen Grund zur kopflosen Panik.

Eine weitere Möglichkeit, Zipperlein vorzubeugen, ist, die Angebote der Präventivkurse der Krankenkassen zu nutzen. Die meisten haben auch Bonusprogramme im Angebot, bei denen Sie den ein oder anderen Yoga-Kurs zum Teil gesponsert bekommen. Sportkurse sind übrigens gute Gelegenheiten, nicht nur den Körper zu pflegen, sondern auch, um mit anderen ins Gespräch zu kommen. *Rücken* ist zwar nicht so ein sexy Thema, aber immerhin ein annehmbarer Konversationseinstieg zwischen Gleichgesinnten. Meine Freundin Jasmin hat beim Kurs *Autogenes Training für Anfänger* Ihren Mann kennengelernt. Sie kamen ins Gespräch, weil sie während des Kurses auf ihrer Matte mehrfach eingeschlafen war und dann leise vor sich hin geschnarcht hatte. Dass sie wegdämmerte, wusste sie natürlich, dass sie dabei Geräusche machte, erst am Ende des Kurses, als er es ihr bei einem Bierchen erzählte.

Auch einige Arbeitgeber bieten Möglichkeiten an. Ernährungskurse und Stress-Bewältigungskurse sind auch mit im Programm. Davon haben Sie im Zweifel mehr als von dem umstrittenen Ergebnis eines Schnellmarkertests.

Nehmen Sie also das mit an Untersuchungen, was Sie kriegen können. Aber nicht um jeden Preis.

17.

WIE SIE TROTZ RÜCKEN EINE GUTE FIGUR MACHEN

Nicht jede von uns ist von Natur aus eine grazile Ballerina, die mit kerzengeradem Rücken in jeder Situation aufrecht und stolz eine gute Figur macht. Wahrscheinlich sitzen Sie eher alles andere als ergonomisch korrekt am Esstisch oder vor Ihrem Bildschirm. So wie ich. Ich hänge, beziehungsweise jetzt kann ich manchmal stolz sagen »hing«, mit verdrehten Beinen und Rundrücken auf einem dilettantisch eingestellten Stuhl, der sich eigentlich überhaupt nicht flexibel anpassen ließ, starrte stundenlang mit eingezogenem Kopf auf einen im falschen Winkel eingestellten Monitor, während meine verkrampfte Hand die Maus fast zerquetschte. Nach einem stundenlangen Sitzmarathon, der nur durch Gänge zum Klo und zum

Kühlschrank unterbrochen wurde, stieg ich in mein Auto, stoppte nur zum raschen, hektischen Schnelleinkauf im Supermarkt, und danach war Bewegung nur noch zwischen Waschmaschine, Herd und Kinderzimmer angesagt, gerne auch mal unterstützt durch ein zwischen Ohr und Schulter eingeklemmtes Telefon. Am Ende des Tages fiel ich völlig erschöpft aufs Sofa, um genau dort in ähnlich verkrampfter Haltung und mit seitlich abgeknicktem Hals vor mich hin zu dämmern. Vor lauter Erschöpfung kam ich dann nicht mehr hoch und guckte mir quasi zwangsweise den größten Scheiß an oder fiel in einen komatösen Schlaf.

Eigentlich ist es nicht verwunderlich, wenn man da Rücken bekommt, oder? Dass das nicht gesund ist, ist logisch und dass ein dermaßen dahingelümmelter Körper auf Dauer eine sehr schlechte Haltung annimmt und einen platten Po ausbildet, ist leider ebenfalls erwartbar. Stress tut sein Übriges und lässt einen zusätzlich verspannen. Wenn solche akrobatischen Haltungen jahrelang praktiziert werden, machen sich erste Verschleißerscheinungen ab 40 nicht nur in Form von Schmerzen bemerkbar, sondern sie werden an Ihrem Körper auch sichtbar. Lassen Sie sich mal unbeobachtet von jemandem fotografieren. Wenn Sie den typischen Schildkrötenhals machen, wird es höchste Zeit, aktiv gegenzusteuern.

Übrigens, der typische Witwenbuckel, der nicht nur nicht besonders attraktiv ist, sondern auch weitere gesundheitliche Folgen hat und Sie auch ziemlich schrumpfen lässt, kommt in der Regel noch nicht zwischen 40 und 50 vor. Aber Sie können in dieser Zeit noch einiges dafür tun, dass Sie im späteren Alter keinen bekommen. Grund für die Rückenkrümmung ist nämlich Osteoporose. Die lässt die Knochen weich und brüchig werden. Gerade Frauen sind davon um einiges häufiger betroffen als Männer. Neben der Unbeweglichkeit sind schlechte Ernährung und in einigen Fällen auch Veranlagung oder Krankheiten wie zum Beispiel Leber- und Darmerkrankungen und/oder Hormon- und Stoffwechselkrankheiten die Übeltäter. Ob die Pille auch ihren Teil dazu besteuert, ist umstritten. Sie können jedenfalls einiges tun, um aktiv gegenzusteuern, und schlagen damit quasi mehrere Fliegen mit einer Klappe: Gute Ernährung stärkt nicht nur die Knochen, sondern macht den Körper insgesamt fitter, straffer, macht schönere Haut und Haare und gibt mehr Energie. Und wahrscheinlich verlieren Sie auch das ein oder andere Kilo und senken Ihr Diabetes-mellitus-Risiko. Das wäre ja auch nicht schlecht.

Außerdem wichtig ist Bewegung. Was Sie machen, um in Bewegung zu kommen, ist eigentlich egal. Hauptsache ist, Sie machen überhaupt irgendwas und Sie tun es regelmäßig. Es muss nicht ein spezielles, teures Fitnessstudio mit allerlei Hightech sein. Sportliche Betätigung muss auch nicht gleich super-extrem sein. Mit einem moderaten Fitnessprogramm, zum Beispiel jeden Tag mindestens 15 Minuten an der frischen Luft herumzulaufen, zu starten, ist schon mal eine sehr gute Grundlage. Langsames Steigern ist tatsächlich sogar die bessere Alternative, denn der Körper gewöhnt sich an die Regelmäßigkeit und verlangt danach geradezu von ganz alleine nach mehr. Das Schwierigste ist, dass Sie sich aufraffen und ein Minimum an Spaß an der Bewegung haben, damit Sie bei der Stange bleiben. Falls Sie das alleine nicht schaffen: Es gibt zahlreiche Möglichkeiten, wie Sie Ihren inneren Schweinehund überlisten können:

- Sie suchen sich menschliche Unterstützung, verabreden sich zu festen Zeiten und gehen damit eine Verpflichtung ein: Laufgruppe, Lieblingsfreundin oder auch Gatte Lutz – dem tut es sicher auch gut.
- Verpflichtung, die was kostet, ist auch ein Motivator, zum Beispiel in Form eines Fitnessstudio-Abos.
- Wenn Sie eher ein Lone-Wolf-Typ sind, kaufen Sie sich ein Hörspiel-Abo und drehen Sie mit Kopfhörern ausgestattet einfach jeden Tag eine kurze Runde im Park, mindestens 15 Minuten, besser 45.

- Kaufen Sie sich ein Zweirad und wetterfeste Funktionskleidung und fahren Sie bei Wind und Wetter zur Arbeit. Das macht auch beim Heimfahren den Kopf so frei, dass Sie anschließend auch gefühlt wirklich im Freizeitmodus sind.
- Sie können auch Ihre Sporttasche immer fertig gepackt in Sichtweite stellen, sodass Sie jederzeit spontan starten können, beziehungsweise direkt drüber fallen. Die Sporttasche im Blickfeld zu haben erzeugt auch schneller ein schlechtes Gewissen, wenn Sie nicht gehen wollen, und Sie überlisten damit Ihren Schweinehund.
- Ansonsten hilft auch nach dem Grundsatz »Einfach machen« zu leben; Kopf ausschalten und nicht ewig nachdenken oder sich Ausreden suchen, sondern loslegen.

Wenn Sie nun meinen, ein Hund wäre die ultimative Lösung für das Problem *Bewegungsfaulheit* und würde Sie zwingen, jeden Tag mindestens 10.000 Schritte zu gehen – vergessen Sie's. In der Regel sieht es doch so aus: Lauffaule, die sich einen Hund anschaffen, damit sie nicht mehr faul sind, stehen nach kurzer Zeit mit anderen ebenso faulen Hundebesitzern am Rand eines als *Städtische Hundeauslauffläche* gekennzeichneten, langweiligen, rechteckigen, bräunlichen Stück Rasens und schauen Ihren Hunden zu, wie die sich lustig kläffend amüsieren und auspowern. Frauchen und Herrchen selbst sind insgesamt allerdings maximal stolze 200 Schritte gegangen, nämlich von der Haustür zum Auto, in das sie den Hund verladen, zum nächsten Park chauffieren und dann vom Parkplatz zur besagten Hundeauslauffläche wandern. Das, liebe Leserin, fällt nicht unter Fitness.

Der Hund als Personal Coach wird nur funktionieren, wenn Sie den Hund um des Hundes willen bei sich einziehen lassen. Als reines Trainingsgerät? Nein. Dann holen Sie sich lieber einen Schrittzähler. Den müssen Sie auch nicht füttern, und wenn er Sie nervt, legen Sie ihn in die Schublade oder verkaufen oder verschenken ihn. Insgesamt ist der dann auch günstiger, er haart nicht – und er suggeriert Ihrer Umwelt, dass Sie eine hippe Sportskanone sind.

Rücken ist tatsächlich nur EINE orthopädische Baustelle, die ab 40 schnell einen Akutstatus erreichen kann. Wahlweise können Sie hier anstatt »Rücken« auch Kreuz, Schulter, Nacken einsetzen oder ein paar Etagen weiterwandern zu Hüfte, Knie oder Fuß. Alles sehr beliebte Baustellen ab 40.

18.

WARUM SIE IHREM BECKENBODEN NUN EIN EIGENES SPORTPROGRAMM WIDMEN SOLLTEN

Haben Sie sich mal gefragt, warum Seilchenspringen (oder Neudeutsch *Rope Skipping*) bei uns Frauen eher unbeliebt ist? Immerhin ist es einer der effektivsten Fettverbrenner überhaupt und noch dazu mit einem Trainingsgerät auszuführen, das nur wenig Platz wegnimmt und auch für einen schmalen Geldbeutel mehr als erschwinglich ist? Es liegt am Beckenboden. Ist der zu schwach, werden Sie undicht.

Spätestens mit Anfang 40 sollten Sie deshalb Ihrem Beckenboden etwas Aufmerksamkeit schenken. Dieses kleine, von außen nicht sichtbare, Muskelpäckchen, hält nämlich Ihre gesamte Statur schön aufrecht, Ihre Organe am richtigen Platz und Ihren Urin in der Blase – sofern das Muskelpäckchen kräftig und elastisch genug dafür ist. Wenn allerdings Ihre Zunge der einzig aktive Muskel in Ihrem Körper ist, weil Sie tagein, tagaus als Schreibtischtäterinnen unterwegs sind oder sich die Beine in den Bauch stehen, mit dem Auto bis vor den Bürostuhl fahren und auch der Sex mit Gatte Lutz nur noch selten vollzogen wird, ist bedauerlicherweise ein starker Beckenboden keine Selbstverständlichkeit.

Frauen, die schon den einen oder anderen Rückbildungskurs nach einer Geburt überlebt haben, wissen recht genau, wo der Beckenboden sitzt und wie man ihn anspannen und entspannen kann. Aber es sind eben nicht nur Mütter, die von einem schwachen Beckenboden betroffen sind. Es trifft auch vermehrt Frauen, die recht viel Gewicht mit sich herumschleppen. Und eben Frauen, die in der Mitte des Lebens hormonellen Schwankungen unterworfen sind, besonders ab Ende 40, wenn sie auf die Wechseljahre zugehen und der Östrogenabfall sich bemerkbar macht. Ob Mutter oder nicht, in der Regel fristet der Beckenboden in den meisten Körpern ein trauriges, vergessenes Dasein. Und ein Muskel, der nichts zu tun hat, macht was? Genau, er gibt auf, und im Falle des Beckenbodenmuskels heißt das, dass Sie Ihre Blase nicht mehr kontrollieren können. Das passiert zum Beispiel bei einem allzu kräftigen Nieser, einem Hustenanfall oder einem unkontrollierten Lachkrampf. Vielleicht machen Sie auch eine erste Bekanntschaft mit Ihrem vergessenen Beckenboden, wenn Sie mit Ihren Freundinnen lachend und feuchtfröhlich durch nächtliche Straßen ziehen und plötzlich zu einem Sprint ansetzen müssen, um den letzten Nachtbus noch zu erreichen? Oder bei einem Kindergeburtstag auf dem Trampolin? Ein kräftiger Hopser und, schwupp, da ist es passiert: Die Buxe ist nass. Das ist nicht nur schnell unangenehm kalt, sondern einfach wirklich peinlich.

Was können Sie also tun? Sie können natürlich Ihre körperliche Fitness weiterhin vernachlässigen und einfach entsprechend saugfähige Slipeinlagen tragen. Bevor Sie nun Werbung für Inkontinenz-taugliche Slipeinlagen studieren und gedanklich schon mal durchspielen, wie Sie die Einlagen diskret (um beim beliebten Marketing-Terminus technicus zu bleiben) vom Einkaufskorb in Ihr Badezimmer schmuggeln, ohne dass Ihre Familie etwas davon mitkriegt – es gibt Licht am Ende des Tunnels. Es ist zwar schön, dass es mittlerweile Einlagen gibt, die nicht mehr eine windelartige Größe aufweisen, aber wollen Sie die wirklich in Ihren Tanga quetschen?

Bei schweren Fällen lockt schnell das Messer. Ihr Frauenarzt berät Sie gerne. Sie können aber auch erst einmal Folgendes ausprobieren: Es handelt sich beim Beckenboden um Muskeln, genauer gesagt um drei Muskelschichten. Die kann man, wie jeden anderen Muskel auch, trainieren. Ein Training, wie jede körperliche Übung, erfordert Einsatz. Aber es schlägt ziemlich schnell an, denn es sind kleine Muskeln, die sich, hat man sie erst einmal erspürt, gut und quasi nebenbei trainieren lassen. Selbst wenn Sie bereits unter Inkontinenz leiden sollten, können Sie noch kräftig gegensteuern und in den meisten Fällen windelfrei weiterleben.

Wenn die einzige Erfahrung mit Ihrem Beckenboden darin besteht, dass Sie glauben, irgendwo einen zu haben, sollten Sie einen Kurs machen. Es ist am Anfang nicht ganz einfach. Sie müssen tatsächlich erst lernen, wie Sie den Muskel kontrollieren können. Diese Übung bedarf einiger Ausdauer, und da Sie diesen untrainierten Muskel nicht sehen, müssen Sie erst einmal lernen, ihn zu erspüren, was je nach fortgeschrittener Schlaffheit schwieriger wird. Aber es ist machbar. Alle Sportarten, die ruckartige, heftige Bewegungen beinhalten, sind dafür natürlich nicht geeignet. Die heben Sie sich für später auf, wenn Sie Ihre inneren Muskelpäckchen wieder im Griff haben. Sie fangen sanft an, was nicht heißt, dass es nicht anstrengend wird. Yoga, Qigong, Pilates, Cantientica oder auch Aikido haben den Beckenboden fest im Visier. Volkshochschulen und Sportvereine bieten auch Kurse, die sich ausschließlich dem Beckenboden widmen und diverse Elemente aus diesen Sportarten zu einem durchaus schweißtreibenden Programm verbinden. Hebammen haben ebenfalls einige Tricks auf Lager und können bei schwierigeren Fällen gut helfen. Für die Skeptikerinnen: Ja, es gibt unter den Kursen recht viele, sehr esoterisch angehauchte Angebote, die die Übungen mit sphärischen Klangwelten begleiten. Wenn Ihnen das nicht liegt, gibt es auch genug andere, ohne Räucherstäbchen und Co.

Wenn Sie die Muskelschichten gezielt bewegen können, integrieren Sie die Übungen in Ihren Alltag, beim Treppensteigen oder beim Heben von schweren Lasten zum Beispiel. Letztendlich ist der aktive Gebrauch des Beckenbodens ein 24/7-Job, kein einmaliger Kurs. Und es lohnt sich: Ihr Urin bleibt in der Blase, alle anderen Organe bleiben an ihrem vorgesehenen Platz. Sie beugen Blasen- und Gebärmuttersenkung vor. Sie werden wieder kräftig niesen, husten und lachen können (sogar mit nach vorne gebeugtem Körper). Auch ausgiebiges Trampolinspringen wird wieder drin sein, ohne dass Sie nach zwei Hüpfern das Hüpfgerät mit dem Rücken zur Wand in Richtung Klo verlassen müssen. Und sogar Ihr Rücken wird es Ihnen danken. Ein starker Beckenboden unterstützt die Grundspannung des Körpers, macht definitiv eine schönere Silhouette und peppt Ihr Sexleben ordentlich auf.

Übrigens, der landläufige Ratschlag, einfach beim Aufs-Klo-Gehen den Urinstrahl anzuhalten, ist keine besonders gute Idee. Sie können das mal machen, um den Muskel überhaupt erst einmal zu spüren. Aber es ist keine geeignete Trainingsmethode. Denn Ihre Blase sollte sich schön sanft entleeren dürfen, in einem Rutsch fließend, sonst züchten Sie sich gleich das nächste Problem, nämlich eine gestörte Blase. Also lassen Sie das. Ihr Beckenboden verdient sein eigenes Trainingsprogramm – er braucht auch keinen Bauchmuskel, der meint ihn unterstützen zu müssen. Er mag es, alleine trainiert zu werden – so lange, bis Sie ihn wie selbstverständlich im Alltag einsetzen.

19.

WARUM WECHSELJAHRE BEREITS AB 40 EIN THEMA SIND

Wechseljahre – dieses böse Wort hängt wie ein Damoklesschwert über uns Frauen. Dagegen mutet das Parallelsymptom bei Männern ja fast wie ein niedliches Kinderspiel an. Die Midlife-Crisis im Leben des Mannes ist ja eher so eine Art zweite Lausbubenstreich-Phase, so ein achselzuckendes Ach-na-ja-das-geht-bald-wieder-vorbei-wir-drücken-mal-ein-Auge-zu, in dem der Mann sich noch mal austoben darf, sich zur chromglänzenden Harley und speckigen Lederkutte gerne eine Blondine träumt, bevor er wieder in seine Puschen schlüpft und sich zu Hasi-Schatzi auf die Couch kuschelt. Unter dem Begriff »Wechseljahre« wird dagegen eher eine Art Krankheit verstanden, innerhalb derer eine Frau unweigerlich zur »alten Frau« metamorphosiert. Wechseljahre haben gleich so einen abwertend mitleidigen Beigeschmack von medikamentös einzustellender Störung. Das sagt ja auch schon der Fachbegriff: Klimakterium. Da steckt die Klinik fast schon drin.

Sie glauben, mit 40 sind Sie meilenweit von Wechseljahren entfernt, weil Sie noch lebhaft Frau Pollkötter von nebenan vor Augen haben, die Ihnen in ihrem Kittel uralt vorkam, als Sie gerade acht waren? Nun, Sie täuschen sich. Erstens war Frau Pollkötter wahrscheinlich gar nicht so alt, wie Sie damals dachten, dass sie es war. Zweitens tragen Frauen zwischen 40 und 50 heutzutage keine Kittelschürzen mehr und auch keine hochtoupierten Dauerwellen und extrabreiten Schulterpolster. Bedingt durch das damals vorherrschende gesellschaftliche Modepostulat, sahen Frauen generell etwas älter aus als heute, wo man, modisch gesehen, Mutter und Tochter kaum auseinanderhalten kann. Und drittens ist es zwar eine Tatsache, dass die Wechseljahre in den meisten Fällen erst um die 50 beginnen. Sie können aber durchaus schon Anfang und Mitte 40[13] starten und durch unangenehme Anzeichen, wie eben die allseits bekannten – und gefürchteten – Hitzewellen, deutlich früher einsetzen. Sie passen halt nur nicht zum Bild der modernen Frau, die heute weder spezielle »Uniformen« wie Kittelschürzen mit Einheitsdauerwelle kombiniert, noch strengen Breit-Blazer trägt, so wie Frau Pollkötter das damals trendgerecht vormachte, sondern sich eher in einer jugendlichen Boyfriend-Jeans und einem Statement-T-Shirt mit einem total coolen Spruch drauf präsentiert, was unweigerlich jünger macht.

Wie also merken Sie, dass die Wechseljahre im Anmarsch sind? Es lassen sich verschiedene Anzeichen identifizieren, die Hinweise auf bevorstehende oder schon aktive Wechseljahre geben. Es ist eine schöne, bunte Palette, die Ihnen Ihr Körper feilbietet:

- Sie bekommen unkontrolliert Schweißausbrüche: Ihr zurückgebliebener Körper hat sich eben noch nicht ganz dem evolutionären Jugendlichkeitswahn angeglichen und fängt einfach irgendwann an, fröhlich und unpassend vermehrt vor sich hin zu schwitzen.

- Sie leiden an kaum zu kontrollierenden Aggressionen – gegen sich selbst, Ihre unverständige Familie oder den ungehorsamen Hund. Im nächsten Moment sind Sie tieftraurig, ebenfalls über sich selbst, Ihre Situation im Besonderen und im Allgemeinen: Keiner mag Sie, am wenigsten Sie selbst.

- Außerdem sind Sie schon wieder über Nacht dicker geworden, obwohl Sie an Ihrem Essverhalten nichts verändert haben.

- Sie schlafen schlecht ein, wachen um Punkt vier Uhr zehn jede Nacht auf, egal wann Sie ins Bett gegangen sind, und liegen dann mit wild rasenden Gedanken todmüde im Bett, ohne wieder einschlafen zu können, während Gatte Lutz selbstzufrieden vor sich hin schnarcht.

- Überhaupt fühlen Sie sich in letzter Zeit ständig angeschlagen, erschöpft und unerträglich müde. Ergänzt wird diese Abgeschlagenheit durch eine milde Form von Gedächtnisverlust (Was wollte ich noch mal hier im Keller?) und von migräneartigen Kopfschmerzen.

- Sie haben Spannungen in der Brust, Herzrasen, Ihre Scheide ist viel zu trocken. Und eigentlich haben Sie auch sowieso keine Lust mehr auf Lutz?

- Sie haben Haarausfall auf dem Kopf, aber dafür entwickelt sich ein prächtiger Bart am Kinn?

- Wann hatten Sie das letzte Mal regelkonform Ihre Regel? Aha!

Wie, in welcher Form und Kombination und wann es Sie ereilen wird, ist höchst individuell. Es gibt Frauen, die haben nur einige Symptome, andere haben die ganze Breitseite abbekommen. Und jetzt halten Sie sich fest: Es gibt sehr viele Frauen, die merken GAR NICHTS! Viele heißt circa 50 Prozent[14] oder so. Ha, wer hätte das gedacht! Denn die Wechseljahre der Frau ernähren ganze Wirtschaftszweige – nicht nur die Pharmaindustrie. Und allein die leben sehr, sehr gut damit, den Frauen Produkte zu servieren, die die zu erwartenden Wehwehchen lindern sollen. Und die Frauen? Die springen drauf an und fühlen sich krank. Es gibt natürlich auch Frauen, die wirklich sehr leiden. Ich kenne persönlich einige. Und ich selbst bin ebenfalls von dem ein oder anderen Symptom betroffen. Und ich kann sagen, es ist schrecklich! Aber – und das sagt einem ja keiner – nur in wenigen Fällen leiden Frauen so sehr, dass Sie sich hormonelle Hilfe holen müssen. Die meisten kommen mit natürlichen Kräutern, regelmäßiger Bewegung und viel Gelassenheit gut durch diese enervierende Zeit.

Probieren Sie Folgendes, wenn Sie erste Anzeichen spüren und bevor Sie die chemische Keule ansetzen, die natürlich auch Nebenwirkungen hat:

- Verzichten Sie, wenn möglich, auf morgendliche Muntermacher wie Kaffee, schwarzen Tee, und abendliche Müdemacher wie Alkohol.
- Probieren Sie mal ein paar Heilkräuter aus. Zum Beispiel Frauenmanteltee mit Salbei. Jeden Tag ein Tässchen trinken und schön geduldig sein. Ein paar Wochen bis zu drei Monate müssen Sie auf den Erfolg warten.
- Regelmäßige Bewegung und Stressbewältigung sind gut für die Knochen, fürs Gemüt und die Figur und gegen Gereiztheit und Kopfschmerzen. Schon tägliche kleine Spaziergänge tun wirklich gut.
- Substituieren Sie Ihren Vitaminhaushalt mit Vitamin D und Selen.

- Schauen Sie sich mal an, was Sie essen. Achten Sie auf eine gesunde Ernährung mit viel Gemüse und wenig Zucker. Vielleicht verzichten Sie mal eine Zeit lang auf weißes Toastbrot und essen stattdessen morgens ein Müsli oder Vollkornbrot? Abends kein schweres Essen, wie Speckbohnen in fetter Soße mit Kassler und Stampfkartoffeln und vorm Fernseher noch ein Eis mit Karamellsoße und Schokosplittern. Auch eine histaminarme Ernährung ist super.
- Pflegen Sie Ihre Haut mit naturreinen Ölen, auch im Genitalbereich.
- Üben Sie Gelassenheit zum Beispiel durch Autogenes Training, Yoga, Malen.

Gelassen bleiben ist, aus leidvoller persönlicher Erfahrung, wirklich das Beste, was Sie machen können. Es geht wieder vorbei. Wenn alles nichts wirkt, weil es Sie schwer getroffen hat, dann suchen Sie sich eine Ärztin, von der Sie sich verstanden fühlen und die Sie durch diese mistige Zeit entsprechend begleitet. Wenn Sie dafür weiter fahren müssen, tun Sie das. Denn wenn es Sie wirklich übel getroffen hat, wie meine Kollegin Nadine, die äußerlich zwar näher an der 35, aber trotzdem mit ihren 43 Jahren mitten in den Wechseljahren – und in ziemlich schlimmen – ist, dann brauchen sie nicht nur kompetente medizinische Beratung, sondern auch eine Vertraute, die die beste und schonendste Lösung für Sie finden will, um nicht weitere Baustellen in Form von Nebenwirkungen zu produzieren. Vertrauen Sie sich anderen Frauen an. Reden Sie über Ihre Beschwerden, auch wenn es peinlich ist. Holen Sie sich entsprechende Literatur, bevor Sie hormonelle Zäpfchen, Cremes, Pflaster an und in Ihren Körper lassen. Freiverkäufliche reklameschwangere Allheilmittelchen, die völlig ohne Hormone auskommen, sind dazu gemacht, Ihren Geldbeutel zu erleichtern, nicht Ihre Symptome. Also Obacht!

Eins noch: Der Begriff *Wechseljahre* ist eigentlich ein schönes Wort: Es verspricht eine Metamorphose. Ob das Ergebnis dieser Veränderung negativ oder positiv wird, das liegt zu einem sehr, sehr großen Teil in Ihrer eigenen Hand. Aber dazu später mehr im Abschnitt *Born to be ~~wild~~ mild.*

20.

WARUM HÜFTGOLD SICH JETZT
BEI IHNEN BESONDERS WOHLFÜHLT

Wenn Sie Ihr ganzes Leben lang essen konnten, was Sie wollten, und dann auf einmal vom bloßen Anblick des Tiramisus bei Ihrem Lieblingsitaliener merken, wie der Knopf Ihrer Hose zu spannen anfängt, dann bereitet sich Ihr Stoffwechsel aktiv darauf vor, älter zu werden. Im Alter wird der Gute etwas gemütlicher, lässt es langsamer angehen. Dadurch hat Ihr Körper dann mehr Zeit, Fett zu speichern, und ist gleichzeitig zu träge, um es wieder abzubauen. Ein normales Weiteressen, so wie Sie es immer gemacht haben, hat dann zur Folge, dass Sie runder werden. Im Schnitt gewinnt Ihr Körper jedes Jahr ein Kilo dazu, bis Sie im Rentenalter sind.

Tatsächlich hat das Ganze Gründe. Wie schon erwähnt, wird der Stoffwechsel träger. Dann schwindet im Alter die Muskelmasse; und wenn wir nicht durch aktives Gegensteuern mithelfen, sie zu erhalten, auch recht zügig. Wir modernen Menschen betätigen uns ja auch am liebsten sitzend; im Job der Computer, in der Freizeit der Fernseher, auf Reisen das Auto. Bei Frauen spielt auch der sich ändernde Hormonhaushalt eine Rolle bei der Gewichtszunahme: Die Eierstöcke stellen langsam peu à peu ihre Produktion ein. Damit stehen dem Körper immer weniger Östrogene zur Verfügung. Die sind aber in vielerlei Hinsicht für den weiblichen Körper ziemlich nützlich, deshalb ist es für ihn sinnvoll, andere Östrogenquellen als die Eierstöcke zu finden. Und die gibt es: im Fettgewebe. Eine hervorragende Stelle, um dieses Fett verstärkt aufzubauen, ist der weibliche Bauch. Es ist also recht pfiffig vom Körper, genau diese Stelle schön anwachsen zu lassen. Wenn Sie also so weiteressen wie bisher, müssen Sie damit rechnen, dass Ihr Körper begeistert auf die vielen Kalorien zugreift und sich ein schönes, weiches Fettdepot aufbaut. Da Östrogen eine knappe Ressource in Ihrem Körper wird, je älter Sie werden, wird Ihr Körper die Reserve hartnäckig verteidigen. Und je mehr Kurzzeit-Diäten Sie machen, desto eifriger wird Ihr Körper dagegenhalten und immer schneller neue Depots anlegen.

Miese Aussichten für eine Wespentaille. Was also können Sie tun? Mehr Fett? Weniger Fett? Low Carb? Gar kein Carb? Fleisch, Kohlsuppe, Granatapfel (das ist sie wieder, die Allzweckwaffe). Paleo, vegetarisch, aber Fisch oder gleich ganz vegan? *8/16, 5/2* oder *Schlank im Schlaf*? Pülverchen aus der Apotheke? Was denn jetzt? Die einen sagen so, die anderen so. Und jeden Monat kommt was Neues. Woran soll ich mich denn als Laiin orientieren? Mich macht das WAHNSINNIG! Ich möchte keine Kalorien, Punkte, Stunden zählen, möchte nichts in irgendwelche ausgeklügelten Tabellen eintragen, ob die jetzt in meinem Handy in einer App stehen oder in einer Excel-Tabelle oder selbst gemalt in einer Kladde. Ich möchte nicht die nächsten 42 Jahre Tabellen auswerten. Ich möchte einfach essen. Kein Pulver, keinen Schleim, keine Tabletten oder Kapseln. Ich möchte lecker essen. So wie früher.

Das kann ich leider knicken. Und Sie auch. Wenn wir mittelalten Frauen so weiteressen, wie wir die letzten 15 Jahren gegessen haben, gehen wir auf wie ein Hefezopf. Ausnahmen bestätigen Regel. Es gibt nur wenige Frauen, die schlank bleiben und tatsächlich das Glück haben, von Mutter Natur begünstigt worden zu sein. Die meisten üben an der ein oder anderen Stelle Verzicht.

Wenn Sie Ihre Figur langfristig erhalten wollen, hilft nur eins: Sie müssen Ihre Ernährungsweise umstellen und regelmäßige Bewegung in Ihren Alltag integrieren. Für immer. Oder eben dicker werden. Das ist ja auch eine Option.

Eine super Methode ist: Lassen Sie einfach mal Zucker weg. Mindestens drei Wochen. Achten Sie auch auf versteckte Zucker, zum Beispiel in Gummibärchen, in Fertigprodukten und in Alkohol. »Prost« ist übrigens ein Anagramm und wird zu »Sport«, wenn man die Buchstaben umdreht. Apropos Sport: Der Vorteil von ausreichend Muskeln in Ihrem Körper ist der, dass Muskelmasse den Grundumsatz des Körpers erhöht. Das heißt im Klartext: Auch, wenn Sie auf dem Sofa sitzen und nichts tun, außer sich berieseln zu lassen, verbrennt Ihr Körper Fett. Mehr Muskeln sind aber trotzdem kein Freifahrtschein, um allabendlich fett- und zuckerreiche Genussmittel in sich hineinzuschaufeln. Das versteht sich von selbst, nicht wahr?! Kleiner Nebeneffekt der Zuckerabstinenz neben dem Dahinschmelzen der Pfunde ist ein glatteres Hautbild und, wenn Sie sich zusätzlich jeden Tag ein bisschen bewegen, deutlich weniger Cellulite an den Oberschenkeln. Bewegung hat auch noch eine weitere positive Begleiterscheinung. Muskelaufbau und Beweglichkeit sind super für Ihre Knochen, die im Alter durch den Östrogenmangel gefährdet sind. Ja, ich weiß, ich reite in fast jedem Kapitel darauf rum. Aber Bewegung ist wirklich essenziell. Jeden Tag. Bewegung ist nicht nur gut für die Figur und die Knochen, sondern auch für Geist und Seele, zum Abschalten und Energietanken. Außerdem können Sie mit gesunder Ernährung und regelmäßiger Bewegung beginnende Hitzewallungen auch ein klein wenig besser in den Griff bekommen.

Um das Gewicht ab 40 einigermaßen zu halten, können Sie außerdem Folgendes ausprobieren:

- Essen Sie nur, wenn Sie Hunger haben. Nicht Appetit, sondern Hunger.
- Essen Sie ausgewogen. Das heißt sehr viel Gemüse und ballaststoffreiches Essen. Ab und zu Fleisch, wenn Sie Fleisch mögen. Am besten von glücklichen Tieren und keinen mit Antibiotika, Hormonen und hohem Stresspegel ausgestatteten Kreaturen.

- Essen Sie Fette, aber gute. Lassen Sie die Finger von Diätprodukten. Damit die überhaupt nach was schmecken, ist da nicht nur Zucker drin, sondern jeder mögliche andere Quatsch, den kein Körper braucht.
- Kasteien Sie sich nicht. Essen Sie sich satt. Nur ein Klecks auf den Teller macht unglücklich, wenn alle anderen am Tisch kräftig zulangen und einen mitleidig angucken. Also füllen Sie Ihren Teller, aber eben mit mehr Gemüse.

Das alles sagt sich leicht. Ich weiß aber, dass es sehr, sehr schwer ist. Mein Stoffwechsel ist so verdammt lahmarschig, dass ich wirklich vom reinen Anblicken einer Schokolade zunehme. Ich brauche ewig, um ein Kilo wieder zu verlieren, wenn ich mal zügellos zugelangt habe. Und Nein sagen fällt mir so schwer! Ich bin einfach in meiner Vorstellung immer noch so dünn wie vor zehn Jahren, als ich alles essen konnte, was ich wollte. Jetzt bin ich eine gefühlt schlanke Frau, in einem stetig dicker werdenden Körper. Aber ich bin nicht alleine, so geht es sehr vielen Leidensgenossinnen. Einfach mal ein, zwei Kilo abnehmen, damit die Hose wieder bequem ist, funktioniert nicht mehr ab einem gewissen Alter. Ich kann auch nicht immer nur essen, wenn ich wirklich Hunger habe. Manchmal ist die Verlockung einfach zu groß. Bauch und Kopf werden dann unvernünftig und lassen mich schwach werden: Wenn jemand aus der Familie irgendwo im Haus Schokolade versteckt hat, finde ich sie. Immer. Da bin ich ganz Bluthund.

21

WIE SIE AUF EIN NEUGIERIGES
»WANN IST ES DENN SO WEIT« ANTWORTEN

Es ist mir schon ein paar Mal passiert, dass ich gefragt wurde »Wann ist es denn so weit?«. Das liegt daran, dass ich seit einigen Jahren zu einem Blähbauch neige, der sich bei falschem Essen nach vorne ausstülpt und dann aussieht wie ein Viermonatsbauch, manchmal auch ein Siebenmonatsbauch, je nach kulinarischer Entgleisung meinerseits. Diese hochinteressierten Fragesteller sind in der Regel ganz freundliche und wohlmeinende Menschen. Natürlich. Ich habe dann trotzdem Impulse, jede gut meinende Person erwürgen oder sonst wie quälen zu wollen, besonders wenn sie mich im Beisein meines Mannes fragen. Oder noch besser, sie fragen nur ihn, und er fragt mich dann, ob er da irgendetwas verpasst hätte.

So eine Neigung zum optisch täuschend echten Schwangerschaftsbauch entwickelt sich gerne so Mitte 40. Die Ursachen dafür sind vielfältig. Es könnte sein, dass Sie etwas nicht (mehr) vertragen. Milchprodukte zum Beispiel. Oder Sie essen zu viel Kohlgemüse. Oder zu viel rohes Gemüse, je nachdem, was gerade so en vogue ist. Viele Frauen entwickeln auch mit zunehmendem Alter eine Nahrungsmittelunverträglichkeit, zum Beispiel gegen Weizen. Oder es ist Ihr viel zu stressiges Leben, das zu schnelle Essen, das Multitasking ohne Pause zwischen Job, Familie und sozialem Engagement. Ein veränderter Hormonhaushalt kann auch verantwortlich sein oder einfach Auslöser, weil der Stoffwechsel nicht mehr hinterherkommt. Vielleicht trinken Sie einfach zu viel blubberndes Mineralwasser. Oder es ist eine Kombination aus allem zusammen. Die Ursache zu finden ist meistens nicht ganz einfach und nervtötend aufwendig. Sie müssen dazu ein detailliertes Ernährungstagebuch führen und zum Start Ihre Kost total einschränken. Das wird im vollbepackten Alltag garantiert neuen Stress erzeugen. Schokolade oder Alkohol als Tröster in der entbehrungsreichen Zeit sind während des Versuchs jedoch absolut tabu. Die Chance, dass Sie in dieser Testphase unerträglich werden, ist groß. Kalkulieren Sie das ein.

Alternativ leben Sie mit Ihrem Blähbauch wie gewohnt weiter und wappnen sich für die unschönen Situationen, in denen Sie freundlich auf Ihren vermeintlichen Nachwuchs angesprochen werden. Folgende Antworten haben sich für mich bewährt:

- »Nein, ich bin nicht schwanger. Ich bin fett.« Sie können auch sagen »übergewichtig« oder »dick«, je nachdem, wie sehr Sie der fragenden Person ein schlechtes Gewissen wünschen. Je kurz angebundener und sachlicher Sie antworten, desto mehr wird sich die Person schämen. Und das soll sie bitte, in Grund und Boden! Dem oder der Fragesteller/in wird dann das Gespräch wahrscheinlich um einiges unangenehmer sein als Ihnen selbst, und in der Regel wird er oder sie schnellstens den Rückzug antreten. Diese Antwort ist eine sehr sichere Methode, um schnell aus der Nummer rauszukommen. Die Person wird außerdem sehr wahrscheinlich in Zukunft keiner anderen Frau mehr dieselbe Frage stellen. Klopfen Sie sich ruhig auf die Schulter, denn Sie ersparen einer anderen Leidensgenossin die bloßstellende Schmach.

- »Ich bin jetzt im vierten Monat. Es ist unser erstes Kind.« Spielen Sie das Spiel mit. Schauen Sie bitte unbedingt vorher nach, in welche Schwangerschaftswoche Ihr vorgeschwindelter Monatsbauch fällt. Echte Schwangere rechnen grundsätzlich in Wochenangaben. Sie werden sonst sofort entlarvt. Sie müssen außerdem damit rechnen, dass weitere Fragen folgen, ob Sie das Geschlecht schon wissen, ob Sie das Baby schon bei einem PEKIP-Kurs angemeldet haben, ob Sie Stoffwindeln verwenden werden, usw. Rechnen Sie mit einem längeren Gespräch und zeigen Sie Freude über die Frage. Das wird erwartet.

- »Nein, wir haben schon fünf Kinder. Bei so vielen Kindern bleibt einfach ein bisschen Bauch übrig.« Lachen Sie wissend und schauen Sie verliebt zu Ihrem Partner, falls Sie einen zur Hand haben. Auch hier folgen nach einem kurzen Moment des Staunens sehr wahrscheinlich weitere Fragen vom forschen Fragesteller. Je nach Temperament Ihres anwesenden Partners sollten Sie ihn vorher einweihen.

- »Nein, ich habe eine Nahrungsmittelunverträglichkeit. Fällt es schon auf? Ich muss vorhin etwas mit Gluten oder Lactose gegessen haben. Können wir uns setzen?« Das ist die Mitleidstour, machen Sie dazu ein entsprechendes Gesicht. Hier wird das Gespräch mitunter sehr fachlich, wenn die fragende Person ebenfalls empfänglich für Allergien und dergleichen oder generell hypochondrisch oder esoterisch angehaucht ist.

Probieren Sie es einfach mal aus. Irgendwann wird der Leidensdruck so hoch – entweder durch den Druck im Bauch oder durch Ihren Sie ständig aufziehenden Partner –, dass Sie doch das Ernährungstagebuch führen werden, um die Ursache zu finden und sie zu eliminieren.

22.

WIE SIE SICH GEGEN HITZEWALLUNG UND HERZRASEN WAPPNEN

Eines der Grundgesetze der hormonell bedingten Hitzewallungen, vom Volksmund auch gerne als »fliegende Hitze« tituliert, ist, dass sie immer genau dann aufwallen, wenn es für Sie absolut ungünstig ist.

Akute Hitzewallungen fühlen sich in Situationen heimisch, in denen die ungeteilte Aufmerksamkeit der Umgebung auf Ihnen liegt. Zum Beispiel während eines geschäftlichen Meetings. Die Hitzewelle rollt garantiert genau in dem Moment an, in dem Sie gerade unmittelbar vor dem entscheidenden Punkt in Ihrer Argumentation sind. Das ist fast schon kalkulierbar, weshalb Sie sich gut wappnen können, wenn Sie wissen, wie das Prinzip funktioniert:

Rechnen Sie damit, dass die Welle immer sehr plötzlich anrollt, von jetzt auf gleich. Es beginnt an den Schlüsselbeinen. Es kribbelt überall. Sobald man das merkt, ist es fast schon zu spät und das Unheil bricht los. Innerhalb von Millisekunden baut sich aus dem leisen Kribbeln ein Tsunami auf, der in Richtung seitliche Wangen zielt und Ausläufer zu den Brüsten und seitlichen Rippenbögen hat. Sobald die ersten Ausläufer die Wangen erreicht haben, explodiert siedend heißes Blut wie flüssige Lava pulsierend durch alle fünf Hautschichten. Der ganze Körper steht in Flammen – vom Haaransatz bis runter in die Kniekehlen. Heiß, fiebrig, peinlich. Ich verglühe bei circa 42 Grad. Gefühlt. Jetzt gilt es ruhig einzuatmen. Ausatmen. Gleichmäßig. Ich wende alles an, was meine Yogalehrerin mir jemals über Atemtechniken beigebracht hat und ich mir ansatzweise merken konnte. Das Ganze mache ich innerlich, also unsichtbar für andere. Und ich verfluche zwischen zwei tiefen Bauchatmungen meine Kleiderwahl »Rollkragenpullover« und schwöre mir zum 112. Mal, nie wieder einen zu tragen. Weiter konzentriert: ruhig bleiben. Atmen. Geschafft. Die Welle ebbt ab, und wenn ich Glück habe, halte ich den roten Faden meines Gesprächs noch und keiner in der Runde hat's gemerkt. Stellen Sie sich darauf ein, dass das wahrscheinlich Wunschdenken bleibt. Die anderen merken es. Sie sind nur zu höflich, um etwas zu sagen oder selbst betroffen. Sind nur Frauen anwesend, wird die Welle hundertprozentig thematisiert. Und das ist auch gut so, denn das nimmt Ihnen den Druck.

Die eigentliche Welle dauert unterschiedlich lang an, von wenigen Sekunden bis zu zwei Minuten. Von den Auswirkungen haben Sie allerdings länger was: klebrige Kleidung, nasse Haare im Nacken oder Wasserrinnsale, die die Kniekehlen und den Rücken runterlaufen. Achten Sie deshalb ab dem ersten Hitzeschwall, der Sie überrascht, auf Farbe und Material Ihrer Kleidung.

Was Sie sonst noch machen können: Zwiebel-Look tragen (damit Sie sich bei Bedarf entblättern können), regelmäßig Sport treiben (Bewegung sorgt für einen besseren Grundumsatz, der wiederum wirkt sich positiv auf die Regulation Ihrer Schweißdrüsen aus) und viel trinken (Instantkühlung von innen, verkürzt die Welle). Besorgen Sie sich einen Fächer. Dieses kleine, elegante Gerät passt in jede Handtasche und bereitet einen erstaunlich starken Luftzug. Im Sommer ist er tatsächlich absolut unauffällig. Im Gegenteil, man wird Sie beneiden. Es gibt auch Mini-Ventilatoren, die Sie an Ihr Handy stecken können. Ein Fächer ist aber wesentlich effektiver, geräuschärmer, eleganter – und Sie hauen sich auch nicht die Nase damit weg.

Besonders die Kombination Zwiebel-Look, Fächer und Wasserflasche helfen gut, weil Sie direkt handeln können: Sobald die Welle rollt, greifen Sie zu Ihrem Fächer und zur Wasserflasche oder auch zum Tee (Kaffee besser nicht, die Hitze im Körper wird dadurch nur verstärkt). Außerdem möglichst lässig während des Sprechens eine Lage des Zwiebel-Looks ablegen. Im Idealfall sind Sie in der Lage, ein Pokerface zu wahren, und Ihr Gegenüber bekommt doch nichts mit. Wenn irgendwie möglich, versuchen Sie, unauffällig eine Gesprächslücke abzupassen und sich kurz zum Nasepudern zu entschuldigen. Im Waschraum als Erstes kaltes Wasser auf die Pulsadern beider Arme laufen lassen, dann den kalt gewordenen Schweißfilm an Stirn, Rücken, zwischen den Brüsten und wo auch immer abwischen.

Konzentrieren Sie sich während einer Welle, besonders, wenn Sie weder Fächer noch Wasser zur Verfügung haben und ungünstigerweise einen Rollkragenpullover tragen, auf Ihre Atmung. Gleichmäßig tief in den Bauch zu atmen, ohne dass Ihre Mitmenschen was davon mitbekommen, kann man lernen. Wer regelmäßig Yoga macht, ist klar im Vorteil. Dass man Rollkragenpullover eigentlich während der akuten Wechseljahresphase meiden sollte, versteht sich aber von selbst, ja?

Klappt das alles nicht, gilt: sich nicht verrückt machen lassen. Hektik und Stress lassen die Temperatur nur unnötig steigen. Je ruhiger Sie dabei sind, desto schneller beruhigt sich Ihr Hormon-malträtierter Körper wieder.

Auch ehrlich zur Hitze stehen kann beruhigend wirken und die Welle verkürzen. Meine Freundin Berit war durch eine notwendige operative Gebärmutterentfernung schon Anfang 40 voll in den Wechseljahren. Die Hitzewellen waren bei ihr so ausgeprägt, dass sie nicht nur schwitzte wie ein Profiboxer in Runde acht, sie lief bei schweißnassem, glänzendem Gesicht auch krebsrot an, hatte pitschnasse Haare und ihr Herz klopfte beängstigend. Sie trug's mit Fassung, fächelte sich mit irgendwas Luft zu und sagte nonchalant, wenn jemand blöd guckte: »Wechseljahre, was willste da machen? Kommste auch noch hin.« Damit war das Thema für sie erledigt. So eine selbstbewusste Haltung ist natürlich nicht jederfraus Sache. Frau kann es aber üben. Zumindest sollten Sie es ausprobieren, bevor Sie sich in medizinische Nothilfe in Form von Hormonbehandlungen begeben; die können Sie sich ja immer noch holen. Was Sie allerdings tatsächlich ärztlich abklären sollten, wenn Sie vermehrt im eigenen Saft stehen, ist, ob Ihre Schilddrüse so funktioniert, wie sie es sollte, und der vermehrte Schweiß dem Fehlen oder dem Zuviel an Schilddrüsenhormon geschuldet ist anstatt eines frühen Klimakteriums. Das sollte dann schnellstens medikamentös eingestellt werden. Freuen Sie sich also, wenn es nur die Wechseljahre sind. Die gehen nämlich vorbei.

23.

WIE SIE WEITERHIN GUT DURCHSCHLAFEN

Eine Variante des stets etwas unangenehmen öffentlichen, also in Gesellschaft stattfindenden, Schweißausbruchs ist das nächtliche

Wasserbad. Dieses ist zwar nicht ganz so peinlich, weil es meistens außer Ihnen nur eine weitere Person, nämlich Ihr Partner, mitbekommt, aber natürlich ist es nicht weniger gemein. Auf Dauer ist die nächtliche Hitzewallung sogar um einiges unangenehmer, weil es so zermürbend ist, über längere Zeit keinen erholsamen Schlaf zu bekommen. Regelmäßiges nächtliches Aufwachen kann auch nicht durch irgendein Selbstbewusstseinstraining überspielt werden. Es lässt sich überhaupt nur ertragen, wenn man hormonell entsprechend von der Natur ausgerüstet wird. Stillende Mütter zum Beispiel stecken unterbrochenen Schlaf eine Zeit lang relativ gut weg, weil sie durch die Geburt und das Stillen hormonell so gut in Watte gepackt sind. Leider schwinden in den Wechseljahren genau diese Hormone, die uns das Aufwachen einigermaßen unbeschadet überstehen lassen.

So aber schlägt das Schwitzen nicht nur aufs Gemüt, sondern fördert durch die Folgen Übermüdung und Gereiztheit auch die Bildung von Falten und Tränensäcken. Und das ist ein Nebeneffekt, den wir ja nun wirklich nicht wollen, nicht wahr?

Wenn Sie schon mal im Hochsommer unter einem nichtisolierten Dach, dessen Fenster tagsüber nicht verdunkelt werden konnten, im eigenen Schweiß aufgewacht sind und sich anschließend verzweifelt hin und her gewälzt haben, dann bekommen Sie eine ungefähre Vorstellung von nächtlichen hormonell bedingten Hitzewallungen. Ausgeprägte Formen hinterlassen im Aufwachen den Eindruck, als seien Sie soeben vollbekleidet einen subtropischen Wasserfall hinuntergerutscht. Das Bedürfnis nach trockener, frischer Kleidung ist dementsprechend groß. Eine Dusche wäre auch nicht schlecht. Wenn Sie Pech haben, haben Sie am Abend vorher vergessen, sich ein Ersatznachthemd, T-Shirt oder in was auch immer Sie schlafen, neben das Kopfkissen zu legen. Sie müssen aufstehen, Licht anmachen. Wenn Sie vorher nicht schon richtig wach waren, jetzt sind Sie es. In wasserabweisender, atmungsaktiver Funktionskleidung mit Antismell-Ausrüstung zu schlafen liegt nahe, ist aber nicht zu empfehlen. Es ist erstens nicht besonders sexy und zweitens unangenehm eng am Körper. Auch nackt schlafen empfiehlt sich in Zeiten akuter Schwitzanfälle nicht, denn die Matratze nachts neu zu beziehen ist noch umständlicher und zermürbender. Außerdem ist Ihre Matratze kein Schwamm, den man öfter mal wechselt.

Auch wenn Sie nicht von nächtlichen Schweißattacken geplagt werden, Frauen ab 40 schlafen generell schlechter. Das Einschlafen klappt meistens recht problemlos, aber der Tiefschlaf währt nur kurz. Dann liegen Sie hellwach im Bett und wälzen sich hin und her, während ein Gedanke den anderen jagt.

Folgende Methoden wurden in meinem Bekanntenkreis mit unterschiedlichen Erfolgen getestet:

- Versuchen Sie, entspannt zu bleiben. Legen Sie sich auf den Rücken und machen Sie eine Entspannungsübung, zum Beispiel *Progressive Muskelentspannung* oder so. Vorteil, Sie müssen kein Licht dazu anmachen und fokussieren Ihre Gedanken. Gedanken im Zaum halten ist ganz wichtig, sonst halten die Sie gern besonders lange auf Trab.
- Lesen Sie ein bisschen. Wenn Sie Glück haben, können Sie dabei liegen bleiben, weil Sie niemanden neben sich mit Ihrer Nachttischlampe stören. Ansonsten
- stehen Sie auf, gehen Sie aufs Klo, bügeln Sie Wäsche, schreiben Sie Ihrer Tante Mechthild endlich den Brief, den zu schreiben Sie schon so lange vor sich herschieben, sortieren Sie Ihre Bücher nach Farben. Machen Sie irgendwas, was Sie nicht zusätzlich aufregt. Wenn Tante Mechthild ein Aufreger ist, schreiben Sie lieber ein Gedicht oder übersetzen Sie ein Kapitel aus Cäsars *De bello Gallico*. Dann gehen Sie nach einer halben Stunde wieder ins Bett und versuchen es noch mal.
- Essen Sie abends nicht so spät und nichts Schweres. Trinken Sie lieber einen Tee anstatt eines Bieres vorm Fernseher, den Sie vielleicht auch besser mit einem Buch tauschen sollten.

Schuld ist, wie an so vielen körperlichen Beschwerden des Älterwerdens, auch hier der sinkende Östrogenspiegel. Dadurch ist der Schlaf leider nicht mehr ganz so tief. In vielen Fällen können Sie auch Ihren Partner für alles verantwortlich machen, der nämlich ab 40 ebenfalls Alterserscheinungen vorweist und sehr oft durch lautstarkes Sägen in der Nacht hervorsticht. Männer scheinen ans Einschlafen sehr viel unbedarfter dranzugehen. Einmal hingelegt, schlafen sie sofort ein und sägen und brummen selbstzufrieden vor sich hin. Wenn Sie das nicht aushalten, holen Sie sich Ohrenstöpsel. Die gibt es übrigens in sehr unterschiedlichen Qualitäten. Wenn Sie also empfindlich sind und einen lautstarken Astzersäger neben sich liegen haben, lassen sie sich vielleicht besser vom Hörakustiker welche anpassen – oder Sie gönnen sich, wenn möglich, ein eigenes Zimmer.

Zwei kleine Trostpflaster: Wenn Sie eine echte Frostbeule sind, sind leichte Hitzewellen des Nachts gar nicht so unangenehm. Endlich können Sie im Winter ohne Socken und Heizdecke schlafen. Meistens treten Schlafstörungen und Hitzewellen überhaupt erst gegen Ende vierzig auf. Sie haben also ein bisschen Zeit, Ruhe und Gelassenheit zu üben.

24.

WIE SIE STIMMUNGSSCHWANKUNGEN UND HEULATTACKEN ENTGEGENTRETEN

Das Wort *Stammtisch* hat ja was leicht Deftiges an sich. Dabei eignen sich besonders Frauen um die 40 immer öfter so einen regelmäßigen Treff an, der aus Freundinnen und/oder Arbeitskolleginnen, also irgendwie Gleichgesinnten, besteht. Ein Stammtisch ist eine tolle Sache für Menschen, die einen vollen Alltag haben und feste Termine brauchen, um im echten Leben in Kontakt zu bleiben.

Spontane Besuche sind in unserem vollgepfropften Alltag ja eher eine Seltenheit geworden. Bei meinem Stammtisch sind wir acht Frauen, die sich regelmäßig reihum treffen. Wie bei jedem Stammtisch geht es auch bei unserem darum, ein privates Zeitfenster im vollen Alltag zu haben, in dem man ohne Kinder, ohne Mann, ohne Verpflichtung einfach mal was eigenes machen kann: tolle Frauen treffen, gemeinsam einen guten Tropfen trinken, sich über Wehwehchen beklagen, über gemeinsame Interessen diskutieren und ein gute Entschuldigung zu haben, um nach 20 Uhr hemmungslos ohne Reue zu schlemmen. Ein Stammtisch braucht ein Thema, also einen Versammlungsgrund: Glaubensgemeinschaft, Kegelleidenschaft, Hundesport, Mandalas malen – so was. Bei uns läuft das Ganze unter dem Deckmantel *Literatur*. Wir haben nämlich einen Lesezirkel. Wir stellen uns auch tatsächlich Bücher vor und reden über diese Bücher. Und zwar jedes Mal, es ist also nicht nur ein Alibitreffen für Völlereigelage.

Bei einem dieser Treffen haben wir eine interessante Erfahrung gemacht, die, so bin ich überzeugt, typisch ist für Frauen in der Mitte des Lebens. Wir alle können blutrünstige Geschichten nur noch in Maßen ertragen, besonders wenn Kinder betroffen sind. Zumindest die Mütter unter uns reagieren sehr zartbesaitet. Insgesamt sind wir verweichlichter, als wir das noch vor fünf oder acht Jahren waren. Liegt das daran, dass wir in einer Welt leben, die uns immer bedrohlicher erscheint, weil Terror plötzlich näher rückt und greifbar wird? Oder liegt das daran, dass wir empfindlicher oder besser gesagt empathischer werden – so im Alter? Ist es die Tatsache, dass unsere Zeit kostbarer wird, weil sie nicht mehr endlos zur Verfügung steht, weil wir so beschäftigt sind mit Ehefrau, Mutter, Chefin, Freundin oder Nachbarin sein, dass wir uns in unserer Freizeit nicht mehr mit schweren Themen belasten wollen, weil wir einfach mal durchatmen müssen?

Seit wir in der Mitte des Lebens sind, merken meine Stammtischschwestern und ich, dass diese Stimmungen eine andere Qualität bekommen haben. In vielerlei Hinsicht sind wir viel gelassener. Wir haben gelernt, dass wir gewisse Dinge nicht ändern können oder sie nur ändern können, indem wir abwarten oder uns ruhig verhalten. Wieder andere Dinge machen uns unendlich traurig und wir brechen tatsächlich in Tränen aus. Ich weine zum Beispiel mittlerweile bei Bollywood- und Tierfilmen, manchmal auch bei den *Tagesthemen*, und viele Dinge mag ich in meiner Freizeit wirklich nicht mehr lesen. Andere Dinge können mich von jetzt auf gleich zur Weißglut bringen, und ich kann mich nur so gut beherrschen, weil ich aus Erfahrung weiß, dass das besser so ist. Diese Phase der emotionalen Entgleisungen hatte ihr Hoch ungefähr um die 45. Ich beobachte auch bei den Freundinnen, dass Sie ab 40 zumindest eine kurze Phase haben, in der sie sich einfach lautstark sträuben. In der sie grundlos wütend, traurig oder kurz angebunden sind. Wie in der Pubertät. Diese Stimmungsschwankungen, die hormonell beeinflusst sind, sind ein echtes Zipperlein. Nicht mehr zu können, leer zu sein, ist ein typisches Gefühl für diese Lebensphase: Ein Kampf mit sich selbst, weil man weder Fisch noch Fleisch ist. Für meine Freundin Natascha, jetzt 48, war das so schlimm, dass sie in eine regelrechte Depression abgerutscht ist. Nach außen alles tippitoppi, nach innen war sie den Anforderungen nicht mehr gewachsen, hat alles infrage gestellt.

Die Chance, dass Sie in den Jahren zwischen 40 und 50 in eine tiefe Sinnkrise geraten, ist tatsächlich recht groß. Es ist die körperliche Veränderung, die eine seelische fordert. Und manchmal braucht man dabei auch Hilfe. Freundinnen und Freunde sind gut. Aber sehr sinnvoll ist auch das Gespräch mit anderen Menschen, die objektive Hilfestellung geben können, ohne zu nahe zu treten, und sich trauen, Dinge anzusprechen, und die dann, wenn es einem besser geht, wieder aus dem Leben verschwinden – wie der Therapeut von Natascha.

25

WIE SIE EINEN DAMENBART IN FORM BRINGEN

Eine der gemeinsten der möglichen optischen Begleiterscheinungen des Älterwerdens ist der hormonell bedingte Hirsutismus – im Volksmund besser bekannt als Damenbart. Da das weibliche Sexualhormon Östrogen sich auf dem Rückzug befindet, kann es vorkommen, dass das männliche Hormon Testosteron zu Übermut neigt. Die Folge sind männliche Attribute. Zum Beispiel vermehrter Haarwuchs. Statt nun dünnes, fusseliges Kopfhaar in eine verführerische Rapunzelmähne zu verwandeln, verwurzelt sich die neue Haarpracht an völlig ungeeigneten Stellen. Gerne im Gesicht oberhalb der Oberlippe und prominent am Kinn, hierfür gibt es sogar einen eigenen Begriff: das Hexenhaar. Wenn es ganz schlecht für Sie läuft, verirrt sich auch mal das ein oder andere auf oder zwischen Ihre Brüste. Andere machen sich da umständlich ein Surface-Piercing hin – Sie haben dann eine Art Naturbrosche.

Damenbart zum Abendkleid, wissen wir, seit es Conchita Wurst akkurat gestutzt vorgemacht hat, ist definitiv ein Augenschmeichler. Was das markante Markenzeichen von Frau Wurst ist, würde wohl jede echte Frau in die Verzweiflung stürzen, egal wie atemberaubend das passende Abendkleid dazu wäre. Zum Glück handelt es sich in der Regel bei dem gefürchteten Damenbart ja auch nur selten um ein so extrem buschiges Exemplar. Ich spreche deshalb hier nicht von Damen, die einen genetisch bedingten, derart starken Haarwuchs haben, dass er dem von Männern gleicht, und zwar in Haardicke und -dichte. Es gibt da mutige Frauen, die zu ihrem Bart stehen. Die meisten Frauen sind da aber weder mutig, noch gefällt ihnen der Look. Es mag ja auch nicht jeder Mann Bart. Nein, ich meine die hormonell bedingten Borsten, die nach großen Hormonschwankungen, wie Frauen sie in der Mitte des Lebens nun mal haben (oder auch in der Pubertät), unschön in Erscheinung treten und die man urplötzlich im Spiegelbild findet – als Einzelexemplare oder als Flaum. Es geht also in den seltensten Fällen um echtes Fell. Aber auch drei Haare, die sich regelmäßig am Kinn borstig breitmachen, sind nicht wirklich wünschenswert. Besonders, wenn man von altersbedingter Kurzsichtigkeit geplagt ist und die Dinger ohne Stadionbeleuchtung und Vergrößerungsspiegel selber gar nicht mehr sehen kann.

WIE WERDEN SIE DES HAARIGEN ELENDS »HERR«?

Zupfen: In den meisten Fällen reicht eine handelsübliche Pinzette, um den »Bart« in den Griff zu bekommen. Vereinzelte Haare also einfach regelmäßig selbst auszupfen, quasi als eine weitere Baustelle neben der an den Augenbrauen.

Depilation: Ganz klassisch und auch einfach funktioniert natürlich die herkömmliche Rasur. Der Vorteil: Es geht schnell und tut nicht weh. Zumindest so lange nicht, wie Ihre empfindliche Gesichtshaut die tägliche Prozedur zulässt. Genau da liegt der Casus Knaxus: Gesichtshaut ist um einiges empfindlicher als Achsel- oder Beinhaut. Pickel und Rötungen können schnell auftreten, und die tun wirklich weh, und auf wunde Rötungen mag man ja auch nicht gerne Make-up geben.

Chemiekeule: Enthaarungscreme ist schmerzfrei. Aber sie stinkt, und nicht jede Haut verträgt die Chemie. Das Resultat kann da auch schnell eine rote pustelige Haut sein.

Epilation: Je nachdem, wie schmerzempfindlich Sie sind, können Sie das Übel an der Wurzel fassen. Problem hier: Alle Methoden sind zwar sehr effektiv, aber alle tun verdammt weh. Es gibt spezielle Gesichtshaarepilierer oder Aufsätze für normale Epilierer. Oder Sie können es mit Sugaring oder der Fadenmethode probieren. Waxing ist schon wirklich was für Hartgesottene. Aber wer ein Intim-Waxing *Brazilian Cut* übersteht, schafft das wahrscheinlich auch im Gesicht. Egal, welche dieser Methoden, suchen Sie sich eine Expertin und experimentieren Sie nicht selbst an den empfindlichsten Körperregionen. Zumindest nicht beim ersten Mal. Ab dem zweiten Mal ist es auch nicht mehr ganz so schmerzhaft. Da, wo die Haare sich ein Muttermal zum Sprießen ausgesucht haben, empfiehlt es sich, die Haare einfach zu kürzen und nicht mit der Wurzel zu entfernen.

Bleichen: Ein blonder Flaum ist nicht so auffällig, wie ein brauner, aber merkwürdig, wenn Sie ansonsten tiefschwarze Haare haben.

Nadelepilation ist schmerzhaft, teuer und dauert laaange. Dafür wird die Wurzel mit einem Stromimpuls tatsächlich gekillt. Hier müssen Sie etwas tiefer in die Tasche greifen, dafür sollte nichts mehr wachsen und zwar egal, ob helle oder dunkle Haare sprießen.

Laser und IPL, also *Intense Pulsed Light*, gehören zu den sogenannten dauerhaften Entfernungsmethoden mit Licht. »Dauerhaft« heißt allerdings nicht »für immer«. Aber einige Jahre sollten Sie mehr oder weniger Ruhe haben. Der Laserblitz wird dabei von dem Melanin in Ihrer Haut absorbiert. Die Wärme, die dabei entsteht, tötet die Haarwurzel, aber eben nicht für immer. Wenn Sie kein Melanin (oder nur wenig) in Ihren Haarwurzeln haben – weil Ihre Haare zum Beispiel sehr blond oder schon weiß sind –, kann auch kein Melanin umgewandelt werden, ergo funktioniert die Technik nicht. Bei Laser suchen Sie am besten eine Expertin auf, ja?! Ist der Laser zu stark, gibt's Narben. Vielleicht. Und es tut weh. Und es riecht auch nicht gut. IPL-Geräte gibt es für den Hausgebrauch schon für relativ kleines Geld. Allerdings ist auch diese Methode nur für wenige geeignet, denn es kommt auf die Hautpigmentierung ebenso an wie auf die Pigmentintensität Ihrer Haare. Wenn Sie sehr dunkle Haut haben, können Sie's vergessen, und wenn Sie sehr helle Haare haben ebenso. Beste Chancen auf Erfolg haben Sie, wenn Sie ein Schneewittchen-Lookalike sind. Laser ist übrigens nicht ohne Schmerzen machbar. Beim IPL sollte nichts wehtun.

Übrigens, Sie brauchen bei allen Methoden, die als »dauerhaft« oder »permanent« angepriesen werden, mehrere Sitzungen. Es wird nämlich immer nur das Haar entfernt, welches sich in der Wachstumsphase befindet. Und noch was: Achten Sie darauf, dass sich in Deutschland jeder nach einem netten Wochenendkurs »Elektrologistin« oder »Laserspezialistin« nennen kann. Ob die »Spezialistin« dann tatsächlich eine ist, ist eine andere Frage. Haare gegen Streuselkuchen-Gesicht eintauschen ist keine gute Option. Sobald es mehr als nur ein paar Haare sind, empfiehlt sich deshalb der Besuch eines Kosmetikstudios. Und bei ganz schweren Fällen, wo das Wort »Bart« tatsächlich eine Berechtigung erlangt, gehen Sie bitte direkt zu einer Dermatologin.

Für alle Methoden, die das Haar erfassen müssen, um es bei der Wurzel zu packen, müssen Sie das Haar ein paar Millimeterchen herauswachsen lassen. Das ist durchaus eine Herausforderung, denn Sie werden dazu tendieren, wenn Sie sich total unbeobachtet fühlen, selbstvergessen an Ihrem Bart herumzufingern; so wie männliche Bartträger das gerne tun, um intensives Nachdenken zu simulieren.

Starke Behaarung kann natürlich auch Ihr Markenzeichen werden. Ein berühmtes Beispiel ist Frida Kahlo. Und attraktiv und sexy war die Dame ja wohl trotzdem. Vielleicht war es auch ihre selbstverständliche Haltung, mit der sie die Extra-Haare trug. Trotzdem: Während die Form der Augenbrauen durchaus dem Modediktat unterworfen ist, werden büschelartig auftretende Haare im Frauengesicht sehr wahrscheinlich wohl kein nachahmenswerter Trend werden. Wobei, man weiß ja nie: Wer hätte in den 1920- und 1970er-Jahren, als millimeterdünne Striche über den Augen hip waren, gedacht, dass jemals Theo-Waigel-artige Augenbrauen derart angesagt sein könnten, dass angesagte Influencer ergebene Fashionistas derart beeinflussen, sich ihre vorhandenen Brauenhaare kunstvoll in stundenlangen Badezimmersessions zu verdichten, zu kämmen und in Fasson zu bringen?

Sollte sich doch ein Trend ankündigen, könnten Sie vorher noch schnell versuchen, aus Ihrem Bart Kapital zu schlagen und sich bei einem selbstdarstellungswütigen Dokuformat eines privaten Senders zu melden. Die bärtige Frau war schließlich schon immer ein Kassenhit für Schaulustige.

Falls Sie übrigens den Eindruck haben, dass die weißen Haare am Kinn dicker sind als alle anderen und dazu auch noch schneller wachsen: Das ist keine Einbildung, sondern liegt daran, dass diese Haare kein Pigment mehr haben. Haare mit Pigment haben einen etwas aufwendigeren Stoffwechselprozess und brauchen deshalb mehr Zeit, wachsen also langsamer als die weißen.

26.

WIE SIE IHRE ERSTE LESEBRILLE ERTRAGEN LERNEN

Seit ich eingeschult wurde, also seit meinem 6. Lebensjahr, brauche ich eine Sehhilfe. Bis zur Zulassung zum Mofa-Führerschein habe ich diese Tatsache sehr gewissenhaft ignoriert und die Brille während des Schulwegs in der Tasche verschwinden lassen. Mit erfolgreich abgelegter Mofa-Führerscheinprüfung entdeckte ich allerdings, dass die Welt *mit* Brille um einiges konturenreicher ist als ohne: Ich konnte plötzlich Menschen, die mir auf der Straße entgegenkamen, erkennen. Ein echtes Highlight, das meine pubertären Flirtversuche sehr erleichterte. Ein Gestell auf der Nase kam trotzdem nicht infrage. Aber von da an lebte ich mit Kontaktlinsen. Bis ich sie mit Mitte 40 plötzlich nicht mehr vertragen habe.

Da bin ich kein Einzelfall, wundern Sie sich also nicht, wenn Sie Ihre Kontaktlinsen plötzlich nicht mehr lange im Auge ertragen können. Das ist normal und ist dem mit zunehmendem Alter veränderten Hormonhaushalt geschuldet. Eine Folge davon kann dann eben ein verminderter Tränenfluss sein. Die Kontaktlinse, die darauf schwimmt, kann dann genau das nicht mehr, und das ist dann sehr unangenehm: Sie klebt auf dem trockenen Auge. Es hilft also nichts, Sie müssen Ihre Eitelkeit ablegen und doch auf das Gestell im Gesicht umsteigen. Für ausgewiesene Nicht-Brillenträgerinnen, wie mich ein herber Schlag – vor allem, weil EINE Brille bald nicht mehr ausreichte.

Nicht nur die Tränenflüssigkeit wird weniger, ab 40 werden Sie auch sehr wahrscheinlich von einer Altersweitsichtigkeit überrascht werden. Das heißt, auch bei bisherigen Nicht-Brillenträgerinnen schwindet die Sehkraft im Nahsichtbereich. Es kommt meist so um die 43, dass Sie eine kleinbedruckte Speisekarte immer schwieriger lesen können. Wenn Sie bis dato noch keine Brillenträgerin sind, hilft es zunächst, die Karte etwas weiter vom Auge wegzuhalten. Das können Sie so lange so praktizieren, bis Ihre Arme zu kurz werden. Wenn Sie schon eine Sehhilfe tragen und unter Kurzsichtigkeit leiden, hilft es, einfach über den Rand der Brille zu schielen. Das funktioniert gut, sieht aber doof aus – und es identifiziert Sie, egal wie gut Sie sich sonst optisch gehalten haben, als ältere Person. Es ist ein Instant-Outing, das sofort ein Fachgespräch nach sich zieht. Rechnen Sie damit, dass Freunde Ihnen so was wie »Ah, du auch?!« zuraunen. Falls Sie also sowieso schon ein Problem mit dem Älterwerden haben, keine gute Methode. Falls Sie Kontaktlinsenträgerin sind, ist nun sofort eine Lesebrille fällig. Die gibt es ab circa 2,50 Euro in jedem Drogeriemarkt für »to go«. Steigen Sie nicht zu hoch in die Dioptrienzahl ein. Das Auge darf ruhig noch ein bisschen was zu tun haben und sich etwas anstrengen und trainiert bleiben. Es schadet in keinem Fall, sich eine individuelle Lesebrille in einem Fachgeschäft anpassen zu lassen. Allein deshalb, weil es fürs Auge gesünder ist, wenn der Augenabstand ebenfalls berücksichtigt wird und nicht nur die Dioptrienzahl. Die Billig-Brille kann das nicht leisten.

Es wird nicht bei einer Brille bleiben. Lesebrillen sind dafür prädestiniert, verlegt zu werden. In der Praxis haben alle Menschen mit Lesebrillenbedarf mehrere Exemplare, quasi in jedem Raum und in jeder Handtasche eine. Davon sind die wenigsten individuell angepasste Exemplare, sondern es wird zu der Billig-Variante gegriffen. Ist ja auch sehr praktisch.

Es ist natürlich ein Zugeständnis ans Älterwerden, wenn wir in der Öffentlichkeit zugeben müssen, dass wir die Speisekarte nicht mehr lesen können. Sie haben allerdings nur drei Optionen, wie sie mit einer solchen Situation umgehen können:

1. Sie bleiben eitel, und weil Sie sowieso ein eher spontaner Typ sind und Überraschungen lieben, zeigen Sie einfach auf irgendetwas in der Speisekarte und ignorieren die hochgezogene Augenbraue Ihres Tischpartners beziehungsweise des Kellners. Spannende Sache, auf jeden Fall.

2. Sie lassen sich die gesamte Speisekarte laut vorlesen. Wenn Sie ein Grundschulkind dabeihaben, am besten von diesem. Die lesen langsamer, deutlicher und lauter. Dann haben vielleicht nicht nur Sie was davon, sondern andere mit demselben Problem profitieren auch.

3. Sie stehen zu Ihrem Alter und holen wahlweise Ihre eigene Brille aus der Tasche oder leihen sich kurz die von jemandem vom Nachbartisch. Das Verständnis dafür, die eigene Lesebrille vergessen oder verloren zu haben, ist jedenfalls bei den ebenfalls Betroffenen sehr, sehr groß. Man wird zu einer Art eingeschworener Gemeinschaft und hilft sich gerne untereinander aus.

Schwieriger wiegt der Fall, wenn Sie bereits eine Brille tragen, um Ihre Kurzsichtigkeit auszugleichen, und wenn Sie dann eine zusätzliche Brille benötigen, um Ihre neu gewonnene Altersweitsichtigkeit zu korrigieren. Das ist ein Fall für die Gleitsichtbrille. Wer jetzt die früher üblichen Bifokalgläser vor Augen hat, das sind die, die im unteren Bereich ein zweites Fenster eingebaut haben, die die Tante Mechthild und Onkel Heinz früher trugen, als Sie noch klein waren – entspannen Sie sich. Eine Gleitsichtbrille ist für Ihre Umwelt nicht ohne Weiteres als eine solche zu identifizieren. Die Übergänge zwischen den einzelnen Sichtbereichen sind stufenlos. Das Gehen über Stufen ist allerdings gewöhnungsbedürftig und will geübt sein. Die meisten Menschen kommen relativ schnell damit klar. Spätestens innerhalb von zwei Wochen klappt die Fokussierung beim Wechsel zwischen Nahsicht-, mittlerer Nahsicht und Fernsichtbereich reibungslos. Etwas schwierig ist das Hinabsteigen einer Treppe. In den ersten Tagen ist Schwindel garantiert. Der Schwierigkeitsgrad kann gesteigert werden, indem Sie in möglichst hohe Stilettos schlüpfen und entweder ein möglichst enges und/oder langes Kleid anziehen. Jetzt in einem Stück die Stufen zu bewältigen, ist schon eine Hausnummer. Nutzen Sie, falls vorhanden, unbedingt beide Haltebügel eines Geländers, weihen Sie, wenn möglich, jemanden ein und haken Sie sich dort fest unter. Nehmen Sie notfalls lieber die Brille ab und laufen sie halb blind oder ziehen Sie Ihre Schuhe aus. Am besten Sie vermeiden in der Eingewöhnungszeit Treppen komplett. Wenn Sie mit so einer Brille klarkommen, sehen Sie fast so gut wie ein Mensch ohne Sehhilfe. Besonders bei solchen Aktivitäten wie Autofahren ist es praktisch, da Sie die Brille ja nicht wechseln müssen, um zwischen Straßenschild, Vordermann und Tankanzeige zu wechseln.

Es gibt allerdings auch Menschen, die schaffen es nicht, sich an eine Gleitsichtbrille zu gewöhnen. Die können auch nach zwei Jahren Übung noch keine Treppe runtergehen – nicht mal in Sneakern. Ich kann es bis heute nicht. Und lesen kann ich mit meiner auch nicht. Wer sich traut: Es gibt gute Erfahrungen mit Operationen. Falls Sie an einer Hornhautverkrümmung leiden, fallen Sie allerdings von vornherein durchs Raster (noch). Und warten sollten

Sie mit einer solchen Operation auch, bis Sie etwas älter geworden sind. Dafür sind Sie mit 40 noch viel zu jung.

Vergessen Sie nicht, sich auch eine entsprechende Sonnenbrille zuzulegen, wobei sich leider nicht jede Form dazu eignet, weil die Gestelle von Sonnenbrillen oft zu gebogen sind und Sie dann womöglich wieder nicht mehr gut laufen können, weil Sie immer das Gefühl haben, am Abgrund zu stehen. Gerade große Gestelle eignen sich bedauerlicherweise meistens nicht.

Im Übrigen gibt es auch einen sehr positiven Aspekt der Altersweitsichtigkeit: Man findet sich morgens im Spiegel auch ungeschminkt schön oder zumindest akzeptabel, da die ganzen Macken aufgrund der körpereigenen Weichzeichnung nicht mehr zu erkennen sind. Vielleicht haben Sie sogar nicht mal mehr Lust, sich zu schminken. Weil Sie die Notwendigkeit dazu gar nicht sehen.

27.

WIE SIE WECHSELJAHRESBESCHWERDEN ZU IHREM VORTEIL NUTZEN

Dass eine Frau Wechseljahresbeschwerden hat, wird zwar immer noch eher hinter vorgehaltener Hand diskutiert, es ist aber nicht nur gesellschaftlich voll akzeptiert, dass Frauen an so etwas leiden können, es wird in unseren Breiten ja fast erwartet, dass es für jede Frau irgendwann so weit ist.

In meinem Bekannten- und Freundeskreis gibt es nur sehr wenige Frauen, denen es wirklich schlecht geht. Die Mehrheit lebt tatsächlich hervorragend mit dieser »Krankheit«. Keine, die ich persönlich kenne, leidet unter allen der möglichen Symptome. Das soll nun nicht heißen, dass das nicht möglich wäre. Oder, dass einzelne Symptome so belastend sind, dass Sie es ohne hormonelle Unterstützung nicht aushalten. Aber auch da kenne ich Frauen, für die das die beste Lösung ist. Aber die Chance, dass Sie stark betroffen sind, ist vergleichsweise niedrig. Sehr niedrig sogar. Und Sie können wirklich viel tun, dass die Symptome, die Sie haben, gemildert werden.

Frauen haben so viele Nachteile durch die gesellschaftlich erwarteten Wechseljahressymptome – wir werden belächelt, bemitleidet –, warum das Phänomen nicht mal strategisch zum eigenen Vorteil nutzen? Nehmen wir mal an, Sie sind zu einer nachbarschaftlichen Versammlung mitten in der Woche geladen. Es wird selbstverständlich erwartet, dass sie ein von Ihnen selbst gezaubertes Häppchen-Irgendwas mitbringen. Die Woche war anstrengend gewesen und wird es auch weiterhin bleiben. Alles, was Sie nicht möchten, ist einen weiteren mit langweiligem und nutzlosem Geschwafel verplanten und vertanen Abend zu verbringen. Sie möchten stattdessen lieber zusammengerollt auf dem Sofa liegen und die letzte Staffel von *Downton Abbey* noch mal schauen.

Hier kommt Ihnen der Ruf der Wechseljahre zugute und die Tatsache, dass Klimateriumsbeschwerden eine sowohl gesellschaftlich voll anerkannte wie auch medizinisch und pharmazeutisch gestützte Entschuldigung für alles und nichts sind. Sie haben quasi die Qual der Wahl, unter welchen Symptomen und Symptomkombinationen Sie leiden könnten. Sie könnten zum Beispiel sagen »Ich habe jetzt drei Nächte nicht mehr geschlafen«. »Ich fühle mich einfach so schlapp«. Sagen Sie das mit weinerlicher Stimme und verschwörerisch von Frau zu Frau. Richtig vorgetragen, sind Sie aus dem Schneider und können sich statt in Nachbars Laube aufs gemütliche Sofa verziehen und Ihre Lieblingsserie gucken. Achten Sie allerdings darauf, dass Sie diesen Trick (den Sie natürlich als Schwangere auch wunderbar anwenden können) nicht überstrapazieren, sonst wird man Sie als schrullige Hypochonder-Tussi entlarven, und niemand hat mehr Lust, Ihre Freundin zu sein. Würden Sie ja anders herum auch nicht toll finden, oder?

Auch Kinder und andere Familienangehörige können übrigens verstehen, wenn es Ihnen mal wirklich nicht gut geht. Informieren Sie kleine Kinder zum Beispiel, dass Sie heute einen Bäh-Tag haben, den erwachsene Frauen einfach manchmal hätten. Kinder müssen das akzeptieren, und erstaunlicherweise tun sie das auch, wenn man es ihnen erklärt und der Bäh-Tag nicht zu lange anhält. Rechnen Sie damit, dass Ihre Kinder sich die Idee des besonderen Tags aneignen, um ihn zu ihren eigenen Zwecken zu nutzen. Sie können das akzeptieren. Müssen Sie aber nicht. Empfehlenswert ist es, wenn Sie gewisse Regeln dafür festlegen. Zum Beispiel, ein eigener Bäh-Tag ist erst möglich, wenn man erwachsen ist oder ab 18 oder ab 40, etc.

4. KAPITEL

PIMP YOUR STYLE

OUTFIT & FRISUR

Wie bewältigt man als mittelalte Frau eine Shoppingtour in der vom Jugendwahn geprägten Fußgängerzone, wie den Friseurbesuch mit Wunsch nach einem flotten Schnitt? Wie viele Quadratzentimeter Haut darf man zeigen, wie tief darf der Ausschnitt sein, wie kurz der Rock und wie hoch die Schuhe, wie lang das Haar in welcher Farbe? Angesichts der diversen körperlichen Prüfungen, denen frau sich als 40-Jährige glaubt beugen zu müssen, drängen sich diverse Fragen auf, wie sie den mittelalten Körper hübsch, praktisch und altersgerecht verpacken kann, beziehungsweise, wie sportlich, sexy und cool es noch sein darf, ohne Unsicherheit – bei wem auch immer – zu provozieren, gesellschaftlich anzustoßen oder gar einen Affront auszulösen.

28.

WIE SIE GEGEN DIE BEVORMUNDUNG VON FRAUENZEITSCHRIFTEN IMMUN WERDEN

Darf die Frau ab 40 eigentlich anziehen, was sie will? Selbstverständlich muss die spontane Antwort auf so eine fast schon beleidigende Frage lauten: Ja! Wer sollte das einer erwachsenen Frau auch vorschreiben – von religiös inspirierten Kleiderverordnungen oder weltanschaulich aufoktroyierten Diktaten mal abgesehen? Und selbst da hätte man in Deutschland per Gesetz freie Wahl. (Abgesehen von Einzelfallentscheidungen. Sie dürfen zum Beispiel nicht vollvermummt in eine Bankfiliale spazieren.) Wenn man allerdings selbst in einem mittelalten Körper steckt und etwas länger über diese einfache Frage nachdenkt, ist die Antwort nicht mehr ganz so simpel, sondern tatsächlich etwas komplizierter oder besser ausgedrückt: komplexbeladener. Bin ich cool genug oder falle ich auf dem Spielplatz zwischen den ganzen anderen Lattemacchiato-Pappbecher-aber-ich-bin-Bio-Müttern und der I-amso-vegan-brown-rice-Brigade an hippen Jungmüttern unangenehm auf? Muss ich noch vier Kilo abnehmen oder darf der Rock schon bis Mitte Oberschenkel gehen, und ginge dazu auch ein Querstreifen-Pulli oder macht der mich breiter, als ich bin? Findet der süße Typ aus der Buchhaltung mich sexy, wenn ich mich als ehemaliges Groupie in meine Lederschnürjeans von 1989 (sofern sie noch passt) quetsche, oder einfach nur peinlich?

Schnelle, unkomplizierte Hilfestellung verspricht ein schier unübersehbares Meer an Ratgebern, ganz speziell für uns Frauen und unsere selbst konstruierten Baustellen und selbst kreierten Sorgen konzipiert. Konzentriert auf unterschiedliche Schwerpunkte, versorgen diese Ratgeber uns mit Tipps und Tricks: Wie wir modisch unterwegs sein sollten, was zu unserer Gesichts- und Körperform passt und was weniger, was wir überhaupt für eine Gesichtsform haben, erfahren wir auch; wie wir diese pflegen und in Szene setzen, wie wir unseren Körper für welche Saison mit welcher Diät am besten in Form bekommen, welche Promidame ein Vorbild ist und welche nicht (dabei kann es sich paradoxerweise um ein und dieselbe Person halten).

Es bleibt in diesen Ratgebern nicht bei unseren Körpern. Wir erfahren auch, wie viel Shabby Chic unsere Wohnung braucht, was unser Hund, unsere Kinder und unser Partner können müssen, sollen und dürfen und wie wir uns als Frau zu fühlen haben, wenn die sich dementsprechend verhalten oder es eben nicht tun. Frauen sind unterschiedlich, und damit alle Bedürfnisse gedeckt werden, gibt es Frauenzeitschriften für die umweltbewusste Frau, für die besonders trendbewusste, für die tierliebe, die esoterische, die, die sich alles leisten kann und eigentlich alles schon hat, die gelangweilte, die, die DIY zum Lebensmotto hat, die aus gutem Haus, die perfekte Mutter, die Gärtnerin, die Hausfrau, die Jägerin und die Sammlerin. Es gibt kein Thema, zu dem der Markt der trendigen Frauenzeitschriften nichts zu sagen hätte. Lediglich Themen wie Technik, Business, IT und Barbecue sind in frauenspezifischen

Gazetten komplett unterbesetzt. Die gängigen Zeitschriften bieten diesen Themen zwar in der Regel irgendwo im Heft eine kleine Rubrik, aber ein eigenes Format speziell für Frauen? Nein. Zumindest gibt es diese Themen nicht als ausgewiesene Frauenzeitschriften am Kiosk. Im Netz wird frau da schon eher mal fündig, beim Friseur im obligatorischen Medieninformationspaket zwischen Königshäusern, hyaluronhaltigen Anzeigen und den Kardashians, den Gigi Hadids, den Daniela Katzenbergers und Nazan Eckes haben sie keinen Anspruch auf Platz. Dass es für diese traditionell eher maskulin besetzten Gebiete keine speziellen Magazine für Frauen gibt, ist schade, denn gerade zu diesen Themen bräuchten Frauen dringend bessere Informationen. Dazu später mehr.

Ansonsten integrieren alle eindeutig Frauen ansprechenden Zeitschriften irgendwie das wichtigste Thema überhaupt: Tipps für ein besseres, schlankeres und vor allem jüngeres Aussehen als Basis für Glück und Glückseligkeit. Beratungsbedarf bezieht sich auf Klamotten, Make-up, Schuhe, Interieur, Familie (inklusive Tiere – auch Dackel Waldi möchte sein eigenes Prada-Kackbeutel-Täschchen). Und sie implizieren, dass das ganz und gar einfach zu erreichen ist.

Ich frage mich immer, wie viel Prozent der Leserinnen sich den Mantel für 11.000 Euro oder die Tasche für 5.000 Euro kaufen können. Es kann sich ja auch nicht jede den überteuerten Designer-Strickpulli mit groben Maschen nacharbeiten. Und wie viele Menschen haben eigentlich den Platz, sich trendgerecht mit Kücheninseln und XXXL-Sofalandschaften, die mitten im Raum stehen, einzurichten? Gerne werden ja auch Homestorys am Beispiel von prominenten Vorbildern inszeniert. Wir einfachen Leute dürfen dann mal intime Blicke in glamouröse Ecken werfen. Und neidisch werden.

Aber nichtsdestotrotz, man wird ja so schön inspiriert. Allerdings hat manches einen faden Beigeschmack: Die Haben-wollen-Mentalität wird ordentlich geschürt. Und wenn Nachbarin Tanja sich tatsächlich den tollen Pulli von Seite 7 leistet und nun auch dieses Wunder-Make-up, dann möchte man das auch haben. In den Zeitschriften selbst sieht man ja gerne Vergleichsbilder, die zeigen, welcher Reality-Star sexy und klasse aussieht, einen Trend ausprobiert hat und nun so viel besser lebt. Oder das Sternchen hat alles falsch gemacht, und Sie können anhand von Beweisbildern überprüfen, welches falsche Accessoire alles verdorben hat. Oder wie unvorteilhaft die fünf Kilo mehr die Bluse füllen. Und wir bekommen unerträgliche Multitasking-Frauen in ihrem durchgestylten Haus mit malerisch dahingegossener Katze im Vintage-Ledersessel gezeigt, bei denen alles perfekt läuft, die Kinder, der Haushalt, der Top-Job, unterstützt von einem wahnsinnig tollen Mann und umhüllt von perfekter Haut. Alles passend Ton in Ton. Natürlich, äh, *Nude*.

Tatsächlich werden Sie im Laufe Ihres fünften Jahrzehnts Zeitschriften und ihre Angebote differenzierter lesen. Nicht sofort wahrscheinlich. Sie müssen sich erst einmal an die ganzen körperlichen Veränderungen gewöhnen und damit klarkommen. Aber irgendwann können Sie die ganzen Angebote genießerisch durchblättern. Das, was Sie interessiert, gegen den ganzen Schwachsinn ausfiltern. Es kommt ganz automatisch. Sie wissen, dass Sie kein Model sind und auch keins mehr werden. Das macht irgendwann einfach sehr lässig. (Wenn Sie nicht gerade Model sind und Ihr Körper Ihr Kapital ist. Dann ist es natürlich zugegebenermaßen etwas schwieriger, lässig zu bleiben.) Ausnahmen bestätigen selbstverständlich die Regel. Es gibt ja tatsächlich auch ein paar wenige ältere Frauen, die erfolgreich modeln und nicht nur dekorativ auf einem Treppenlift oder mit Rheumacreme in der Hand in die Kamera lächeln. (Erstaunlicherweise werden hier oft Models zwischen 40 und 50 eingesetzt, dabei sind sie doch gar nicht die Zielgruppe).

Allerdings, wenn das XXXL-Sofa Sie interessiert, können Sie es sich ab 40 eventuell sogar einfach mal kaufen, weil Sie a) endlich Ihre Mitte gefunden haben und sich häuslich niederlassen und nun eine Örtlichkeit haben, an der das Objekt einen Standplatz erhält, und b) Sie nun endlich das nötige Kleingeld bereithaben oder zumindest kreditwürdig sind.

29

WIE SIE TRENDS ÜBERLEBEN

Trendbewusst und markentreu durchs Leben zu rennen ist anstrengend. Entweder Sie sind ein Fashion-Victim und genießen die Jagd, oder aber es wird Ihnen irgendwann ziemlich egal. Mit zunehmendem Alter werden Sie da entspannter und hechten nicht mehr den Trends hinterher. Jedenfalls nicht denen, die mit Klamotten zu tun haben, die sind nur noch unterstützendes Attribut zur wahren Herausforderung: der Suche nach dem ultimativen Wundermittel zur Erhaltung der Jugendlichkeit.

Bei den Klamottentrends weiß man landläufig, dass sie einfach recht kurzlebig sind. Denn »Alles kommt wieder, alles war schon mal da«, wusste schon meine Omma, und sie hatte natürlich recht. Spätestens mit 40 werden Sie nämlich den ersten Trend erleben, den Sie vielleicht allein aus dem Grunde nicht mitmachen wollen, weil Sie den schon vor 25 Jahren gruselig fanden. Wenn Ihr erster Jugendtrend wieder in den Läden hängt und Ihre Tochter so ein Teil als den letzten Schrei haben will, ist das übrigens ein merkwürdiger Epochenwandel, und man fühlt sich alt.

Wenn Sie in den 1980ern des letzten Jahrtausends in der damals topmodernen Kreation *Karottenhose* steckten, wird Ihnen zum Beispiel der Schnitt der Mom-Jeans irgendwie bekannt vorkommen. Heutzutage sind die alten Must-haves der 80er unter neuem Namen und leicht suboptimierter Passform wieder hochaktuell. Vielleicht haben Sie ja noch eine Originalausgabe im Schrank liegen? Wenn Sie noch reinpassen, super. Ansonsten jetzt schnell verkaufen – zum Vintage-Preis.

Trend hin oder her, für einige Frauen ist es generell einfach, sich von Kleidung zu trennen. Anderen, zu denen ich gehöre, fällt es unendlich schwer, die Lieblingsjeans, von der ich mittlerweile 15 Kilo entfernt bin, wegzugeben, weil ich da ja vielleicht doch irgendwann mal wieder reinpassen könnte. Außerdem ist sie ja auch noch so gut erhalten, vielleicht möchte eine der Töchter sie irgendwann mal tragen. Ähnlich geht es mir mit Röcken, aus denen ich herausgewachsen bin und die mittlerweile nur noch meinen Hintern bedecken. High Heels, auf denen ich noch nie laufen konnte und die schon von Anbeginn unserer gemeinsamen Zeit ein Sitzschuh-Dasein bei mir fristen, gehören ebenfalls in diese Kategorie. Ich bin da einfach ein schwerer Fall. Sie vielleicht auch?

Wenn Sie es sich leisten können und genug Platz im Schrank haben, dann nehmen Sie doch jeden Trend einfach mit. Einschränkungen für ältere Frauen gibt es kaum.

30.

WAS SIE JETZT BEI IHRER GARDEROBENWAHL BEACHTEN SOLLTEN

Sie haben natürlich schon Ihren persönlichen Stil. Bis Mitte 40 haben die meisten Frauen ihren *Style* gefunden. Das heißt trotzdem nicht, dass Sie wissen, was Ihnen steht und was nicht. Es heißt erst einmal nur, dass Sie in all den Jahren Vorlieben für bestimmte Kleidungsstücke, Schnitte, Farben, usw. entwickelt haben. Es heißt vielleicht auch, dass Sie in Zeitschriften zielsicher auf das Outfit zeigen können, das Ihnen am besten gefällt. Inwiefern die Wahl allerdings vorteilhaft für Sie ist, steht auf einem anderen Blatt. Andererseits werden sehr viele Frauen ab 40 auch plötzlich sehr mutig, was ihr Outfit angeht (in anderen Dingen werden sie das auch, aber dazu später mehr). Älter werden macht einfach mutiger. Man akzeptiert irgendwann, dass man zwar einiges tun kann, um den Verfall etwas aufzuhalten. Aber ganz und gar zum Stillstand bringen geht eben nicht. Einmal eingesehen, macht das so viel entspannter. Und so trägt frau auch dann ihre Kleidung. Vielleicht geben Sie Ihrem Verlangen nach Bequemlichkeit nach, Sie werden sehr praktisch, weil Sie weniger Zeit haben. Oder, und das ist eine ziemlich tolle Sache, sie pfeifen auf Konventionen und probieren endlich was aus, was sie sich nie getraut haben. Nicole, 45, zum Beispiel hat ihr ganzes Leben lang nie Röcke getragen. Der Grund waren ihre Knie. Die fand sie unerträglich hässlich. Mit Mitte 40 hat sie Fotos einer Bloggerin gesehen, die trotz ihrer eher rundlichen Figur ganz fantastisch in einem Rock aussah, der ihre Knie hervorblitzen ließ. Dann hat Nicole sich getraut und es selbst ausprobiert. Man sieht sie nun ziemlich oft in Röcken.

Mit einer klug ausgewählten Garderobe können Sie körperliche Besonderheiten kaschieren oder betonen. Sie können sich jung und sexy fühlen. Oder eben alt oder hässlich oder beides. Trotzdem kann es natürlich nicht schaden, Sitz und Style der Kleidung zu überprüfen. Kleidung ist ja nicht nur hirnloser Trend, sondern auch Schutzschild und, um im Vokabular der Fashionistas zu bleiben, *Statement* eines Lebensgefühls. Vielleicht hat sich Ihr Lebensgefühl ja gedreht? Sie haben Ihren Bürojob geschmissen und brauchen keine Businesskleidung mehr und können vielleicht endlich zu dem stehen, was Ihnen wirklich gefällt? Also lohnt sich ein Blick auf Ihre Verpackung, die Sie an Ihr neues Lebensgefühl anpassen möchten. Und vielleicht möchten Sie sich dann auch von dem ein oder anderen Stück verabschieden. Man kann dabei echt gewinnen. So wie Nicole. Ziel des Ganzen ist nicht, dass Sie sich einem aktuellen Trend unterwerfen sollen, sondern, dass Sie sich in Ihrem älter werdenden Körper großartig fühlen.

Wenn Sie Styling-Inspiration brauchen, es gibt eine Vielzahl an Blogs für Frauen über 40, die Ihnen tolle Styles am eigenen über-40-jährigen Körper vorführen, und die damit widerlegen, dass Frauen ab einem gewissen Alter langweilig gekleidet sind. Oder dass man als Frau auf eine bestimmte genormte Passform reduziert werden muss, um super auszusehen. Das müssen Sie nämlich nicht. Auch Frauen, die das ein oder andere Pfund mehr mit sich herumführen, dürfen auffällige, farbenprächtige Mode tragen, dürfen Röcke tragen, trotz knubbeliger Knie und gedeihendem Hüftgold (zum Hüftgold siehe Kapitel 20). Sie müssen nicht zwangsweise einen BMI von unter 25 haben, um fantastisch auszusehen. Lassen Sie sich da weder von Ihrem Umfeld noch von überkorrekten Modewächterinnen in Frauenzeitschriften (siehe Kapitel 28) einschüchtern. Tragen Sie das, worin Sie sich wohlfühlen. Eine Frau, die sich wohlfühlt, geht aufrechter und sieht allein dadurch selbstbewusster und schöner aus. Egal, wie alt sie ist. Tragen Sie, was Ihnen gefällt, Sie müssen nicht durch körperliche Argumente überzeugen. Zumindest nicht, wenn Sie einen Beruf außerhalb der Film- und Fernsehbranche haben.

Tipp: Wenn Sie ein dünnes Finanzpolster haben, sorgen Sie für eine einfache Basis-Garderobe. Je weniger Geld Sie im Portemonnaie haben, desto besser ist es, sich auf einige gute Teile zu konzentrieren, die schlicht sind und Ihnen wirklich hervorragend passen: zwei, drei gut sitzende Jeans, ein paar schlichte einfarbige Shirts, alles ohne Schnickschnack. Vielleicht ein, zwei Röcke, wenn Sie Röcke mögen – falls nicht, probieren Sie sie mal aus, ein A-Linien-Rock steht auch Frauen mit sehr breiten Hüften. Sie brauchen außerdem noch zwei bis zehn Paar schöne Schuhe und zwei, drei perfekt passende BHs. Kombinieren Sie zum schlichten Basis-Outfit lieber eine auffällige Tasche oder ein anderes auffälliges Accessoire. Modeschmuck muss nicht ruinös teuer sein. Weniger ist definitiv mehr als ganze Berge, die nicht gut sitzen oder kneifen. Es ist außerdem eine große Zeitersparnis, wenn Sie Teile gut miteinander kombinieren können und nicht stunden-, ach was, tagelang, überlegen müssen, was Sie am Tag X anziehen könnten. Basisteile sind auch nicht so stark schnellen Trends unterworfen, sodass Sie ständig das Gefühl haben, altbacken auszusehen.

Sie müssen ja auch nicht als Grundfarbe alles in Beige wählen. Wobei, Beige heißt ja jetzt nicht mehr Beige, sondern *Menocore*. Ist also quasi DIE Trendfarbe für Frauen in der Menopause. Und da sind Sie ja (fast).

WARUM EINE MOM-JEANS KEINE GUTE WAHL FÜR EINE MOM IST

Um Gottes willen, um den auch mal zu bemühen, tragen Sie, was Sie wollen! Es ist ein Glück und eine Bereicherung, dass die Geschmäcker so verschieden sind. Wie schrecklich und gnadenlos langweilig wäre das denn, wenn alle das Gleiche tragen würden? Alle im Einheitsbrei? Nein, bitte nicht!

Gerade wenn Sie die meiste Zeit Ihres Lebens tragen mussten, was andere Ihnen aufgezwungen haben. Ob das jetzt Mutti war, die Sie ermahnte, die Nieren schön warm zu halten und gefälligst die Jacke zuzumachen, Ihre Clique, die die Marke vorgab, oder der Dresscode, den Ihre Firma Ihnen vorschreibt, ist wurscht. Je älter Sie werden, desto »egaler« wird es Ihnen, was andere über Sie denken. Wer mutig ist, greift natürlich auch mal kräftig daneben. Das ist nicht weiter schlimm. Allein deshalb, weil Ihnen ab 40 nicht mehr so viel peinlich ist wie in jüngeren Jahren – man gewöhnt sich einfach irgendwann daran, dass man an peinlichen Momenten nicht stirbt. Aber man kann ja das ein oder andere vermeiden, was andere 40-Jährige schon zur Genüge erprobt haben und mit dem sie ordentlich ins Fettnäpfchen getreten sind.

Bei einigen wenigen Klamotten sollten Sie als mittelalte Frau sorgsam hinterfragen, ob Sie damit Ihren Körper und sich selbst richtig in Szene setzen. Hier deshalb eine kleine Liste mit ungünstigen Auswirkungen von Kleidungsstücken auf den mittelalten Körper:

Hotpants: Es gibt tatsächlich nur wenige *junge* Frauen, die dieses Kleidungsstück effektiv tragen können. Und es gibt sehr, sehr wenige Frauen ab 40, die dieses können. Kurze Hosen ja, schon. Auch Miniröcke. Hotpants dagegen sind eine Klasse für sich. Ein schwieriges Kaliber. Seien Sie da sehr kritisch mit sich. Fragen Sie sicherheitshalber eine Freundin, die es gut mit Ihnen meint. Fragen Sie nicht Ihren Partner. Er sieht das aus einer ganz anderen Perspektive.

Carmenbluse (oder neudeutsch: Off-Shoulder-Bluse): Wunderschön! Ich LIEBE Carmenblusen. Aber Obacht, wer sehr breite Schultern hat, sollte so eine Bluse nur tragen, wenn die Hüften mindestens genauso breit sind. Denn die Carmenbluse verbreitert optisch, d.h. Ihr Kopf wird optisch im Verhältnis zu Schultern und Hüfte kleiner. Sie brauchen also Hüfte UND Hintern und im Idealfall Taille, um das auszugleichen. Wenn Sie das haben, go for it!

Zurück zur **Mom-Jeans.** Wenn Sie einen anderen Körperbau haben als die typische Topmodel-Kandidatin bei unser aller Heidi, sollten Sie von diesem Trend Abstand nehmen. Denn obwohl man bei der Namenswahl denken könnte, dass dieses Kleidungsstück exakt für Sie als Zielgruppe konzipiert wurde, liegen Sie da falsch. Dementsprechend finden Sie selbige auch nicht in der Umstandsmodenabteilung. Die Mom-Jeans ist ähnlich geschnitten wie die Karottenhose aus den 1980er-Jahren. Im Gegensatz zu dieser soll sie aber nicht ganz so gut am Hintern sitzen, sondern etwas, ich sag mal, legerer. Das hat den Effekt, dass sowieso schon breite Hüften optisch noch breiter ausfallen. Bei sehr schlanken Frauen mag das lässig und cool aussehen. Bei uns anderen etwas kompakteren Frauen nicht. Wenn Sie also beabsichtigen, Ihre Figur sehr unvorteilhaft in Szene zu setzen, dann nur zu.

Neon: Neon ist ja very Eighties. Also irgendwie ein Trend. Oder vielleicht auch nicht. Neon ist immer ein bisschen schon wieder vorbei. Und genau das ist das Problem, wenn Sie sich als mittelalte Frau in Neon tauchen. Sie erhalten durch das Leuchtende zwar einen gebräunteren Teint, aber Sie sehen auch schnell älter aus, als Sie sind. Finger weg, zumindest vom Ganzkörperanzug. Maximal ein Accessoire, zum Beispiel Armreif oder so.

Bauchfrei: Auch wenn Sie es von Ihrer Figur her tragen könnten, sieht Bauchfrei immer ein bisschen zu gewollt aus. Zu anbiedernd, meistens sogar einfach billig. Das haben Sie doch als gestandene Frau gar nicht nötig. Echt nicht. Ausnahmen sind vielleicht, wenn Sie in einem Musikvideo mitwirken oder im Rahmen eines Bauchtanzkurses einen Auftritt auf einem Marktplatz haben. Aber nur dann. Und nicht in Neon.

Es gibt bestimmt noch ein paar mehr Stücke, die am älter werdenden Körper nicht mehr so vorteilhaft aussehen. Was frau zu zeigen wagt, ist eine sehr individuelle Sache. Es hat damit zu tun, wie Sie selbst es empfinden, wie Sie sich gehalten haben und wie groß Ihr Paket Selbstbewusstsein ist. An dessen Größe kann man übrigens sehr gut arbeiten.

32.

WIE SIE HEISSE SOMMERTAGE ÜBERSTEHEN

Der Winter lässt uns tolle Camouflage-Wäsche wie Strumpfhosen, Rollkragenpullover und Handschuhe tragen. Der Sommeralltag ist dagegen eine einzige Herausforderung. Es müssen ja nicht gleich die Hotpants sein; aber möchte man überhaupt Bein zeigen und ein Sommerkleid tragen oder sich gar am Strand im Bikini präsentieren, wenn man nicht mehr ganz so knackig ist? Bei den meisten Frauen werden mit zunehmendem Alter die Beine bunter. Zarte, dünne violett-bläuliche Verästelungen bilden sich an den Knöcheln und verzieren die Beine. Gerne findet sich das Ornament wieder in den Kniekehlen und an den Oberschenkeln. Dazu gesellen sich tiefblaue, etwas wulstige Adern, die sich schnörkelig die Wade hoch schlängeln. Wer dazu eine Veranlagung hat, wird meist schon ab Anfang 30 darauf vorbereitet, wo die Reise hingehen wird. Spätestens irgendwann zwischen 40 und 50 sind (fast) alle anderen auch dran. Vor allem dann, wenn Sie entweder gerne und viel sitzen oder ausschließlich stehen und ansonsten eher eine gemütlichkeitsorientierte Couch-Potato sind. Bei Frauen mit sehr schwachem Bindegewebe wird das Verästelungs-Ensemble aus schwachen Venen gerne noch durch blaue Flecken in verschiedenen Farbschattierungen ergänzt. Auf käseweißer Haut hebt sich das Muster dann besonders formschön und präzise ab.

Meine bunt gemusterte Freundin Simone überlegte im letzten Sommer, ob nicht die Burka als praktisches Allround-Kleidungsstück in gewisser Weise eine vorteilhafte Alltagsbegleiterin wäre. Schnell übergeworfen, müsse man sich ja nicht einmal mehr die Haare kämmen. Falten, Krampfadern, Besenreiser, Cellulite und sogar Fettpölsterchen – alles verschwindet unter einem weich fließenden schönen Stoff. So könne frau für die Außenwelt ewig alterslos bleiben. Nette Idee, wer's mag. Sie könnten dann auch Ihre Make-up-Routine ändern oder gleich ganz fallen lassen. Auch eine enorme tägliche Zeitersparnis. Die Burka verdeckt allerdings auch die schönen Stellen. Eventuell müssen Sie auch Vitamin D substituieren, weil Ihnen das Sonnenlicht fehlt.

Wir können alles Mögliche verstecken, wegschminken, übermalen, weglasern, -schneiden, veröden, ziehen. Wir können Fotos retuschieren, weichzeichnen, ausblenden, wegstempeln. Aber eines müssen Sie spätestens ab 40 lernen und akzeptieren: Ihr Körper wird weiteraltern, sich verändern. Wenn Sie sich um alles Sorgen machen, was andere denken oder denken könnten, dann produzieren Sie sich endlose Baustellen. Das ist anstrengend. Das kostet enorm viel Lebenskraft. Diese Zeit haben Sie nicht.

Machen Sie das Beste aus dem, was Sie haben. Und zeigen Sie im Sommer Ihre Beine bitte ruhig. Warme Luft an nackter Haut macht glücklich, auch wenn diese Haut etwas bunter ist und nicht den gängigen Schönheitsidealen entspricht. Sie müssen nicht mehr mit einer 20-Jährigen konkurrieren. Ganz ehrlich: Das können Sie auch gar nicht. Und irgendwann wollen Sie es wahrscheinlich auch gar nicht mehr. Irgendwann müssen Sie nämlich so viel Zeit in die Reparatur stecken, dass sich die berühmte 20:80-Regel vom Zeitmanagement-Papst Vilfredo Pareto umdreht. Herr P. hat herausgefunden, dass man in 20 Prozent der Zeit 80 Prozent erreicht. Und 80 Prozent reicht immer aus, denn 100 Prozent schaffen Sie sowieso nicht. Sie können diese Regel übrigens auf alles anwenden. Um aber mit der 20-Jährigen mithalten zu können, müssten Sie 80 Prozent investieren, um 20 Prozent Output zu haben. Das lohnt sich wirtschaftlich nicht auf Dauer. Und außerdem müssen Sie ja nicht gleich zu knallengen Hotpants greifen, ein langes Kleid mit Schlitz ist auch ziemlich luftig und gibt Ihnen den Sichtschutz, den Sie vielleicht brauchen. Und sexy ist es auch. Zusätzlich können Sie Ihre Beine etwas bräunen. Entweder mit echter Sonne oder mit Selbstbräuner. Achten Sie bei Letzterem darauf, dass Sie Ihre Beine vorher schön peelen, damit nichts fleckig wird. Auf brauner Haut jedenfalls sieht man zumindest die kleinen Äderchen nicht und die gröberen nicht mehr so doll.

Krampfadern können gezogen, verödet oder gelasert werden. Zwar nicht endlos, denn ganz auf Adern verzichten kann Ihr Körper nicht, und wenn Ihnen an einer Stelle Adern gezogen werden, müssen die verbleibenden gesunden mehr Arbeit leisten. Es wäre sinnvoll, wenn Sie Ihren Adern etwas zu Hilfe kommen würden. Regelmäßig den Hintern von der Couch erheben zum Beispiel. Bewegung ist immer noch das beste Mittel, um dem Venenstau vorzubeugen oder entgegenzuwirken. Der Mensch ist nicht zum Rumsitzen gemacht, er muss sich bewegen. Dadurch trainieren Sie Ihre schwachen Venen, stärken Ihr Herz und straffen Ihre Beinmuskulatur. Und straffe Waden sehen – mit oder ohne Verfärbungen – zu einem Sommerkleid immer schöner aus als schlaffe.

Vielleicht nicht jederfraus Sache: Auch mit entsprechend groß-flächigen Tätowierungen kann man viel kaschieren. Vielleicht sogar die dicken Adern geschickt ins Bild einarbeiten? Wer sich weder tätowieren oder lasern lassen möchte oder auch dem Selbstbräuner nicht traut: Es gibt hervorragendes Camouflage-Make-up speziell für den Körper. In verschiedenen Farbpaletten, die man auch unter-einander mischen kann, um einen möglichst naturgetreuen Ton zu bekommen.

Ohne viel Firlefanz zur bunten Musterung zu stehen ist nur ver-meintlich einfach. Es erfordert Mut und ein gutes Selbstbewusstsein. Ich habe eine andere Freundin, Sabrina, 49, die an einem Lipödem leidet. Es ist noch nicht allzu sehr ausgeprägt, aber doch schon so weit, dass sie sich hübscher fühlt, im heißesten Sommer ein über knielanges Kleid zu tragen. Sie hat sich sehr lange sehr für ihre Bei-ne geschämt. Weil es nicht schön aussieht; das stimmt, das braucht man sich auch nicht schönzureden. Älterwerden macht es natürlich nicht besser. Aber, und das finde ich Mut machend und wichtig für alle, die sich wegen irgendetwas an ihrem Körper schämen, Sabrina sagt: »Diese Beine sind ein Teil von mir. Ich kann sie nicht abschrau-ben und in die Ecke stellen. Außerdem habe ich Poren, und aus denen schwitze ich, wenn es heiß ist im Sommer. Und deshalb ziehe ich mir was Luftiges an, damit ich nicht noch mehr schwitze. Wer das nicht ertragen kann, muss wegschauen.« Ich finde, sie hat ab-solut Recht. In dieser Hinsicht kann man sich ruhig mal ein Beispiel am männlichen Anteil der Bevölkerung nehmen. Die machen sich nicht halb so viele Gedanken um ihre Schmerbäuche und würden bei heißem Wetter gar nicht auf den Gedanken kommen, sich zu verhüllen. Ich meine, wer völlig selbstbewusst hochgezogene weiße Tennissocken zu braunen Schnallensandaletten trägt und sich trotz-dem gut fühlt – Hut ab. Das muss frau erst einmal nachmachen. Also – nur das Selbstbewusstsein natürlich, nicht den Look.

WAS SONST NOCH HILFT:

Kalte Güsse: Der kneippsche Wasserguss ist super gegen müde und schwere Beine. Wirkt regelmäßig angewandt Wunder und ist nach dem zweiten Mal auch nicht mehr so kalt. Bitte immer zuerst die Seite erschrecken, die Ihrem Herzen abgewandt ist. Das ist also in der Regel das rechte Bein. Außerdem vorher unbedingt die Beine mit warmem Wasser aufwärmen.

Kühlendes Gel für unterwegs gibt es in praktischen Tuben in Handtaschengröße.

Wadengymnastik: Regelmäßig auf den Zehenspitzen auf und ab wippen reicht, um die Wadenpumpe anzukurbeln.

Entwässernde Tees helfen auch ganz gut: Brennnessel zum Beispiel.

Und vergessen Sie bei längeren Flügen auf keinen Fall **Stützstrümpfe**. Ihre Venen sind ja nicht mehr die Jüngsten. Gute Stützstrümpfe tragen sich angenehm – so angenehm, dass Sie durchaus vergessen können, dass Sie sie tragen, und dann am Urlaubsort so mit denen auf die Tanzfläche gehen. Übrigens haben Sie im Flugzeug viel Zeit, sich einem intensiven Beckenbodentraining zu widmen. Das geht auch prima im Sitzen.

33.

WIE SIE IHREN BUSEN IN BESTFORM BRINGEN

Das einzige Kleidungsstück, auf das Sie ohne Ausnahme höchsten Wert legen sollten, ist ein BH. Erstaunlich viele Frauen misshandeln Ihren Busen regelrecht. Sie pressen ihn in schlecht sitzende Schalen, quetschen ihn mit zu kleinen Bügeln oder erschüttern ihn beim Joggen in zarten Spitzendessous ohne jeglichen Halt und wundern sich, dass ihre Brüste, ob der enorm stiefmütterlichen Behandlung, platt und etwas zu tief ihr Dasein fristen. Das geht auch anders.

Zunächst mal – auch als kleine Beruhigung: Ein 40-jähriger Busen kann genauso perfekt aussehen wie ein 20-jähriger. Auch, wenn er keine Implantate zur Unterstützung hat und auch, wenn der Busen mehrere Mäuler gestillt hat. Die Betonung liegt auf *kann*. Die Festigkeit des Brustgewebes hat sehr viel mit Veranlagung zu tun. Es ist natürlich logisch, dass ein sehr kleiner Busen nicht so viel von Ihrem Bindegewebe verlangt wie ein sehr großer und damit die Chance, dass er die Form verliert, geringer ist. Wenn Sie allerdings schon die ein oder andere große Gewichtsab- und -zunahme hinter sich haben, leidet das beste Brustgewebe, auch das einer kleinen Brust. Dass das Körpergewebe ab 40 generell anfängt zu schwächeln und die Haut langsam für den Körper zu groß wird, macht es nicht besser.

Ein BH kann aber aus JEDEM Busen einen optischen Hingucker machen. Dabei ist es vollkommen egal, welche Größe die Natur Ihnen geschenkt hat. Oder ob Sie mit einem Prachtexemplar gesegnet sind oder nicht. Voraussetzung ist, dass das gute Stück Stoff perfekt passt. Und perfekt heißt wirklich PERFEKT! Wenn der BH superschön aussieht und ein Schnäppchen ist und nicht ganz perfekt passt, lassen Sie ihn im Geschäft. Gehen Sie bitte niemals Kompromisse ein! Zumindest nicht, wenn Sie natürliche Brüste haben. Bei operierten Brüsten fällt ein suboptimal sitzender BH nicht so sehr auf, weil sie durch die Implantate fester sind; Sie könnten sich also vermehrt auf die reine Optik des BHs konzentrieren. Ansonsten soll der BH bitte das tun, was er in seinem vollen Namen verspricht: BüstenHALTER heißt der, nicht Büstenquetscher oder Büstenfalter.

Ein guter BH ist teuer. Meistens jedenfalls, Ausnahmen bestätigen die Regel – und passende Schnäppchen sind von Seltenheitswert. Wenn Sie sich sonst nichts leisten, hier lohnt sich eine

Ausnahme. Investieren Sie zumindest beim ersten Anpassen in ein Fachgeschäft. Dort werden Sie als Erstes lernen, dass es nicht nur drei Körbchengrößen gibt. Was eigentlich logisch sein sollte, denn es gibt ja auch nicht nur drei Brustformen. Also, nicht überrascht sein, wenn Sie mit einer Standard 80B, die Sie seit 25 Jahren tragen, ins Geschäft gehen und mit einer 75E wieder herauskommen. Die BH-Fachgeschäfte führen nämlich neben deutschen Marken auch welche aus Großbritannien und osteuropäischen Ländern, deren Designer sich deutlich besser mit Brüsten auskennen und deshalb eine sehr viel größere Bandbreite anbieten. Britische Standard(!)-Größen reichen zum Beispiel locker von 26AA bis 42J und darüber hinaus. Da sollte auch für Ihren ganz speziellen Busen eine passende Größe dabei sein. Sollte sich bei der Anprobe herausstellen, dass Ihnen nur das teuerste Exemplar passt, dann kaufen Sie dieses. Wenn es finanziell bei Ihnen schlecht aussieht, sparen Sie auf dieses Exemplar, das Sie dann alle paar Tage durchwaschen, bis Sie sich ein zweites leisten können. Ihr Busen und ihr Selbstbewusstsein werden es Ihnen danken.

SO ERKENNEN SIE EINEN GUT ANGEPASSTEN BH:

Das Brustband ist enger, als Sie glauben. Warum? Hier liegt die Hauptlast. Bei vielen Frauen kann man beobachten, dass das Band hinten hochrutscht, weil die Brust zwar ins Körbchen passt, aber der Brustumfang zu groß ist, um sie am Platz zu halten. Schwere Busen haben dann keinen Halt, beziehungsweise die ganze Last hängt in den Trägern. Das ist unbequem, drückt auf die Schultern, macht eine unschöne Form und bringt gar nichts in puncto Stabilität. Schwere Brüste brauchen ein entsprechend breiteres Brustband als kleine feste Brüste, sonst klappen sie unvorteilhaft nach unten oder werden durch den Bügel zerquetscht. Sie führen eine Bulldogge ja auch nicht am Bindfaden spazieren. Ein hochgerutschtes, zu lockeres Brustband sieht außerdem nicht schön aus. Es quetscht sogenannte Brötchen aus vorhandenem Rückenspeck. Das sieht sehr unvorteilhaft aus und macht eine schlechte Körperhaltung noch schlechter.

Kleine Brüste brauchen nicht zwingend ein ausgestopftes oder gepolstertes Körbchen, um als weibliche sekundäre Geschlechtsmerkmale erkannt zu werden. Mit der richtigen BH-Form können Sie mehr Volumen zaubern als mit einem Push-up, der Ihre Brust in der Schale je nach Modell ja tatsächlich völlig verbeult. Das macht aus Ihren Brüsten auf Dauer ein Trauerspiel. Auch hängende Brüste sehen im passenden BH wieder absolut top aus.

Wie gesagt, ein guter BH ist gut angelegtes Geld. Sie werden gerne nur zwei perfekte im Schrank haben als 20, die zwar schön aussehen, aber eben leider nicht an Ihnen. Diese ganzen schlecht sitzenden Modelle werden Sie dann sowieso nie wieder tragen wollen, wenn Sie einmal einen anhatten, der Ihnen richtig gut passt.

Übrigens: Rechnen Sie mit der Frage: »Hast du was machen lassen?«, wenn Sie Ihren neuen BH das erste Mal im Freundinnenkreis ausführen.

34.

WIE SIE TROTZ SCHLECHTER BELEUCHTUNG IN DER UMKLEIDEKABINE IHREN SPASS AM SHOPPEN BEHALTEN

Die schwierigste Phase des Shoppens ist nicht, etwas Schönes zu finden, sondern die anschließende Passformüberprüfung in der Umkleidekabine: Schmiegt sich die Hose fließend um die Oberschenkel oder lässt sie die Beine zu zwei fest gestopften Weißwürsten mutieren? Schnell wird nämlich eine harmlose Kabine zum ultimativen Ort der Erniedrigung. Lassen Sie sich von Ihrem Spiegelbild nicht einschüchtern, auch wenn es Sie anklagend anschaut und Sie sich am liebsten in Luft auflösen oder zumindest das Geschäft inkognito verlassen wollen.

Es liegt nicht an Ihnen. Ein verzerrtes Konterfei liegt ausschließlich an einem inkompetenten Innenraumdesigner. Direkt von der Decke platzierte Spots, womöglich in einem Mix aus unterschiedlich warmen und kalten Kunstlichtfarben, zaubern zwangsläufig Lichtschattenspiele auf Cellulite-geplagte Oberschenkel. Violette Besenreiser und blaue Adern ergänzen die Mondlandschaft zu einer aufwendigen Musterkombination. Auch das Gesicht wird in eine undefinierbare Farbe irgendwo zwischen Leichengrün und Labskausrosa getaucht. Unter den Augen werden Ränder und Falten durch das ungünstige Licht betont und als I-Tüpfelchen wird das erhitzte Gesicht von elektrisch aufgeladenen Fusselhaaren umrahmt. Hier zu abstrahieren, dass man unter günstigeren Lichtverhältnissen wie ein ganz normaler Mensch aussieht, ist nicht ganz einfach. Kabinen mit Schummerlicht, quasi das andere Extrem, sind keine optimale Alternative, obwohl Sie im Ganzen weichgezeichneter erscheinen. Hier sehen Sie zwar auf keine unvorteilhaften Dellen, aber ebenso wenig, welche Farbe der Rock hat. Bedenken Sie, dass Ihre Nahsicht ab 40 deutlich nachlässt (Näheres dazu im Kapitel 26). Ihre Lesebrille ist jedenfalls keine wirkliche Hilfe. Der Spiegel selbst ist ein nicht zu unterschätzender Faktor. Je nach Krümmung kann er Sie strecken oder stauchen. Als Team zaubern Licht und Spiegel dann kleine Stummelbeinchen; oder schummeln auch mal ein bis zwei Kleidergrößen weg. Besonders coole Läden haben auch Kabinen, die gar keinen Spiegel haben. Very tricky.

Ein weiteres Problem mit zunehmendem Alter ist, dass Sie schneller ins Schwitzen geraten. Das ist ganz normal. Aber sehr unpraktisch, wenn Sie, gerade im Winter, in überheizten und viel zu engen Kabinen in einer viel zu kleinen Bluse feststecken, weil Sie übersehen haben, dass sich an der Seite ein winziger Reißverschluss befindet, an den Sie jetzt aber nicht mehr rankommen. Hilfeleistungen durch eine gertenschlanke, topgestylte Verkäuferin, die durch den Vorhang ins Innere linst und mit hochgezogener und perfekt gestalteter Augenbraue fragt: »Brauchen Sie Hilfe?«, machen die Situation nicht besser.

Apropos klein. Es gibt auch Kabinen mit zu kleinem Vorhang. Oder alternativ schwingende Salontüren, die nur bis Brusthöhe reichen und unten den Blick auf dreckige Füße und Sockenlöcher offenbaren. Ob zu schmale Vorhänge oder zu niedrige Schwingtüren, beide sind ideal, um gelangweilten Männern, die ihre Partnerin begleiten, die Wartezeit interessant zu verkürzen.

Wieso ist das so, dass Umkleidekabinen solche Gruselkabinette sind? Sollten Sie nicht kleine Wohlfühloasen sein, die uns das Anprobieren zur Freude machen? Nein, denn letztendlich ist der Aufenthalt in der Umkleide wirtschaftlich knapp kalkuliert. Sie sollen da schnell wieder raus, damit eine andere rein kann und der Laden möglichst viele Kundinnen möglichst viel anprobieren lässt, damit nicht so genau hingeschaut werden kann und möglichst viel verkauft wird. Die Kabinen selbst sollen möglichst wenig Platz einnehmen, damit möglichst viel für Ware bleibt. Trotzdem gibt es Kabinen, die sich den Luxus gutes Licht, ausreichend Platz, mehrere Haken zum Aufhängen von Kleidung, ein kleines Höckerchen für Ihr Handtäschchen, etwas Privatsphäre und Sauberkeit erlauben.

Apropos Luxus: Ein noch nicht weit verbreiteter Service sind interaktive Kabinen, in denen Sie ein virtueller Assistent berät[15]. Besonders praktisch: Der Assistent verrät Ihnen, ob Ihre Hose auch in anderer Farbe und Größe vorrätig ist, und benachrichtigt sogleich eine Verkäuferin, sie Ihnen zu bringen. So die Theorie. Mutige können anschließend ein Selfie schießen und das Resultat dann direkt auf Facebook posten.

Am besten sind Kabinen, in denen Lichtquellen von allen Seiten gesetzt sind. So ein Licht mindert deutlich Fältchen, und ablenkender Schattenwurf wird auch vermieden. Insgesamt bekommen Sie ein recht realistisches Bild – auch ohne Tageslichtquelle. Wenn Sie nicht gerade Dessous oder Bademoden anprobieren, lohnt sich trotzdem ein zusätzlicher Kontrollblick in einen Spiegel außerhalb der Kabine.

Tipps: Ist ein Kabinengang unausweichlich, betreten Sie selbige niemals mit der Haltung »Es passt nicht, ich bin zu dick«. Sie machen sich bitte nicht schon vorher verrückt. Nehmen Sie stattdessen Hose und Kleid in einer Nummer größer mit und probieren Sie diese zuerst an. Farben testen Sie, bevor Sie sich in das Dunkle der Kabine begeben. Am besten im Tageslicht. Wenn Sie sich trotzdem unwohl fühlen, dann ignorieren Sie Ihr Haben-wollen-Gefühl, egal um wie viel Prozente die tolle Hose reduziert ist. Seien Sie stark und hängen Sie sie zurück. Lieber drei Hosen im Schrank, die perfekt passen und ihre Formen zur Geltung bringen, als zehn unvorteilhafte Schnäppchen. Als junge Frau können Sie viel mit Ihrer Jugendlichkeit ausbügeln, ab 40 sollte die Klamotte sitzen. Dann tragen Sie sie gerne und fühlen sich gut. Was bringt es Ihnen denn, wenn Sie die ganze Zeit an sich herumzupfen?

Sind Ihnen Spiegel- und Lichtverhältnisse suspekt, kaufen Sie ein potenzielles Lieblingsteil, das Sie WIRKLICH WOLLEN, gefahrlos auf gut Glück und probieren es in den geschützten Räumlichkeiten Ihres trauten Heims an. In der Regel haben Sie zwei Wochen Umtauschrecht. Mindestens.

Wenn kein geeigneter Spiegel vorhanden ist, können Sie sich auf Ihr Gefühl verlassen, oder Sie bitten jemanden um Rat. Wenn Sie bei der Verkäuferin ein ungutes Gefühl haben, fragen Sie eine Kundin. Fragen Sie aber unbedingt eine Person, bei der Sie ein Stilgefühl vermuten. Sie muss nicht IHREN Style haben, aber sie sollte Stil erkennen lassen. Auch Gruppenumkleiden sind dafür hilfreich, wenn es auch nicht schön ist, sich in einer Horde kichernder Teenager auszuziehen. Trauen Sie sich, offensiv zu reagieren. Sie werden sehr wahrscheinlich eine ehrliche Meinung erhalten, denn Jugendliche finden es in der Regel gut, wenn man sie ernsthaft um ihre Meinung bittet. Meistens ist es sogar eine Win-win-Situation: Sie werden vor emotionsgeladenen Spontankäufen bewahrt und bekommen vielleicht noch ein schmeichelndes Kompliment. Die Jugendlichen lernen, das ältere Frauen nett sind und nicht unbedingt einen Stock im Hintern stecken haben.

Sollten Sie Ihr Objekt der Begierde jedoch in einer kleinen Boutique irgendwo in einem Dörfchen im Meraner Land gefunden haben, während Sie selbst aber in Wanne-Eickel leben, wird es schwieriger. Seien Sie kritisch, wenn Sie unsicher sind, ob Sie die rüschenverzierte Bluse nach Ihrem Urlaub je wieder tragen werden. Wenn Sie unbedingt ein Souvenir brauchen, taugen vielleicht auch das bestickte Geschirrtuch oder der selbst gekelterte Wein. Oder konzentrieren Sie sich auf den Erwerb von Schuhen. Dazu müssen Sie sich weder in eine stickige Kabine quetschen, noch müssen Sie sich nackig machen. Eine Frau kann sowieso nie genug Schuhe besitzen. Alternativ gehen Sie fürs Geld lieber gut essen. Und dann gibt es ja auch immer die Möglichkeit, sich komplett auf das Onlineshopping zu verlegen inklusive der Option kostenloser »Rücksendeschein«. In der Regel verfügen Sie mit 40 auch über einen deutlich größeren Kreditkartenrahmen, der Ihnen locker erlaubt, sich 20 Badeanzüge und Bikinis in einem großen Paket nach Hause zu bestellen.

35.

WARUM SICH EIN PAAR GEDANKEN UM IHRE FRISUR LOHNEN

Zum individuellen Look gehört auch Ihre Frisur. Sobald Sie 40 sind, lassen Sie sich am besten sofort Ihre langen Haare abschneiden. Ein mittellanger Pagenschnitt fällt weich ins Gesicht und kaschiert geschickt Falten und Hängebäckchen. Das lässt Sie sofort viel jünger aussehen.

NEIN! STOPP! Bitte tun Sie das nicht! Frauen tendieren dazu, sich vor oder nach großen Ereignissen eine neue Frisur zu gönnen:

Beziehung auseinandergebrochen, neuer Job, im Lotto gewonnen gleich neues Lebensgefühl beziehungsweise Verabschiedung vom bisherigen Leben. Eine überwundene Krise und der Einstieg in ein neues Leben werden erst durch eine äußere Verwandlung komplett. Also ab zum Friseur und einen neuen Schnitt ausprobiert oder zumindest eine neue Farbe. Da 40 werden ein besonderer Lebensabschnitt ist, ist der Gang zum Friseur fast obligatorisch. Zwei Aspekte beherrschen eine potenzielle Haarveränderung: 1. Geht die lange Wallemähne noch? 2. Welche Farbe macht am jüngsten? Meiner Kollegin Ina, gerade 42, wurde von ihrem Friseur ihr wunderschönes dickes Haar um 20 cm auf schulterlang gestutzt. Nicht weil sie es wollte, sondern weil ihr Friseur ihr geraten und eingeredet hat, dass man in Ihrem Alter lange Haare nicht mehr trägt.

Haare wachsen zwar nach, seien Sie aber trotzdem vorsichtig mit undifferenzierten Pauschalisierungen. Eine Frisur ist enorm stark typabhängig. Es gibt Frauen, die lange graue Haare tragen können und damit fantastisch aussehen. Einige sogar noch mit 70 – wenn sie schönes und gepflegtes Haar haben. Genauso gibt es Frauen, die absolut erotisch und sexy mit einer Mireille-Mathieu-Frisur daherkommen. Und es gibt Frauen, die tatsächlich mit einer Kurzhaarfrisur viel besser aussehen. In eine ähnliche Richtung geht die Empfehlung »Pony«. Natürlich kann man mit einem Pony eine tiefe Stirnfalte wunderbar abdecken – und kann damit ein paar Jährchen kaschieren. Aber doch bitte nur, wenn man ein Gesicht hat, das einen Pony verträgt. Kinnlange Stufen, die weich ins Gesicht fallen, können von weicher werdenden Gesichtszügen ablenken. Ja, das stimmt. Aber, sie stehen trotzdem nicht jeder Frau.

Glauben Sie nicht alles, was sich in einigen intoleranten Frauenzeitschriften oder in den Köpfen kleinbürgerlicher Friseursaloninhaber hartnäckig hält. »Hinten hui, vorne pfui« ist ein böser Spruch, von dem sich Frauen ab 40 gerne beeinflussen lassen. Pfeifen Sie da drauf und verlassen Sie sich unbedingt auf Ihr Bauchgefühl. Wenn Sie Lust drauf haben, und nur dann, probieren Sie es doch einfach aus. Aber nicht, weil frau im letzten Jahrhundert ab 40 zur Einheitsdauerwelle im kurzen Haar tendierte. Das ist genauso doof wie diese ewigen Empfehlungen, welche Frisur man mit einem ovalen, runden, eckigen und quadratischen Gesicht tragen kann. Und dann folgt zum Beweis jedes Mal eine Frisurengalerie, in der für alle Gesichtsformen identische Frisuren empfohlen werden.

Unabhängig von der Wahl Ihrer Frisur ist ein guter Friseur beziehungsweise eine gute Friseurin Gold wert. Wenn Sie den oder die richtige/n gefunden haben, gibt es zwischen Ihnen eine Vertrauensbasis, die weit über das vordergründige Endprodukt *Frisur* hinausgeht. Hier dürfen Sie jammern, tratschen und bekommen trotzdem den Kopf gestreichelt und dazu die neusten Infos aus Ihrer Stadt und den internationalen Königshäusern, dazu einen Kaffee oder manchmal auch ein Glas Prosecco. Günstiger, angenehmer und schneller bekommen Sie nirgendwo eine psychologische Beratung. Der mentale Aufbau, den diese Berufsgruppe so nebenbei an ihren Kundinnen wuppt, wenn die geknickt sind, ist nicht zu unterschätzen.

36.

WAS SIE IHREN HAAREN AB 40 ERSPAREN SOLLTEN

Es gibt tatsächlich nur sehr wenige Experimente, die Sie ab 40 nicht mehr oder nur in äußersten Ausnahmefällen mit Ihren Haaren anstellen sollten:

Dunkle Haarfarben: Egal, ob gefärbt oder getönt, ein tiefes Schwarz wird im Kontrast zu einer älter werdenden Haut so dunkel, dass Falten tiefer wirken, als sie es sind, und Ihre Haut fahl und krank aussehen lässt. Selbst Frauen mit sehr dunkler Haut sollten lieber zu einem entsprechend dunklen Braun greifen. Wenn Sie bereits graues oder weißes Haar haben, macht der helle Ansatz Ihre Haare optisch dünner, als sie es sind. Dies gilt besonders für von Natur aus sehr hellhäutige Frauen. Tiefschwarze Farbe ist definitiv ein Tabu, ohne Ausnahme.

Einheitsblond: Nein, ab 40 müssen Sie nicht zwangsweise erblonden. Denn man sieht nicht automatisch jünger aus, nur weil man blond ist. Das ist ein völlig absurdes Gerücht. Wenn Sie ein brünetter Typ sind, mag Erblonden okay sein. Wenn Sie eher den Schneewittchentyp verkörpern, lassen Sie die Finger davon. *Blond ist keine Farbe, sondern ein Statement*[16], gilt einfach nicht für jeden Typ Frau. Wenn Sie das nicht glauben, setzen Sie sich probeweise eine Perücke auf. Aber bitte bei Tageslicht.

Punkiges Magentarot oder Türkisblau: Alle schrillen Haarfarben sollten Sie nur tragen, wenn Ihre gesamte Garderobe perfekt darauf abgestimmt ist. Es gibt Frauen, die können selbst im hohen Alter sehr viel Farbe tragen und bombastisch gut und sexy damit aussehen. Es sind aber wenige, und die, die es können, leben ihren Stil. Zum Beispiel, indem sie ihre punkige Frisur zum schicken Anzug oder teurem Kleid tragen. Punkig-punkig sieht in Kombination mit Alter meistens einfach nur ungepflegt aus und selten cool. Aber manchmal eben schon.

Zöpfe: Aktuell beobachte ich, wie es ein Revival von geflochtenen Zöpfen bei jungen Frauen gibt. Bei unseren Nachbarn in den Niederlanden scheint es ein regelrechter Trend zu sein. Bei erwachsenen Frauen sehen Zöpfe, als Pigtails geflochten, irgendwie albern aus. Zöpfe links und rechts über, vor oder hinter jedem Ohr sind ein echtes Kleinmädchen-Ding. Eigentlich ist ab 20 mit dieser Frisur Schluss. Es sei denn, Sie sind ein dunkler Typ und halten auch Ihre restliche Garderobe im Ethno-Stil. Dann, ganz eventuell, können Sie geflochtene Zöpfe tragen. Weitere Ausnahmen können sein, wenn Sie die geflochtenen Zöpfe irgendwie am Kopf feststecken. Oder Sie sind zu einer 70er-Jahre-Motto-Party eingeladen oder wollen zum Oktoberfest und tragen passend zur Frisur ein fesches Dirndl. Anleitungen zu raffinierteren Flechtfrisuren finden Sie im Internet zuhauf. Deshalb müssen es wirklich keine Mädchenzöpfe sein. Eine weitere Ausnahme wäre diese: Wenn Sie aussehen möchten wie aus einem Softporno der 1970er-Jahre, können Sie ebenfalls gut geflochtene Zöpfe tragen, die scheinen auf Männer übrigens nach wie vor sehr anziehend zu wirken. Das ergab eine Umfrage in meinem Bekanntenkreis, die zwar nicht wissenschaftlich fundiert ist, dafür aber umso eindeutiger ausfiel – und mich sehr erstaunt hat.

Künstliche graue Haare: Sollten Sie mit 40 noch Ihre Naturhaarfarbe ohne graue Strähnchen haben, empfehle ich, nicht auf den Trendzug »Granny Style« aufzuspringen. Dieser Trend lebt vom Kontrast zur frischen, prallen Haut. Die haben Sie nicht mehr. Also Finger weg.

Tipp: Wenn Sie schon stark unter dünner oder brüchiger werdenden Haaren leiden, können Sie Ihrem Haar Gutes tun durch gesunde Ernährung. Neben Zinklieferanten in Form von Meeresgetier und Paranüssen ist auch ein Goldhirsebrei zum Frühstück sehr wirksam. Der lässt Ihr Haar durch Silizium, Mineralstoffe und Spurenelemente schön kräftig werden und glänzen[17]. Viel grünes Gemüse sollte ebenfalls selbstverständlich sein. Das tut auch dem Rest Ihres Körpers gut.

37

WIE SIE DEN ANBLICK EINER JÜNGEREN FRAU NEBEN SICH ERTRÄGLICHER GESTALTEN

Neid ist zwar eine echt hässliche Eigenschaft und zählt sogar als eine der sieben Todsünden. Sie umgibt uns aber trotzdem alle. Mehr oder weniger. Wir wachsen von klein an damit auf: Die Tanja von nebenan hatte nicht nur mehr Barbies, sondern auch längere und blondere Haare. Außerdem durfte sie für den Neckermann-Katalog Modell stehen. Später hatte Tanja größere Brüste und schmalere Hüften, während ich kleinere Brüste und voluminösere Oberschenkel bekam. Heute kann Tanja in High Heels nicht nur sitzen, sondern auch laufen. Tanja ist eine unerträgliche Person.

Natürlich ist Neid nicht nur ein Frauenthema, auch Männer sind gegen den Anblick des grüneren Angeber-Rasens in Nachbars Garten nicht gefeit – und kontern dann grobschlächtig mit aufgeblähtem Brustkorb neben einer Ducati oder eben einer knackigen Tanja.

Im Unterschied zum aufgeblasenen Gockelgetue der Männer machen Frauen sich im neidvollen Vergleich ganz gerne mal klein, wenn sie sich mit einer Geschlechtsgenossin vergleichen: »Die hat alles, ich habe nichts, die ist dünn, ich bin dick, die ist reich, ich bin arm, die hat einen Mann, ich habe keinen ...« Wenn Sie sich in so einer Verfassung neben eine junge, strahlende 20-Jährige stellen und Ihr Gehirn in den Vergleichsmodus schaltet, können Sie nur eins: verlieren.

Dabei ist eine jüngere Frau ja nicht automatisch eine Konkurrentin. Vielleicht ist sie sogar nett, tierlieb und hat einen Durchschnitt von 1,0 im Abitur und studiert nun Experimentalphysik. In Situationen, die an unserer äußeren Schale kratzen, muss man, wenn man am Anfang des fünften Jahrzehnts steht, mitunter etwas üben.

Klassiker an üblen Vergleichsmomenten, für die Sie als ältere Frauen ab 40 starke Nerven brauchen:

- Sie interessieren sich für einen Mann (oder wahlweise eine Frau – je nachdem, was Sie sexuell so anmacht)
- Sie interessieren sich für einen Job
- Sie interessieren sich für einen hautengen Fummel.

Bekommt die jüngere Konkurrentin das Objekt (oder Subjekt) der Begierde, werden Sie schnell dazu tendieren, diese Tatsache auf Ihr Alter zu schieben. Und tatsächlich könnten Sie mit Ihrer Befürchtung sogar recht haben. Zumindest ab und zu, denn wir Menschen reagieren gerne auf den ersten Eindruck. Und ein frisches, gut aussehendes Gesicht verbinden wir mit mehr Energie, Kraft und Sex-Appeal. Jetzt kommt es darauf an, wie sehr Sie das Objekt Ihrer Begierde wirklich wollen. Nutzen Sie den zweiten Blick und punkten Sie mit etwas anderem: Lässigkeit, Wissen, Witz, Mut, Souveränität und – last, but not least – Erfahrung. Diese Attribute passen auf alle drei Begierden.

Die Erkenntnis, dass das Umfeld nicht mehr so empfänglich für Ihre eingeübten Flirt-Tricks und optischen Knock-outs ist, schlägt hart zu. Dass die Klamotten an Ihrer viel jüngeren Garderobennachbarin viel besser aussehen, ist so, als ob Sie die zweite Wange hingehalten hätten. Aua! Aber es hilft nichts – wir müssen da alle irgendwann durch. Jammern hilft nicht, Selbstmitleid auch nur bedingt. Nehmen Sie lieber Haltung gegenüber sich selbst ein. Wenn Sie das nie gelernt haben, dann wird es jetzt Zeit. Gönnen Sie sich etwas Selbstliebe. Oder wollen Sie den Rest Ihres Lebens als verhuschtes Mäuschen die Klappe halten und sich schlecht fühlen? Man kann sich dafür übrigens auch Hilfe holen. Um mehr Selbstsicherheit zu erlangen, gibt es Volkshochschulkurse speziell für Frauen, oder Selbsthilfegruppen, Internetforen – und natürlich liebe Freundinnen. Je selbstsicherer Sie sich fühlen, desto mehr können Sie den Anblick einer jüngeren Frau neben sich ertragen – und nicht nur das: Sie können sich für sie freuen, ihr aufrichtig zulächeln. Und vielleicht – ganz vielleicht – kehrt sich das Blatt und die junge Frau sieht etwas in Ihnen, was sie inspiriert; Kompliment an Sie nicht ausgeschlossen. (Wie Sie ein *Role Model* werden, lesen Sie in Kapitel 74).

Darüber hinaus hilft es immer, sich selbst ordentlich zu verwöhnen. Gönnen Sie sich was. Wenn Sie nicht wissen, womit Sie sich das Leben versüßen können, lassen Sie sich inspirieren: Stöbern Sie im Internet, gehen Sie shoppen oder laufen Sie mal komplett alleine und ohne Handy (zumindest leise geschaltet) durch die Natur.

5. KAPITEL

JOB & KARRIERE

Überlegen Sie, jetzt da Sie in der Lebensmitte angekommen sind, ob Sie wirklich die nächsten 20 bis 27 Jahre, die sie noch zur arbeitenden Bevölkerung gehören werden, weiter Akten von A nach B schieben möchten oder ob Sie lieber den Job schmeißen, die Einrichtung in Kartons und das Nötigste in Ihren ultraleichten 55-Liter-Polyamid-Rucksack packen und das Glück am anderen Ende der Welt suchen sollen?

Mit 40 steht Ihnen die Welt offen, und Sie können tatsächlich noch mal ganz von vorne anfangen. Das können Sie natürlich auch noch mit 70, es wird dann aber deutlich schwieriger. Körperlich zum einen, weil es enorm Kraft und Einsatz kostet – ein Neuanfang realisiert sich ja nicht von selbst und Auf-dem-Sofa-Sitzen. Zum anderen, weil Ihre Umwelt es Ihnen dann nicht mehr so leicht macht. Banken zum Beispiel sind älteren Mitmenschen gegenüber ziemlich unbarmherzig und gewähren in der Regel keine größeren Kredite, weil sie annehmen, dass die Durchschnittsrentnerin in ihren statistisch noch verbleibenden Jährchen ihre Schulden nicht mehr zurückzahlen kann. Mit 40 haben Sie bessere Chancen, von Kreditinstituten als kreditwürdig beurteilt zu werden. Außerdem haben Sie ausreichend Lebenserfahrung, um Gefahren abschätzen zu können und zu wissen, was Sie wollen, sie können Ihre Meinung durchsetzen und sehen in unabwägbaren Situationen nicht automatisch wie Freiwild aus (endlich mal ein Vorteil des ältlichen Körpers). Topkonditionen sozusagen für einen Neustart. Es muss ja nicht gleich das komplette Aussteigerprogramm sein. Vielleicht wird es bei Ihnen ja auch eher ein Einsteigerprogramm, indem Sie Ihren Jugendtraum aus seinem Schubladendasein befreien und endlich in die Tat umsetzen?

38

WARUM JETZT DIE RICHTIGE ZEIT IST, NOCH EINMAL NEU DURCHZUSTARTEN

Knapp 30 Jahre Arbeitsleben liegen vor Ihnen, wenn Sie heuer 40 werden. Da kann frau sich doch glatt wieder richtig jung fühlen, angesichts der langen Spanne, die es noch zu einem glücklichen Rentnerinnenleben zu überbrücken gilt. Um in einem ungeliebten Job zu versauern, in dem Sie sich entweder zu Tode langweilen oder immer einen Hauch am Burn-out entlangschrappen, ist es allerdings verdammt zu lang. Deshalb gehören Überlegungen über eine berufliche Neu- oder Umorientierung zu den klassischen Veränderungsimpulsen, die eine Frau im mittleren Lebensabschnitt heimsuchen. Und über die es sich lohnt nachzudenken, selbst wenn Sie in Ihrer jetzigen Jobsituation zufrieden und heimelig eingerichtet sind.

Die Gründe sind tatsächlich vielfältig, warum Sie sich auf Sinnsuche machen sollten:

- Man hat Ihnen gekündigt, Sie sind gegangen worden oder Ihr Betrieb hat Konkurs angemeldet. Wie auch immer, die Firma entlässt Sie mehr oder weniger plötzlich: Sie sind arbeitslos. Oder outgesourct worden. Auf jeden Fall ungeplant weg von Ihrem angestammten und gemütlichen Platz. Wenn Sie Glück im Unglück haben, wenigstens mit einer fetten Abfindung.

- Sie sind selbstständig und können den Druck, der auf Ihren Schultern alleine lastet, einfach nicht mehr ertragen. Sie möchten Feierabend nach der Stechuhr haben und lieber Herzblut in Ihre Hobbys investieren.

- Ihr Gewissen ermahnt Sie, dass Sie eigentlich viel lieber was machen sollten, in dem Sie einen Sinn sehen; etwas, bei dem nicht Menschen, Tiere oder die Umwelt ausgebeutet werden und zugrunde gehen.

- Sie haben damals Ihr Studium nur gemacht, um Papas Praxis zu übernehmen. Eigentlich können Sie besser mit Schraubenzieher und Lötkolben umgehen statt mit Spritze und Stethoskop. Oder umgekehrt: Sie haben zwei linke Hände, können Werkstattmief nicht ausstehen und möchten sich endlich mit Gleichgesinnten über Arithmetische Geometrie und Zahlentheorie austauschen oder Anorganische Chemie studieren.
- Wider Erwarten hat sich Ihr DaWanda-Shop als Goldgruppe erwiesen: Es sieht aus, als wäre das jetzt die Gelegenheit, um endlich Ihrem großkotzigen und unerträglichen Chef den Rücken zuzudrehen, weil Sie wissen, dass noch mehr ausgefallene Ideen in Ihrem Hirn lagern und nur darauf warten, ausgepackt zu werden. Sie werden jetzt Ihre eigene Chefin.
- Ihr Job ist eigentlich prima, aber Sie brauchen einfach mal eine längere Pause als die üblichen drei Wochen am Stück.
- Ihr Job ist so langweilig, dass Sie regelmäßig dabei einschlafen und sich und andere damit in Lebensgefahr bringen. Sie müssen dringend da weg.
- Vielleicht hassen Sie auch einfach Ihre Arbeit, Ihren Chef und Ihre ganze Abteilung – und die Vorstellung, das ganze Elend noch länger zu ertragen, macht Sie krank.

Es gibt noch tausend weitere Gründe, warum Sie mit 40 ins Grübeln kommen, ob die Stelle, die Sie derzeit besetzen, die richtige ist.

40 ist jedenfalls ein geradezu perfekter Zeitpunkt, den eigenen Standpunkt zu überprüfen, weil Sie genau die richtigen Eigenschaften für einen potenziellen Wechsel versammeln. Ihre Vorteile:

- Sie sind noch jung genug, um von Arbeitgebern für dynamisch gehalten zu werden und dem Unternehmen lange genug dienen zu können, dass sich sogar eine sauteure Investition in Ihre Weiterbildung richtig auszahlt.
- Sie sind alt genug, um verlässliche Berufspraxis zu haben, können vielleicht sogar auf mehreren Gebieten Expertisen vorweisen.

- Sie verfügen nach all den Jahren über Menschenkenntnis und weisen enorme Soft Skills vor, die Sie geradezu dazu prädestinieren, schwierige Kunden um den Finger zu wickeln. Sie beherrschen einen multikulturellen Knigge, können noch den Genitiv vom Dativ unterscheiden und sowohl das Einmaleins als auch Dreisatz ohne Handy und Taschenrechner aus dem Kopf bewältigen.
- Wenn Sie als Frau bereits mindestens zwei Kinder haben, ist die Chance, dass Sie dem Unternehmen durch eine weitere Schwangerschaft abhandenkommen, sehr gering. Das wissen Personaler und hören nicht automatisch beim Lesen Ihrer Bewerbung das laute Ticken. Sie stellen deshalb in Vorstellungsgesprächen auch nicht mehr die dusselige – und nebenbei illegale – Frage, wie es denn mit der Familienplanung aussieht. Selbst wenn Sie in der Probezeit heiraten sollten, wird nicht sofort vermutet werden, dass das das Auftaktsignal zur baldigen Familienplanung ist.

Veränderungen machen Angst, wissen wir ja schon – wir müssen nur in den Spiegel schauen. Aber die nächsten Jahrzehnte mit Magenschmerzen zur Arbeit zu gehen ist definitiv noch schlimmer. Weshalb meine Kolleginnen Cäcilie und Sigi zu sagen pflegen: »Immer entlang der Angst, dort gibt es am meisten zu entdecken.«

39.

WIE SIE IHREN TRAUMJOB FINDEN

Ist es nicht bewundernswert, wenn man quasi von Geburt an für eine Idee brennt, sie im Erwachsenalter konsequent umgesetzt hat und auch im hohen Alter von 49 Jahren noch total zufrieden damit ist? Ich erinnere mich an ein Mädchen aus der Schule, die bereits in der Grundschule wusste, dass sie eines Tages Nonne werden würde. Ich habe sie vor ein paar Jahren wiedergetroffen. Raten Sie, was sie geworden ist: Sie hat ihren Traum konsequent in die Tat umgesetzt und ist auch nach wie vor sehr glücklich mit ihrem eingeschlagenen Weg. Sehr bemerkenswert – in jeder Hinsicht. Aber eben nicht unbedingt der normale Gang. Die meisten zweifeln doch hin und wieder, obwohl tatsächlich die meisten Menschen in Deutschland mit ihrem Job einigermaßen zufrieden[18] sind. Wenn Sie wissen, wofür Ihr Herz schlägt – also beruflich gesehen: Super für Sie! Überspringen Sie dieses Kapitel und gehen Sie direkt zum nächsten über.

Für alle anderen: Sie brauchen zunächst mal eine Idee, bevor Sie planen können. Wie also gehen Sie vor, wenn Sie nicht wissen, was Sie können, weil Sie an sich weder ein eindeutiges Talent sehen noch die Möglichkeit haben, die Praxis oder den Kaufmannsladen Ihrer Vorfahren in dritter Generation fortzuführen. Wie gehen Sie vor, wenn Sie für nichts brennen, aber Geld verdienen wollen?

Sondieren Sie als Erstes Ihre Ausgangslage: Warum wollen Sie arbeiten?

Geht es bei Ihnen um den reinen Broterwerb, weil Sie sich Ihr eigentliches Leben leisten müssen?

Oder geht es Ihnen darum, einen Traum zu erfüllen? Haben Sie dafür finanzielle Sicherheiten, und können Sie pokern, oder haben Sie die nicht?

Vielleicht wird Ihnen bewusst, dass Sie im Alter nichts haben werden außer einer mickrigen Witwenrente. Das Konstrukt Absicherung funktioniert heute weniger denn je für uns Frauen. Sie müssen Ihr Leben selbst in die Hand nehmen.

Vielleicht haben Sie ja auch keine Lust mehr auf ein Leben als Luxusweibchen und wollen endlich mal Anerkennung für Ihren Kopf und nicht immer nur für Ihr Gesicht.

Dann schreiben Sie auf, was Sie können, möglichst mit Expertise. Nehmen Sie sich ein Blatt Papier und machen Sie ein intensives Brainstorming. Wenn Sie können, beantragen Sie ein Sabbatjahr. Es ist heilsam, einmal von allem Abstand zu nehmen und das Gehirn neu zu verdrahten, die Sinnfrage zu stellen, neue Lebensqualität zu finden und Fähigkeiten, die in Ihnen liegen, zu entdecken und auf einmal etwas völlig Neues aus sich selbst heraus zu schöpfen. Was Sie danach machen, ob Sie danach an den gewohnten Arbeitsplatz zurückkehren, ist dann erst einmal zweitrangig. Bei aller Ekstase bei der Planung von ungewöhnlichen Selbstverwirklichungsideen, denken Sie auch an Vorsorgemaßnahmen fürs Alter. Lassen Sie lieber noch mal ein Expertenteam einen Blick auf Ihren letzten Rentenbescheid werfen, bevor Sie im Rucksack um die Welt starten. Altersarmut ist nicht lustig und Grundsicherung beantragen auch nicht. Es sind immer noch wesentlich mehr Frauen davon betroffen als Männer.

Einfach mal aussteigen kann natürlich nicht jede. Allein finanziell nicht. Dann gehen Sie eben kleine Schritte und zwacken sich hier und da ein Stündchen ab – regelmäßig.

Natürlich vereinfacht eine gute Ausbildung die Chancen und Vielfalt der Umsetzung für eine neue Idee. Ob mit oder ohne, Frauen stellen gerne ihr Licht untern den Scheffel, anstatt ihre Qualifikation ins richtige Licht zu rücken. Für so einen Quatsch haben Sie nun keine Zeit mehr. Zeigen Sie, was Sie können. Gehen Sie mit Ihren Qualitäten hausieren. Seien Sie lernbereit und offen für neue Impulse und haben Sie keine Angst, sich zu blamieren. Wenn Sie Mutter sind, brauchen Sie außerdem unbedingt eine gute Kinderbetreuung, sodass Sie den Kopf frei haben. Wenn Sie sich ständig Sorgen um die Kinder machen, kommen Sie keinen Schritt weiter.

Man braucht nicht unbedingt ein Supertalent zu sein, um erfolgreich und glücklich zu werden. Viele Menschen sind in vielen Dingen gut. Genies sind eine Ausnahme und auch nicht immer glücklich. Vielleicht können Sie aber zumindest Ihren Brotjob so weit runterkürzen, dass Ihnen genug Luft für ein Herzensprojekt bleibt. Herzensprojekte geben viel Kraft und machen glücklich. Sehr oft kann man von ihnen nicht leben. Leider. Aber wer von seinem Talent nicht leben muss, kann es einfach nur genießen. Das ist im Zweifel meistens sogar gesünder.

Wenn Sie Ihre Idee entwickelt haben, können Sie loslegen. Aber mit Plan und Köpfchen.

40.

WIE SIE IHR BERUFSLEBEN REBOOTEN

Bevor Sie jobmäßig aktiv auf Reboot stellen: Am Anfang einer jeden Veränderung steht ein Plan. Ihren aktuellen Job fluchtartig zu verlassen, ist keine gute Idee. Sie sollten sich als Erstes überlegen, wo Sie überhaupt hinwollen und warum Sie Ihren alten Job nicht mehr ausüben wollen oder können. So einen Plan brauchen Sie selbstverständlich auch, wenn Sie gegangen worden sind. Egal, welches Ziel Sie verfolgen, ob Sie für immer auswandern und eine deutsche Bratwurstbude irgendwo am Strand von Borneo errichten, einen Friseursalon für Großpudel in Bielefeld-Jöllenbeck eröffnen wollen oder ob Sie planen, nach einem Sabbatical in Ihr altes Team zurückzukehren, um die Chefin abzulösen – es gibt ein paar Punkte, auf die Sie Antworten haben müssen. Und zwar BEVOR Sie den ersten Schritt tun und loslegen.

Zunächst einmal müssen Sie sich entscheiden, ob Sie angestellt glücklich werden oder ob Sie das nur als Ihre eigene Chefin können.

Wenn Sie weiterhin angestellt bleiben wollen, sind die ersten Fragen, auf die Sie Antworten suchen müssen: Soll es ein kompletter Neuanfang sein, oder möchten Sie innerhalb Ihres Unternehmen aufsteigen? Brauchen Sie Fortbildungen, Weiterbildungen oder eine komplette Umschulung? Finanziert Ihr Arbeitgeber eine Fortbildung, oder müssen Sie selbst ins Portemonnaie greifen?

DAS SOLLTEN SIE SONST NOCH BEHERZIGEN:

Wenn Sie ein neues Unternehmen suchen, bewerben Sie sich nicht wahllos, sondern sehr fokussiert. Heimlich zu hoffen, dass Ihre Bewerbung für eine nicht wirklich gewollte Stelle nicht genommen wird, ist eine absolute Zeit- und Ressourcenverschwendung. Von allen Beteiligten.

Stellen Sie Standardposts in Ihrem Facebook-Profil auf privat, damit neue Arbeitgeber nicht sehen, was für eine headbangende Partymaus Sie in Wirklichkeit sind.

Lästern Sie nicht über Ihren alten oder noch aktuellen Arbeitgeber. Suchen Sie auch nicht auf der alten Arbeit nach einer neuen. Man sieht sich immer zweimal.

Wenn Sie sich selbstständig machen möchten, gehört Risiko zum Plan, sehr viel mehr als im Angestelltenverhältnis. Sind Sie der Typ dafür? Wenn Sie mit einer Freiberuflichkeit in einer Ecke im heimischen Wohnzimmer starten können, setzen Sie naturgemäß weniger aufs Spiel, als wenn Sie Büromöbel, Lagerhallen, Logistikunternehmen und Manpower kalkulieren müssen. Haben Sie einen Partner, der Ihnen finanziell unter die Arme greift? Und wie steht Ihre Familie überhaupt zu Ihrem Plan? Wird Ihr Mann Sie über die finanzielle Finanzspritze hinaus unterstützen, oder müssen Sie sich von ihm allabendlich piksige Bemerkungen über die Lächerlichkeit Ihres Vorhabens anhören? Vielleicht brauchen Sie neben einem neuen Job dann auch einen neuen Partner und müssen Ihren Plan erweitern von einem neuen Berufsziel auf ein neues Lebensziel. Sie müssen bei Ihrem Unterfangen jedenfalls einkalkulieren, ob nur Sie an Ihre Idee glauben oder ob Partner und Familie mit Ihnen an einem Strang ziehen werden. Wenn die Familie nicht mitzieht, die Kinderbetreuung nicht steht, dann wird das ganze Unterfangen ein fetter Stolperstein werden. (Siehe auch Kapitel 47 *Warum jetzt so viele Ehen zerbrechen.*)

Was Sie in jedem Fall brauchen, ist ein handfester Businessplan: Das ist der Schlachtplan Ihrer Idee. Er sollte individuell sein, weil er ja auf Ihre Bedürfnisse zugeschnitten sein muss. Natürlich finden Sie Vorlagen, wie man so etwas macht, im Internet, in Ihrer Stadtbibliothek und in der Agentur für Arbeit. Wenn Sie nur irgendwie starten wollen, kopieren Sie die Vorlage und setzen einfach Ihren Namen ein. Wenn Sie Erfolg haben wollen mit Ihrer Idee, müssen Sie maßschneidern. Wenn Sie komplett planlos sind bei Ihrem Plan, investieren Sie in einen Coach. Kostenlose Arbeitsagentur-Angestellte sind eventuell nicht die richtigen Berater für total verrückte Ideen.

Der nächste wichtige Punkt ist die Finanzierungsfrage Ihres Traums. Wer bezahlt das eigentlich alles? Vielleicht haben Sie ja auch im Lotto gewonnen und zahlen den Laden auf Borneo aus der Portokasse. Oder finden einen Mäzen, der sich berufen fühlt, in Ihr Talent zu investieren. Wenn Sie sich selbstständig machen wollen und komplett mittellos sind, wird es schwierig mit einem Kredit und natürlich mit den weiteren Lebenshaltungskosten. Vielleicht können Sie einen staatlichen Gründungszuschuss erhalten. Es gibt spezielle, sogar von der EU eingerichtete Fördertöpfe für Frauen. Auch das Amt für Wirtschaftsförderung und die zuständige IHK helfen manchmal weiter. Da könnten Sie zumindest mal anklopfen. Achtung, siehe oben, geht nur mit Businessplan inklusive Rentabilitätsvorschau. Auch die wollen ihr Geld nicht zum Fenster rauswerfen.

Der dritte wichtige Plan ist der Zeitplan: Wie viel Zeit können Sie einplanen beziehungsweise haben Sie zur Verfügung, bis die ganze Sache laufen soll? Denn vor lauter Selbstverwirklichung das Leben selbst zu vergessen, ist keine gute Idee.

WAS SIE SONST NOCH AUF IHREM WEG ZUM TRAUMJOB BEACHTEN SOLLTEN:

Bauen Sie sich ein Netzwerk auf. Ein gut funktionierendes Netzwerk ist das A und O und mehr als nur Vitamin B. Ein Netzwerk ist Arbeit, weil es gehegt und gepflegt werden will. Oberstes Prinzip ist deshalb: First give, then take. Je mehr Sie sich als Expertin outen, desto größer wird Ihre Reputation und desto mehr wird man gewillt sein, auch Ihnen bei Fragen und Taten zu helfen. Gute Netzwerke vermitteln nicht nur Jobs untereinander, sondern spenden Trost und fangen einen auf – und manchmal gewinnt man nicht nur Kolleginnen und Kollegen, sondern auch Freundinnen und Freunde daraus. Netzwerke finden Sie nicht nur beim Stammtisch in Ihrer Dorfkneipe oder in der VHS Ihres Regionalkreises. Online gibt es quasi für jede Branche und Nische Gleichgesinnte. Vielleicht gründen Sie auch selbst eins, wenn es zu Ihrem Anliegen keines gibt.

Nutzen Sie Social-Media-Kanäle, um Selbstmarketing zu betreiben. Erstellen Sie sich zum Beispiel eine Internetseite oder einen Blog und listen Sie dort Ihre Fähigkeiten auf, natürlich nur jobbezogen. Dass Sie Spagat an der Pole-Stange freihändig können, ist fantastisch, aber hat nicht unbedingt was auf Ihrer Businesswebsite zu suchen, es sei denn, Sie wollen Stangen oder entsprechende Kurse vermarkten.

Stellen Sie sich ein Beraterinnenteam zusammen. Ja, da steht *Beraterinnen*. Frauenverbindungen werden zwischen 40 und 50 erfreulicherweise immer stärker. Es entwickelt sich eine Art Solidarität, die sich unter jüngeren Frauen in dieser Form nicht findet. Frauen im mittleren Alter gehen in der Regel verlässlich und fördernd miteinander um.

Last, but not least: Bedenken Sie, dass zwei Jobs (beispielsweise eine Angestelltentätigkeit und der Aufbau einer Freiberuflichkeit) enorm kraftraubend sind. Das schlaucht, besonders wenn es noch eine Familie samt Königspudel zu versorgen gilt.

Sobald Business-, Finanzierungs- und Zeitplan ausgearbeitet sind, können Sie loslegen. Angst gehört dazu. Aber, wie meine Omma schon wusste, der erste Schritt ist der schwerste. Und der erste Schritt, wissen Sie ja jetzt, ist der Plan. Sie werden das übrigens merken, wenn Sie auf dem richtigen Weg sind und die Zeit reif ist, dann ist nämlich der innerliche Schalter auf »Go« umgelegt, und das spürt man. Dann haben Sie zwar immer noch Angst, aber es fühlt sich gut an. Angst vor der eigenen Courage ist gute Angst. Folgen Sie ihr.

41.

WIE SIE VON DER FAMILIENMANAGERIN ZUR KARRIEREFRAU AVANCIEREN

Viele Frauen sind verunsichert, wenn sie nach einer langen Familienphase wieder zurück in den Job möchten. Zu Recht, denn einer Frau wird es hierzulande nicht besonders einfach gemacht, Kinder und Karriere unter einen Hut zu bringen. Die Schwierigkeiten fangen beim diskriminierenden Gefrage in Bewerbungsgesprächen an und hören bei der (mehr oder weniger) freiwilligen Rückstufung der Wochenarbeitszeit auf. Von gleicher Bezahlung von Männlein und Weiblein mal ganz zu schweigen. Rechnen Sie nicht damit, dass man einen roten Teppich für Sie ausrollt und Sie mit offenen Armen empfängt. Sie brauchen für einen Berufseinstieg Mut, Willenskraft, positive Energie, ein Netzwerk an Mitstreiterinnen, gute Beraterinnen und eine ordentliche Portion Biss.

Zunächst mal stellt sich die Frage, ob Sie überhaupt noch in Ihren alten Beruf zurückkönnen. Und wenn ja, an welche Position. Lässt man Sie wieder an die Front oder bekommen Sie nur das fensterlose Büro im Souterrain neben dem Kopierer und die langweiligen Fälle? Das hängt sicherlich auch davon ab, ob Sie nur ein, zwei Jahre raus sind oder nach Ihrer Lehre überhaupt noch nie in Ihrem Beruf gearbeitet haben und nun, da die Kinder das Nest verlassen haben und Sie sich in den Wahnsinn langweilen, wieder durchstarten wollen. Wenn Sie im öffentlichen Dienst arbeiten, ist die Chance selbstverständlich sehr viel wahrscheinlicher, eine adäquate Stelle zu bekommen, als in der freien Wirtschaft. Für einige Frauen ist deshalb auch eine Selbstständigkeit eine durchaus attraktive Alternative, denn als Freiberuflerin können Sie flexibler auf Kita- und Ganztagsschulenschließungen reagieren. Sie sind für Ihre fordernde Familie allerdings auch immer etwas abgreifbarer. Die Jonglage zwischen Telefon-Kunden-Meeting und Wäschekorbhandhabung in unmittelbarer Nähe liegt nicht jeder Frau.

WAS KÖNNEN SIE SCHON VORHER TUN, BEVOR SIE SICH ZURÜCKMELDEN ODER BEWERBEN:

- Bleiben Sie auf dem Laufenden, was sich in Ihrer Branche tut.
- Machen Sie eine Fortbildung. Es gibt in jeder größeren Stadt Angebote für Berufsrückkehrerinnen. Teilweise sind die allerdings an Bedingungen geknüpft. Zum Beispiel müssen Sie für einige eine akademische Ausbildung haben oder nachweisen können, dass Sie eine bestimmte Anzahl an Jahren in Ihrem Beruf schon gearbeitet haben.
- Wenn Sie lange draußen waren: Aktualisieren Sie Ihr Basis-Know-how für Ihren Job. Also, wenn Sie beispielsweise zurück in ein Büro wollen, sollten Sie die gängigen Office-Programme beherrschen, und zwar in der aktuellen Version, nicht in der von 1995.
- Vielleicht können Sie auch zu den Kolleginnen und Kollegen Kontakt halten und wissen dadurch, wann es strategisch günstig ist, sich zu bewerben oder zurückzumelden.
- Schreiben Sie sich eine Liste mit all den Fähigkeiten, die Sie haben. Bitte untertreiben Sie nicht dabei.
- Überarbeiten Sie Ihr Image: Kaufen Sie sich ein neues Outfit und leisten Sie sich einen Friseurbesuch.
- Bauen Sie sich ein Netzwerk auf und holen Sie sich dort Rückhalt.

- Sorgen Sie für lückenlose Kinderbetreuung, besonders in der Anfangszeit. Kinder werden instinktiv immer dann krank, wenn es am unpassendsten für Mütter ist, in diesem Fall also in Ihrer Probezeit.

- Werfen Sie vor jedem Bewerbungsgespräch einen Blick in Ihren Rentenbescheid, um Sie daran zu erinnern, dass Sie stark und selbstbewusst auftreten und sich auf keinen Fall unter einer Lohnmindestgrenze handeln lassen. Legen Sie am besten eine persönliche Grenze für sich vorher fest – mit Ihrem aktuellen deprimierend niedrigen Rentenbescheid fest im Blick. Das sollte motivieren.

- Egal, ob Sie sich ein zweites Standbein aufbauen wollen oder Ihr Hobby zum Beruf machen möchten oder einfach nur zurück in Ihren Job wollen, Planung, Beratung, Informationsbeschaffung und Recherchen in eigener Sache sind obligatorisch. Es geht nicht ohne.

- Was machen Sie mit der riesengroßen Lücke im Lebenslauf? Selbstverständlich macht es sich nicht so schön, dem Arbeitsmarkt das letzte Mal 2001 zur Verfügung gestanden zu haben. Aber selbst mit einer enorm fragmentierten Erwerbsbiografie: Sie waren ja nicht tatenlos in der Zeit, in der Sie nicht erwerbstätig waren. Überprüfen Sie mal, was Sie in Ihrer 17-jährigen Kinderpause – man kann ja auch von Wahrnehmung des Erziehungsauftrages sprechen – für Qualifikationen erlernt haben. Dass Sie jetzt einen perfekten Herrnhuter-Stern falten können, ist vielleicht nicht von Belang für Ihre angepeilte Stelle, wohl aber, dass Sie das ehrenamtlich mit Flüchtlingskindern in der Schule Ihrer Kinder Anna-Johanna und Igor-Balthasar gemacht haben und deshalb gruppendynamisch arbeiten können, Aufmerksamkeit und Konzentration trotz stressbeladener Situationen herstellen können, Fähigkeiten zur gewaltfreien Konfliktbewältigung in multinationalen Kontexten und ein Portfolio an Antidiskriminierungsstrategien entwickelt haben sowie die

Marketingkampagne zum neu angelegten Schulgarten geleitet haben. Ihr praxiserprobtes Zeitmanagement ist ebenfalls ein Mehrwert, den Sie nicht zu verschweigen brauchen. Und dass Sie als Familienmanagerin wissen, wie man Verantwortung übernimmt und komplexe Projekte prozessorientiert, sinnvoll und gewinnbringend an Untergebene verteilt, dürfen Sie ruhig auch mal breittreten. Überlegen Sie sich vorher, wie Sie sich verkaufen wollen, und betonen Sie dann offensiv, was Sie können, nicht was Sie (noch) nicht können.

42.

WIE SIE FÜR DAS HOTEL »MAMA« NEUE ANGESTELLTE FINDEN

Frauen, die neben ihrer Rolle als Mutter nicht nur ein kleines Familienunternehmen leiten, sondern auch meinen, einen Hotelbetrieb zu führen, haben ein ernsthaftes Problem, wenn sie außerhalb dieser beiden Betriebsformen zusätzlich in Arbeit gehen wollen – oder müssen. Wer übernimmt dann die Aufgaben der beiden Familienbetriebe? Natürlich Sie in Ihrer Freizeit? Das werden Sie nicht ohne Lackschäden schaffen. Mit 40 müssen Sie mit Ihren Kapazitäten haushalten. Ihr Körper – und Ihr Geist – braucht das, der muss schließlich noch ein paar Jährchen durchhalten. Gerade, wenn eine weitere Aufgabe hinzukommt, wenn Sie neben Ihrem Muttersein auch erwerbstätig sind, müssen Sie auf Ausgleich achten. Sie sollten unbedingt ein bisschen an sich selbst denken. Müßiggang erfordert Zeit und Ruhe, damit er funktioniert. Hinter anderen herzuräumen ist keine entspannende Pausentätigkeit und hat mit Life-Balance nichts zu tun. Da können Sie sich noch so oft »Also, ich finde Bügeln total entspannend« einreden. Bügeln ist Pflicht, kein Hobby. Also zählen Sie es auch nicht als Freizeit. Wenn Sie erwerbstätig sind, ist »Haushalt schmeißen« ein Job, der die ganze Familie, die in ihm lebt, tangiert. Alle Familienmitglieder sollten deshalb tatkräftig mithelfen. Sie sind nicht verpflichtet, Ihrer Familie alles abzunehmen und von morgens bis abends zu schuften.

Wenn Sie Kinder haben und einen Beruf ausüben, kurz: ziemlich auf Trab sind, haben Sie drei Möglichkeiten, mit Ihrem Tagespensum umzugehen:

1. Sie üben weiterhin alle Dienstleistungsberufe in Ihrem Hotelbetrieb in Personalunion aus, damit sie möglichst schnell einen Burn-out erleiden, um dann endlich in Ruhe eine dreimonatige, von ihrem Rentenversicherungsträger finanzierte Reha anzutreten, um danach in Ihr Hamsterrad zurückzufallen.

2. Sie haben genug Geld, um sich eine qualifizierte Reinigungskraft leisten zu können, die sich idealerweise nicht nur um die Vernichtung von Dreck und Staub, sondern auch um das Wohl von Leib und Magen kümmert.

3. Sie integrieren Ihre Familie in den Hotelbetrieb und fördern damit den Familienzusammenhalt, die Selbstständigkeit Ihrer Kinder, die Emanzipation Ihres Partners, die Sauberkeit Ihres Heims und Ihre Gesundheit.

Option a) ist die denkbar schlechteste, die Frauen bedauerlicherweise aber bei Weitem bevorzugen. Ab 40 wird Ihnen dabei langsam, aber sicher die Energie ausgehen. Schaffen Sie diese Option so schnell wie möglich ab. Besonders, wenn sich erste Wechseljahressymptome bemerkbar machen (zum Beispiel in Form von regelmäßigem Schlafmangel). Im Idealfall können Sie Option b) und c) kombinieren. Wenn Sie sich b) nicht leisten können, funktioniert c) aber auch wunderbar alleine. Alles, was Sie brauchen, ist Konsequenz in der Umsetzung, eventuell in der Umstellungsphase ein ausgeklügeltes Belohnungssystem. Später sollte der Familie eine ausgeglichene und zufriedene Mutter als Anreiz genügen. Kalkulieren Sie auf jeden Fall regelmäßige verständnisfördernde Erinnerungsseminare ein; gerade die Mitwirkenden zwischen zwölf und

16 sind mitunter von akuter Pubertätsdemenz betroffen und auf Zwischendurchmotivation angewiesen.

Es ist elementar wichtig, dass Sie in Ihrem überfüllten Alltag Zeit für sich einbauen. Ihrer Familie weiterhin 24/7 Gewehr bei Fuß zur Verfügung zu stehen ist keine Option. Ihre Kinder, Ihr Partner, Ihr Hautbild profitieren davon, dass Sie in einer ausgeglichenen Verfassung bleiben. Deshalb brauchen Sie neben der ganzen Arbeit ein eigenes Steckenpferd, das einen festen Platz in Ihrem Leben hat. An sich selbst denken heißt nicht, eine Rabenmutter zu sein, sondern verantwortungsvoll Ressourcen aufzuladen und zeitgleich den Kinderlein Selbstständigkeit anzuerziehen und Verantwortung beizubringen.

Wenn Ihre Kinder ihren Teil zum Haushalt beitragen, haben Sie in Ihrem überfüllten Alltag ein bisschen Zeit für sich, könnten endlich mal zum Zumba-Kurs gehen oder zum Sketchbook-Basteln, was auch immer Sie entspannt.

Tatsächlich ist es nämlich so, dass anscheinend sehr viele Kinder absolut gar nichts im Haushalt machen müssen. Es hat sich gefühlt ein weit verbreiteter Irrglaube in unsere Leistungsgesellschaft eingeschlichen, nämlich dass Kinder weder ihre Wäsche alleine waschen, vom Wäscheständer abnehmen, zusammenfalten und wegräumen können, noch, dass sie andere niedrige Haushaltsarbeiten übernehmen oder gar ihr Butterbrot selber schmieren. Besonders erstaunlich ist diese Annahme, weil andere Kinder in anderen Ländern schon im zarten Alter von, sagen wir mal, acht Jahren ganze Familien mit schwerer körperlicher Arbeit ernähren können. Ich möchte Sie jetzt natürlich nicht dazu animieren, Ihren Kindern die Ernährerrolle zu überlassen, und selbstverständlich kann ich es in keiner Weise gutheißen, wenn Kinder arbeiten müssen, um Wasser und Brot zu haben. Aber es schadet Ihrem 16-jährigen Prinzen Pascal nicht im Mindesten, wenn er seine Klotten selber wegräumt, mal das Klo putzt, das Abflusssieb reinigt, die Chipstüten unter seinem Bett entfernt oder wenigstens ab und zu den Papiermüll unaufgefordert rausbringt. Auch die kleine Kyra-Elaine kann mit ihren fünf Jahren ihren Teller in die Spülmaschine stellen, und ihre Schwester Pia-Phoebe kann ihr Krönchen mal an die Seite legen und körperlichen Einsatz an der Spülfront zeigen, zum Bäcker gehen oder mit den langen künstlichen Fingernägeln das Moos zwischen den Gartenplatten entfernen – die Fingernägel brechen nämlich nicht so schnell wie echte.

Sie sind schließlich nicht die Hausangestellte für Ihre Familie.

Wenn Kinder Verantwortung übernehmen müssen, indem sie selbst wieder sauber machen müssen, produzieren sie auch nicht mehr so viel Unordnung. Frauen ab 40 sind nicht von alleine so gelassen, sondern weil sie erkannt haben, dass zu viel Stress und Hektik nur krank macht. Die viel besprochene Gelassenheit der mittelalten Frauen kommt nämlich nicht zuletzt dadurch, dass die ihre eigenen Bedürfnisse ernst nehmen. Wer viel arbeitet, braucht auch Freizeit.

Übrigens sind Kinder in Deutschland per Gesetz verpflichtet, im Haushalt mitzuhelfen. 14-Jährige beispielsweise bis zu sieben Stunden pro Woche laut aktueller Rechtsprechung. In sieben Stunden können Sie einiges erledigen: mehrere Zumbakurse, Kaffeetrinken mit der Freundin, Figuren in Ihren Buchsbaum schneiden, Friseurbesuch, schlafen, Buch lesen, Katze streicheln – und natürlich Ihrer beruflichen Erfüllung nachgehen. Sollte Ihr Kind Ihnen das mit der Verpflichtung nicht glauben, lassen Sie es mal nach Paragraf § 1619 des Bürgerlichen Gesetzbuchs und »Rechtsprechung« googeln.

43

WARUM SIE JETZT DRINGEND IHRE RENTE IM AUGE BEHALTEN SOLLTEN

Im Gegensatz zu einem Mann sehen Frauen Ihre Familie immer an erster Stelle. Gibt es kleine Kinder, sind es die Frauen, die trotz guter Ausbildung auf einen Vollzeitjob verzichten und in Teilzeit gehen oder ihre Karriere ganz aufgeben. Frauen sind diejenigen Eltern(-teile), die die höheren beziehungsweise längeren Kindererziehungszeiten haben – oft jahrelang. Beklatscht werden sie dafür nicht, während ein Mann schon fast stehende Ovationen bekommt, wenn er drei Monate Elternzeit fürs erste Kind nimmt.

Es wird Zeit, dass Sie mal Ihren Rentenbescheid etwas genauer studieren, anstatt ihn ungesehen in einen ungeordneten, überfüllten Aktenordner auf Nimmerwiedersehen wegzuheften. Erschreckend, nicht wahr, die im Nacken sitzende Erkenntnis, dass für Sie – unter den gegebenen Bedingungen – die Selbstverständlichkeit, Ihren gewohnten Lebensstandard im Alter fortführen zu können, gen null tendiert? Ziehen Sie in Betracht, dass die Rentenhöhe in den nächsten Jahren wohl kaum auf wundersame Weise steigen wird. Die Aussage, dass laut Generationenvertrag die Rente immer sicher ist, weil die Jungen für die Alten zahlen[19], entpuppt sich nämlich eventuell, wenn Sie mit 67 oder 69 Rentnerin sind, als Science-Fiction-Spinnerei. Sie täten also gut daran, bevor Sie im Rentenalter sind, sich damit zu befassen. Also: jetzt. Anstatt sich nämlich mit Ihren Hobby-Basteleien aus Ihrem DaWanda-Shop als einziges Standbein selbst zu verwirklichen, müssen Sie sich eventuell was Lukrativeres einfallen und/oder sich leider auch von jüngeren Chefs herumkommandieren lassen, um sich Ihren gewohnten Lebensstandard mit *guter Butter* auf dem Brot weiterhin leisten zu können. Ich würde mich da auch nicht komplett auf Gatte Lutz verlassen oder auf Mamas und Papas Erbe.

Wie sieht es überhaupt mit Ihrer Altersvorsorge aus? Nennen Sie ein abbezahltes Immobilienpaket ihr eigenes oder heißt es bei Ihnen eher »Also, das macht mein Mann«? Letzteres ist eine ganz gefährliche Altersabsicherung. Im Prinzip können Sie da gleich Lotto spielen oder im Casino alles auf eine Zahl setzen. Vor allem, wenn Sie sich seit besagten 17 Jahren in erster Linie um die Kinder, um die Pflege der Schwiegereltern und den Haushalt gekümmert haben. Was ist, wenn Ihr Partner sich von Ihnen trotz gemeinsamem Haus und den vier Kindern scheiden lassen will? Können Sie dann Ihren Lebensstandard halten? Glauben Sie, dass Ihr Mann einen Gedanken an Sie verschwendet, wenn der gerade seine Zweitfamilie plant? So zu denken ist nicht nur naiv, das ist gefährlich. Also, kümmern sie sich um Ihre Altersvorsorge. Es ist leider immer noch eine Tatsache, dass Frauen deutlich weniger Rente als Männer bekommen[20]. Weil Frauen auch immer noch weniger als Männer verdienen. Sie trauen sich aber auch oft nicht, mehr Geld zu fordern. Und Sie stecken im Namen der Familienaufopferung mehr zurück. Diese typischen Frauen-Antworten »Ich habe mich gerne für meine Familie aufgeopfert«, »Ich möchte rund um die Uhr für meine Kinder da sein«. Das ist alles schön und gut. Aber wenn Sie später auf andere angewiesen sind und/oder ihre Kinder belasten, ist das auch nicht so toll.

Wenn Sie bisher nicht gearbeitet haben, weil Sie Angehörige in Form von kleinen Kindern oder älteren Angehörigen gepflegt haben, müssen Sie jetzt dringend etwas tun, um nicht in Altersarmut zu enden und darauf zu hoffen, später jemanden zu haben, der Sie genauso aufopferungsvoll pflegt, wie Sie es heute tun. Aufopferung ist keine Garantie. Im Alter Grundsicherung zu beantragen ist kein Spaziergang auf der Pferderennbahn. Ruth, mittlerweile knapp über 60, hat als Alleinerziehende gearbeitet, bis sie mit 49 Jahren als Konkursmasse ausgemustert wurde. Gleichzeitig ging es ihr gesundheitlich schlecht. Dadurch hat sie keinen neuen Job gefunden. Sie kratzt heute am Existenzminimum und sagt: »Bevor Vater Staat Ihnen Geld gibt, zieht er Sie erst nackt aus, demütigt Sie und nimmt

Ihnen die Würde. Obwohl im Grundgesetz was anderes steht. Aber das ist ja auch nur Papier.«

Die Beschäftigung mit langweiligen Zahlen ist sicher nicht jederfraus Sache. Wenn Ihnen aber im Alter der finanzielle Unterbau wegbricht, ist das eine ganz und gar nicht lustige Angelegenheit. Wenn Sie jetzt 40 sind, dann haben Sie, wie schon erwähnt, noch ein paar Jährchen vor sich, um sich was aufzubauen. Tun Sie das. Mit einem sehr spitzen Bleistift.

44.

WARUM SIE MIT MUT ZUR UNVOLLKOMMENHEIT AM ERFOLGREICHSTEN SIND

Frauen machen sich bedauerlicherweise ja ganz gerne mal sehr klein. Sie finden, dass sie irgendwas gar nicht oder noch nicht so gut können, sie winken Komplimente ab oder tun so, als ob es selbstverständlich ist, sofort alles stehen und liegen zu lassen, um allen anderen aus der Not zu helfen, obwohl es sie ewig lang Zeit kosten wird und sie ihren eigenen Kram dann nicht mehr schaffen. Auch beruflich haben Frauen Angst, nicht gut genug für etwas zu sein. Deshalb brauchen Frauen, bevor sie mit irgendetwas loslegen, erst einmal eine schriftliche Bestätigung ihres Könnens: ein Zertifikat oder Zeugnis. Gerne müssen diese Dokumente dann durch ein mehrmonatiges Praktikum doppelt manifestiert werden. Das Praktikum ist natürlich unbezahlt. Wie viel sind Sie sich eigentlich wert?

Diese Angst vorm Sprung ins kalte Wasser, dieses Zögern, den eigenen Traum anzugehen, mehr Gehalt zu fordern, Redezeit durchzusetzen oder sich überhaupt erst für was zu bewerben – damit muss jetzt Schluss sein:

- Identifizieren Sie Ihre Angst. Vielleicht ist es einfach die Angst vor der eigenen Courage oder davor, dass Sie tatsächlich Erfolg haben werden. Brauchen Sie wirklich eine zertifizierte Qualifikation, quasi schwarz auf weiß eine Bestätigung, dass sie auch wirklich gut genug sind?

- Eignen Sie sich etwas Marktschreiertum an. Männer machen es vor: Während Frauen gerne ihr Licht unter den Scheffel stellen, klotzen Männer richtig los, ob was dahintersteht oder nicht. Schauen Sie sich ein bisschen was davon ab.
- Schärfen Sie Ihr Profil. Seien Sie ehrlich zu sich selbst und authentisch in der Community, egal ob offline oder online.

Mit 40 werden Sie merken, dass Sie mutiger sein dürfen und müssen. Sie haben nämlich keine Zeit mehr zu verlieren. Sie müssen jetzt in die Höhle des Löwen gehen. Sie brauchen sich nicht im Kleinklein zu verlieren. Mut zur Lücke heißt die Devise. Learning by Doing funktioniert nicht in allen Bereichen, aber in sehr, sehr vielen. Einfach mal machen!

45.

WIE SIE MIT STUTENBISSIGKEIT UMGEHEN

Frauen sind sich gegenseitig selbst die schärfsten Kritiker. Kritikerinnen! Niemals sind sie einer Geschlechtsgenossin so tolerant wie einem Mann gegenüber. Warum eigentlich? Tja, das kann man wunderbar auf die Erziehung schieben – und damit wieder auf die Frauen selbst.

Frauen steigen selten in die offene Arena. Unter Publikum kämpfen ist nicht ihr Ding. Dazu wurden sie ja auch nicht erzogen. Offene Rangkämpfe zwischen Mädchen werden immer noch im Sandkasten unterbunden, während bei Jungs ein Achselzucken mit einem »Das sind eben Jungs« ausreicht und erst bei stark vermehrtem Blutverlust eingeschritten werden muss. Bei so viel Harmoniezwang lernt die kleine Chantal-Eloise schon früh, dass sie der doofen Lena-Alexandra den Garaus versteckter lehren muss, um erfolgreich zu sein. Und, dass süße Löckchen und freundliches Lächeln ihr ein oder zwei Bonbons mehr eintragen. Immer einen auf lieb Kind machen und der Barbie nur heimlich den Kopf abreißen. Nach außen, selbstverständlich, könnten weder die kleine noch die große Chantal-Eloise ein Wässerchen trüben. Süß, oder? Und für diese Süßigkeit werden sie geliebt, die Mädchen: wer hübsch und liebevoll ist, bekommt Liebe und Anerkennung. Wer garstig und hässlich ist, bekommt nichts. Daraus lernen wir, dass es sich rentiert, schön, schlank und süß zu sein. Und deshalb sind wird nach außen kooperativ und hilfsbereit und deshalb bekommt die Rivalin das Messer von hinten in den Brustkorb und von vorne mit einem unschuldigen Lächeln auf den Lippen ein Pflaster aufgeklebt. Und weil wir so auf das süßliche Äußere getrimmt werden, sind uns andere, noch süßere, ein Dorn im Auge: Die müssen weg, die Schöneren. Weil sie uns alles wegnehmen, den Job, den Mann, alles. Also werden besonders von anderen Frauen als attraktiv erachtete potenzielle Konkurrentinnen gerne kräftig weggebissen. Aber subtil. Offene Aggression wäre imageschädigend und man selbst möchte ja mit reiner Unschuldsweste dastehen. Die äußere Harmonie darf nicht gestört werden.

Im Job spitzt sich das zu: Die neue Kollegin Jessi hat doch den Job nur gekriegt, weil die so gut aussieht. Wegen Nichtigkeiten fühlen Sie sich persönlich angegriffen: Kollegin Jessi hat die Unterlagen nicht weitergereicht und Ihre Idee als ihre eigene ausgegeben – sie mag Sie nicht, oder ist das schon Mobbing? Jessi direkt anzusprechen kommt nicht infrage. Sie spielen die Coole und legen ihr dafür eine Heftzwecke auf den Stuhl oder lassen im unpassenden Moment einen Satz zu viel beim Vorgesetzten los.

Solange der Hochzeitsmarkt noch offen ist, regiert die Stutenbissigkeit. Ab 40 werden Sie merken, dass sich da ein feiner, manchmal auch nur kleiner Wandel vollzieht: Frauen fangen an, sich gegenseitig zu unterstützen. Das Gute am Älterwerden ist nämlich, dass man viele Dinge einfach viel souveräner wegstecken kann. Außerdem haben Sie gelernt, dass das dämliche Rumgezicke nur Nerven und Zeit kostet und einen nicht weiterbringt, sondern dass man gemeinsam besser vorankommt. Wenn Frauen sich solidarisch zeigen, haben nämlich alle Frauen was davon. Wir haben schließlich noch einiges vor uns: gleiche Löhne, bessere Kinderbetreuung, Gleichberechtigung.

46.

WIE SIE DAMIT UMGEHEN, DASS »AUTORITÄTEN« PLÖTZLICH JÜNGER SIND ALS SIE

Die jungen 30- bis 35-Jährigen rücken jetzt auf Spitzenplätze nach. Die ersten Anfang 20-Jährigen sind auch bald mit dem Studium fertig. Alles potenzielle Vorgesetzte von Ihnen. Die Chefin noch keine 30, der Teamleiter könnte theoretisch Ihr Sohn sein. Müssten Sie nicht die Respektsperson sein? Müssten Sie nicht an der Spitze stehen? Ist das nicht erniedrigend, dass man plötzlich Vorschriften bekommt von Milchbärten und Backfischen, die halb so alt sind wie man selbst?

Es ist genauso gewöhnungsbedürftig wie plötzlich auftauchende Nasolabialfalten und markisengroße Schlupflider – wenn es einem zum ersten Mal bewusst begegnet, hinterlässt es ein irritierendes Gefühl. Man kommt sich alt vor. Zu ändern ist es nicht, dass junge Chefs nachrücken. Wäre ja auch merkwürdig, wenn Vorgesetzte nur noch ab 65 aufwärts eingestellt würden. Trotzdem ist es irgendwie eine verkehrte Welt, wenn wir gestandenen Frauen über 40 plötzlich Jüngelchen und Mädchen gegenüberstehen, die unsere Söhne und Töchter sein könnten, und uns von denen sagen lassen müssen, wie der Hase zu laufen hat. Da steigt der Puls doch unweigerlich ein kleines bisschen an. Der Impuls, das junge Persönchen vor sich nicht ernst zu nehmen, ist ohne Zweifel da.

Diese Grünschnäbel tauchen ja leider nicht nur im Job auf. Sie sind überall: in Ärztepraxen, bei Versicherungen, sie arbeiten als Psychologen, in Boutiquen sowieso und besonders schlimm: an Infoschaltern und Telefonhotlines. Bei den beiden Letzteren gerne mal als schlecht geschulte »Experten«, die hörbar ihre Weisheiten vom Blatt ablesen und mir mit überheblicher Miene erklären, wie ich meine Kontaktdaten vom alten Handy aufs neue bekomme. Ich staune, werde wütend, frage mich, wo Königin Kundin geblieben ist, und träume von alten Zeiten, in denen alles besser war. Im Drogeriemarkt lesen sie mir die Verpackungsangaben vor, wenn ich frage, wie das Produkt funktioniert. Ich denke, was bist du hohl, aber danke, lesen kann ich selbst. Und irgendwann kommt unweigerlich der Gipfel der Erniedrigung: Ein sehr gut aussehender Gynäkologe bittet mich: »Machen Sie sich oben schon mal frei.« Und als wäre das nicht schon genug der Schmach, fängt dieser knapp 30-jährige Grünschnabel dann an, mit zarter Hand meine Brüste abzutasten. Wo ist denn der Vorgänger, der mindestens 20 Jahre älter als ich war und damit nicht unter mein Beuteschema fiel. Da kommt man sich doch unweigerlich unförmiger vor, als man ist. Wenn ich nicht sowieso schon unter Hitzewallungen leiden würde, wäre das der Moment, in dem ich damit anfangen würde.

So schwer es ist: Fassung bewahren lautet hier die Devise. Sie müssen einfach mit diesem Phänomen leben und das Positive aus der ganzen Angelegenheit ziehen: Seien Sie offen für Neues. Betrachten Sie einen angeberischen kleinen Klugscheißer so wertneutral wie möglich. Dann sehen Sie vielleicht, dass vor Ihnen ein ebenfalls etwas verunsicherter junger Mensch sitzt, weil Sie vielleicht im Alter seiner Mutter sind, und der die Situation deshalb ebenfalls etwas merkwürdig findet. Betrachten Sie ihn als jungen Kollegen, der bei gegenseitiger Wertschätzung durchaus ein guter Teamplayer sein kann und – wer weiß? – Ihnen sogar neue Ideen schenkt, die Tür aufhält oder Kaffee bringt. Junge Menschen sind durchaus inspirierend und sehen alteingefahrene Dinge, zu denen

Sie ein »Das haben wir aber immer schon so gemacht«-Verhältnis haben, mit ganz anderen Augen und bringen frischen Wind mit. Und das ist oft gut. Auch für Sie.

Es heißt allerdings nicht, dass Sie sich Unverschämtheiten von einem selbstgefälligen, insolenten jungen Akademiker-Frischling-Chef gefallen lassen müssen. Dafür sind Sie dann doch zu alt und dürfen etwas Respekt anfordern. Lassen Sie sich nicht aufs Abstellgleis schieben. Zeigen Sie einem blasierten Vorgesetzten, dass Ihr Wissen, Ihre Kompetenz und Ihre Erfahrung zu den Assets gehören, die ein Unternehmen wettbewerbsfähig machen. Der Frischling bringt vielleicht neuestes Fachwissen mit, aber Theorie ist nicht gleich Praxis. Erfahrung hat nämlich auch einen nicht zu unterschätzenden Wert. Und Marketing-Kauderwelsch ist nicht alles. Im Übrigen zwingt die demografische Entwicklung Arbeitgeber zum Umdenken: Es herrscht Fachkräftemangel. Die können auf Sie gar nicht verzichten. Also Kopf hoch, erst einmal.

Es kann natürlich auch sein, dass Ihnen noch nie aufgefallen ist, dass Sie älter sind als alle anderen, weil Sie sich immer noch als Mittdreißigerin sehen. Ganz ehrlich: Das ist die beste Einstellung. Wenn Sie die haben, kultivieren Sie die. Damit haben Sie nicht nur die Chance, sich das Leben zu erleichtern, sondern sind auch für junge Frauen ein Vorbild.

Wenn Sie überhaupt nicht damit klarkommen, dass Vorgesetzte jünger sind als Sie, haben Sie nur zwei Alternativen: Entweder Sie ärgern sich darüber schwarz, kriegen eine Art Depression und fühlen sich unendlich alt, oder aber Sie werden selber Chefin – notfalls als 1-Frau-Betrieb.

Junge Menschen denken grundsätzlich, Sie hätten's erfunden. Widerstehen Sie auf jeden Fall dem mit Sicherheit irgendwann aufkommenden Impuls, so ein Herzchen an die Brust zu drücken und mit strengem Unterton zu sagen: »Hör mal, Schätzelein, das wusste ich schon, da warst du noch nicht mal geboren!« oder »Geht's noch? Ich könnte deine Mutter sein!«

6. KAPITEL

PARTNERSCHAFT & SEXUALITÄT

Let's talk about sex, Baby! Let's talk about you and me … Entgegen der peinlich berührten Vorstellung junger Menschen haben Mid-Ager (zu denen gehören Sie ja nun auch) sehr wohl ein aktives Sexleben. Und nicht nur das, sie haben nicht selten sogar sehr viel mehr Spaß dabei als Jüngere.

Eine hervorragende Grundlage für guten Sex ist ein geeigneter Partner oder eine Partnerin oder sogar beides zusammen. Es ist aber kein Muss, denn Frauen, die in ihrem bisherigen Leben eher verschämt und verklemmt waren, fangen nicht selten zwischen 40 und 50 an, sich selbst zu entdecken. Und der Markt reagiert darauf mit erstaunlichen Hilfsmitteln.

Unabhängig vom Austausch von Körperflüssigkeiten haben die meisten Menschen eine funktionierende Partnerschaft als sehr probates Lebensziel. Sie möchten sich in der Beziehung wohl und geborgen fühlen und gemeinsam miteinander steinalt werden. Ebenfalls unabhängig davon, ob man schon in der Jugend den Partner fürs Leben gefunden hat und man für immer monogam mit ein und derselben Person bleibt, oder ob dieser Partner nur ein Abschnittsbegleiter ist und dann ein anderer ihn ersetzt: Friede, Freude, Eierkuchen mit romantischem Happy End ist das, was alle wollen. Oder nicht? Ist, wer keine Beziehung hat, unglücklich? Nicht zwingend. Denn nicht jede Frau hat das Lebensziel »Beziehung«, und für einige ist die Vorstellung, den Hochzeitstag als glücklichsten Tag im Leben anzunehmen, eine geradezu absurde Vorstellung. Die Alternative, als glücklicher Single durchs Leben zu gehen, ist für gar nicht so wenige Frauen ab 40 durchaus nicht mehr so abwegig – ob mit oder ohne Sex.

47

WARUM JETZT SO VIELE EHEN ZERBRECHEN

Für-immer-und-ewig-Romantik ist in der echten Welt nicht ganz so einfach zu erreichen wie im Märchen. Über 40 Prozent[21] aller Ehen werden geschieden; dazu unzählige auseinandergebrochene Partnerschaften, die nicht erfasst sind. Das liegt vor allem daran, weil ein Happy End à la Rosamunde Pilcher ja immer nur ein kurzweiliger Zustand ist. Danach geht der Alltag weiter, mitsamt seinem ganzen Konfliktpotenzial – es sei denn, Sie springen gemeinsam im tiefsten Liebesrausch von einer Klippe, dann hat Ihre Liebe eine Chance auf »... und sie lebten glücklich bis an ihr Lebensende«. Im echten Leben dagegen trennt sich ein verheiratetes Paar im Durchschnitt nach 15 Jahren[22] gemeinsamer Ehe. Ganz besonders viele Paare davon geben in der Lebensmitte auf. Frauen sind im Schnitt 43, Männer 46 Jahre alt. Wenn Sie also noch keine kriselnde Partnerschaft haben, seien Sie sich bewusst, dass Sie sich zwischen Ihrem 40. und 50. Geburtstag auf äußerst wackeliges Terrain begeben. Wie sagt man so schön: Vorsicht ist die Mutter der Porzellankiste.

Aber *warum* zerbrechen gerade so viele Ehen, wenn die Protagonisten zwischen 40 und 50 Jahren alt sind? Wenn ich mir die kaputtgegangenen Ehen und Beziehungen (man muss ja nicht unbedingt eine amtliche Bestätigung über die Partnerschaft haben) anschaue, die ich persönlich kenne, stimmt erstens die oben zitierte Statistik und zweitens gab es bei allen Paaren auf das »Warum«, eine sehr einfache Antwort. Es ist dieselbe Antwort auf die Frage, warum ich dieses Buch geschrieben habe: Weil sich in der Mitte des Lebens nicht nur etwas an der äußeren Hülle verändert, was einen durchschütteln und verändern kann, sondern weil sich ganz besonders auch im Inneren eines Menschen etwas tut, was neue Antworten sucht: Weil Sie plötzlich feststellen, dass Sie nur noch (jetzt male ich mal schwarz und sage »nur noch« und nicht wie bisher in diesem Buch »noch mal«) die Hälfte Ihres Lebens vor sich haben und Sie diese zweite Hälfte endlich nutzen möchten, um etwas für Sie Sinnvolles zu tun, bevor es zu spät ist. Was immer Sie darunter verstehen. Also fangen Frauen an, ihr bisheriges Leben ernsthaft zu hinterfragen – und dazu gehört auch die Frage, ob Sie mit Ihrem Partner (oder Ihrer Partnerin natürlich) auch die nächsten 40 Jahre zusammenbleiben möchten. Wenn die Antwort zu einem »Nein« tendiert, kann das zum Beispiel daran liegen, weil:

- der Mann, mit dem Sie eine Familie gründen wollen, sich immer noch ein bisschen mehr Zeit mit dem Kinderkriegen lassen möchte, Zeit, die Sie aber nicht mehr haben, weil Ihre Uhr mittlerweile sehr laut tickt,
- Sie möchten, dass die Kinder, die Sie haben, in Frieden aufwachsen mit einer Mutter, die sich nicht ständig unterbuttern lässt von einem dominanten und alles absorbierenden Vater,
- Sie selbst über Ihr Leben bestimmen wollen und nicht mehr mit einem verständnislosen, rülpsenden Trottel untätig auf dem Sofa rumsitzen möchten,
- Sie selbst über Ihr Leben bestimmen und nur noch rülpsend und chillig auf dem Sofa rumsitzen möchten, anstatt ein High Energy Actionlife zu betreiben,
- Sie keine Lust mehr haben, sonntagmorgens Konzeptalben mit 16 Minuten langen Gitarrensoli zu hören,
- Sie die Wohnung so einrichten wollen, wie Sie möchten,
- Sie keine Lust mehr darauf haben, dass jemand Sie in die Seite pikt und Ihnen sagt, dass Sie dick sind,
- Sie keine Lust und keine Zeit mehr haben, darauf zu warten, bis Sie wichtiger oder zumindest den gleichen Stellenwert einnehmen werden wie seine Moto Guzzi, seine GoPro, seine Modelleisenbahn oder seine Kollegen.
- Sie es leid sind, jemandem Rechenschaft abzulegen, warum Ihr System, die Spülmaschine einzuräumen, das bessere ist,

- Sie nun endlich mal an sich denken möchten ohne sich ständig rechtfertigen zu müssen.

Wenn Sie es in Ihrer Beziehung nicht mehr aushalten, ziehen Sie am besten Konsequenzen. So viele Möglichkeiten gibt es nicht – eigentlich nur drei:

- Sie bleiben trotzdem zusammen und sitzen Konflikte bis zum Sankt Nimmerleinstag aus und leben stumm nebeneinander her. Je nach Nervenkostüm werden Sie auf Dauer davon sehr unglücklich. Es sei denn, Sie oder Ihr Partner haben einen Job, durch den Sie sich so gut wie nie sehen müssen. Oder Sie leben in einem sehr großen Haus. Oder Sie probieren eine offene Beziehung und bleiben ansonsten eine Wirtschaftsgemeinschaft.
- Sie ziehen einen Schnitt und gehen. Die Chance, dass Sie dann glücklicher werden, ist zumindest um einiges größer. Auch wenn Sie durch so einen Schritt eventuell monetär deutlich schwächer dastehen werden, ist diese Maßnahme zu überlegen. Seelenfrieden wiegt, zumindest meiner Meinung nach, auch sehr viel an nicht mehr vorhandenen materiellen Gütern auf. Bedenken Sie, Sie haben nicht ewig Zeit. Vielleicht können Sie auf das ein oder andere Goldstück verzichten. Vielleicht aber auch nicht, siehe weiter unten.
- Sie haben BEIDE ein Interesse daran, die Konflikte zu lösen, und wollen BEIDE aus tiefstem Herzen, dass die Beziehung sich wiederfindet. Ist das der Fall, haben Sie eine reelle Chance, auf wahre Liebe und darauf, mit diesem Menschen alt zu werden. Wusste ja auch schon Albert Camus: »Einen Menschen lieben heißt einzuwilligen, mit ihm alt zu werden.«[23] Also: Go for it!

Ihrem Partner geht es im Midlife-Zirkus ähnlich. Auch er verändert sich. Vielleicht ist es auch er, der eine Veränderung will, und Sie finden alles prima und haben sich im Alltagstrott eingerichtet? Vielleicht findet er Sie nicht mehr attraktiv, weil Sie sich in seinen Augen negativ verändert haben, im Gegensatz zu seiner Kollegin, mit der er zusammen auf Geschäftsreisen geht und die viel dynamischer, schicker und einfach nicht so abgekämpft aussieht und auch kein Babysabber am Revers hat oder 10 Kilo zu viel auf den Rippen. Vielleicht findet er Sie nicht nur alt, sondern zu langweilig, weil Sie nur die Hausfrau sind? Oder weil Sie zu viel Karriere machen und nie da sind, um seine tollen Leistungen zu bewundern? Vielleicht findet er, Sie denken nur an sich. Und weil Sie denken, dass er denkt, … Machen Sie den Mund auf, bevor Sie sich zu sehr darüber Gedanken machen, was er denken könnte, und reden Sie drüber. Reden Sie, bevor Sie sich gar nichts mehr zu sagen haben. Eine Lösung ist bestimmt nicht sofort zu erreichen, besonders weil Männer nicht so gerne über Dinge reden wie Frauen und stille Männer als Mid-Ager eher noch schweigsamer werden und Dinge noch lieber aussitzen. Aber wenn nur Sie es sind, die strampelt, dreht sich die Beziehung im Kreis. Um vorwärtszukommen, müssen beide treten. Beide – das ist der Punkt: Eine Beziehung kann nur gerettet werden, wenn beide das wirklich, wirklich wollen. Es nützt nichts, wenn nur Sie eine Therapie machen und dann die ganzen Dinge, die Sie dort gelernt haben, anwenden und keine Resonanz vom Gegenüber kommt. Auch der Wille, eine Mediation zusammen zu machen, muss von beiden anvisiert werden. Ansonsten können Sie sich das sparen. Zum Wohle aller. Das ist für viele eine schmerzliche, manchmal sogar beängstigende Erkenntnis. Therapeuten würden mir da vielleicht auch widersprechen, aber so ist meine Erfahrung.

Bei einigen Frauen ist es auch keine bewusste Erkenntnis, sondern eher ein Gefühl von »jetzt reicht es mir aber, ich will doch eigentlich was ganz anderes«. Ihr Partner, mit dem Sie eigentlich den Weg gemeinsam gehen wollten, läuft aber nicht mehr neben Ihnen, sondern ist irgendwann irgendwo anders abgebogen. Mit 40, wenn die Zeit kostbarer wird, müssen Sie sich fragen, ob Sie so weiterlaufen wollen, ob vielleicht wieder eine gemeinsame Wegkreuzung kommt und man den Pfad wiederfinden kann. Oder, ob eine Kreuzung tatsächlich auf dieser Strecke nicht in Sicht ist. Wenn Sie Glück haben, sind Sie mit einem Partner zusammen, dem es ähnlich geht und der bereit ist, neue Wege auszuprobieren. Und wenn es nicht geht, gehen Sie. Diejenigen mit Kindern halten naturgemäß etwas länger durch. Da will man das erst recht nicht wahrhaben, dass es nicht mehr geht, und beißt sich noch ein bisschen länger gemeinsam durch.

Es gibt eigentlich nur drei handfeste Gründe, zusammenzubleiben und sich weiter mit einer ungeliebten Beziehung zu quälen:

- Sie würden durch eine Trennung Ihre Kinder und andere kostbare Personen oder Haustiere verlieren.
- Es gibt ernst zu nehmende wirtschaftliche Interessen, beispielsweise der Verlust Ihrer Privatjacht oder die Möglichkeit, sich regelmäßig neue Christian Louboutins zu kaufen. Sie verlieren Ihre gesellschaftliche Stellung und damit Macht, die Ihnen Ihren Lebensunterhalt sichert.
- Sie sind masochistisch veranlagt, und insgeheim lieben Sie es, gequält, unterdrückt, betrogen und ausgenutzt zu werden.

Alles andere ist nichts, was man nicht durch etwas Besseres ersetzen könnte. Alleine leben, wenn man sich zeitlebens über einen Partner definiert hat, ist am Anfang nicht ganz ohne, aber erlernbar. Mal mit sich alleine klarkommen ist auch gar keine schlechte Übung und sollte jeder erwachsene Mensch beherrschen. Auch der Verlust der gesellschaftlichen Stellung ist nicht grundsätzlich ein handfester Grund. Schauen Sie doch mal, wie lange die durchschnittliche Promi-Ehe hält. Sogar evangelische Pfarrer dürfen sich scheiden lassen, wieder heiraten und Patchwork-Familien nach Lust und Laune gründen. Also werden Sie nicht päpstlicher als der Papst. Die Freiheit, machen zu können, was man will, Ruhe und Seelenfrieden zu finden, sind Werte, die eigentlich gegen fast nichts aufzuwiegen sind. Mit Ausnahme von moralischen oder religiösen Überzeugungen. Oder zum Wohl Ihrer Kinder.

Übrigens: Kurz vorm Jahreswechsel ist die Trennungsrate besonders hoch, weiß ich von meinem Versicherungsmakler, der kurz vorm heiligen Feste von trennungswütigen Paaren ordentlich die Bude eingerannt bekommt, weil die verfeindeten Parteien noch schnell vorm Jahreswechsel ihre Versicherungen auseinanderdividieren möchten. Man gönnt sich ja nichts. Kurz vor Silvester deshalb, weil man gerade bei den hochemotionalen Vorbereitungen zum Fest der Liebe, das bekanntermaßen unmittelbar vorher stattfindet, merkt, dass von ebendieser Liebe so rein gar nichts mehr vorhanden ist. In solchen Momenten, in denen alles so perfekt sein soll, man andere mit Liebe überschütten soll und dabei sich selbst so sehr nach Liebe sehnt und sie nicht findet, da bemerkt man noch stärker als sonst die ganzen Macken des anderen, die einen schon seit ewigen Zeiten nerven. Und dann explodiert das Pulverfass: der ganze aufgestaute Frust, die ewigen Missverständnisse, die verlorenen Illusionen über den anderen. Bevor man nun mit der ungeliebten Schwiegermutter trautselig die Fonduegabel ins heiße Fett hängt und inbrünstig mit heller Stimme *Süßer die Glocken nie klingen* singt, spart man sich den teuren Geschenkereien am besten und steigt aus dem ganzen Mist aus. Wer Kinder hat, muss leider bis Ende der Advents- und Feiertagszeit die Zähne zusammenbeißen und fröhlich weiterflöten. Da bekommt *Last Christmas* eine ganz andere Bedeutung.

48.

WIE SIE MIT EINER JÜNGEREN NACHFOLGERIN UMGEHEN UND WAS SIE IHR VORAUSHABEN

Es tut verdammt weh, wenn ein Mensch, den man liebt und mit dem man vorhatte, sein Leben zu teilen, auf einmal eine andere Person hat, die den Platz einnimmt, den man für sich selbst vorgesehen hat.

Es tut noch mehr weh, wenn man von dieser »Situation« überrascht wird. Es ist wie ein betäubender Schockzustand, ein Schmerz, als wäre ein Stück vom eigenen Körper abgerissen worden. Absehbare Heilung scheint unerreichbar. Gut, dass Sie schon 40 Jahre auf der Welt sind und wissen, dass die Zeit es trotzdem schafft, die meisten Wunden zu heilen.

Die Nachfolgerin an der Seite des Ex-Liebsten ist trotzdem erst einmal per se eine unsympathische Person. Wenn die dazu noch jünger und vermeintlich schöner ist als Sie, ist sie selbstverständlich noch verachtenswerter, und vor allem ist sie *schuld*. Denn sobald die Nachfolgerin jünger ist als man selbst, hat man die (erwartbare und sehr unschöne) erste Antwort auf die Frage »Was hat die, was ich nicht habe« sofort parat: das Alter. Und diese Antwort ist das Letzte, was frau hören möchte, wenn frau selbst gerade mitten im Akzeptanzkampf des eigenen körperlichen Alterungsprozesses steckt. Dass man dann schnell geneigt ist, das Verlassenwerden einzig auf genau diese oberflächlichen Aspekte der Optik zu schieben, ist klar. Dass die Jüngere objektiv gesehen nicht automatisch attraktiver ist oder mehr Sexappeal hat, geschweige denn, dass sie intelligenter, humorvoller – und was weiß ich nicht alles – ist als man selbst als mittelalte Verlassene, ist leider nicht von Belang. Und in dem Moment auch schwer zu erkennen. Sie stellen im ersten Schmerz sowieso sehr wenig fest, weil Sie enttäuscht und verzweifelt sind. In Wirklichkeit ist ja schon die Frage ganz falsch gestellt. So eine Frage kann nur eine unbefriedigende Antwort bekommen.

Was also können Sie machen? Basteln Sie sich zwei Voodoopuppen, die dem Ex und der Nachfolgerin zum Verwechseln ähnlich sehen. Plündern Sie ihr Nähkästchen und piksen Sie so viele Nadeln in die beiden Replikas, wie reinpassen. Anschließend verbrennen Sie beide Püppchen, und dann gönnen Sie sich was, was Sie sich nicht leisten können, aber unbedingt haben wollen: Schuhe, eine Handtasche, eine *KitchenAid*. Oder dekorieren Sie Ihre Wohnung neu. Je nach Geldbeutel.

Aber im Ernst: Was Sie an der Tatsache, dass die Neue jünger und schöner ist und Ihr bescheuerter Ex Sie deshalb verlassen hat, ändern können? Nichts. Das regelt sich von alleine. Mutter Natur sorgt dafür, dass auch die Neue Ihres bescheuerten Herzensbrechers sich irgendwann der Schwerkraft beugen muss. Sie wissen auch, dass eine rosa Brille nicht ewig hält und man, ist die Verneblung der Sinne weg, den Partner im Schatten seiner kleinlichen Unzulänglichkeiten sieht. So wird es auch bei den Jungverliebten sein. Fühlen Sie sich also wegen der Püppi nicht minderwertig. Die stramme Dame kommt, wenn sie Glück hat, auch mal in Ihr stolzes Alter. Und vielleicht wird sie sich nicht annähernd so gut halten, wie Sie es tun, beziehungsweise ab jetzt tun werden. Sie mag sich Ihnen noch überlegen vorkommen, weil sie im Moment erst einmal die (scheinbare) Gewinnerin ist.

Folgendes sollten Sie beherzigen: Lassen Sie sich Ihren Verlust nicht ansehen. Solange Sie im Blickfeld dieser Dame sind – oder Ihres Ex –, beherrschen Sie sich. Wenn Sie wissen, dass eine Begegnung mit ihr und dem Ex unvermeidlich ist, schreiben Sie sich einen Wunsch innen in die Handfläche als Erinnerung, dass Sie sich genau diesen Herzenswunsch erfüllen werden, sobald Sie die Situation lebendig überstanden haben. Vermeiden Sie konsequent die Mitleidstour. Sie wollen doch nicht Ihre Souveränität verlieren, oder?

Konzentrieren Sie sich ab sofort darauf, Ihren eigenen Weg zu gehen. Der Impuls, wütende, verzweifelte Gefühlsausbrüche auszuleben, ist vorprogrammiert. Versuchen Sie, sie zu reduzieren. Soweit es geht. Es ist nicht leicht. Aber: Je mehr Sie sich selbst klein machen, desto schwieriger wird die Situation – für Sie. Und für Ihre Kinder, wenn Sie welche haben. Denn die Kinder müssen mit dieser neuen Lebensgefährtin irgendwie klarkommen. Zumindest, wenn sie klein sind und regelmäßig zum Vater gehen. Es ist ein besseres Gefühl für Sie, wenn Sie das Gefühl haben, die neue Frau tut Ihren Kindern gut. Auch wenn Sie sie hassen. Denn noch schlimmer ist es, wenn Sie Ihre Kinder jedes zweite Wochenende in der Hölle vermuten. Nutzen Sie die Jugendlichkeit der Kontrahentin aus und schieben Sie alle Veranstaltungen, auf die Sie keine Lust haben, wenn möglich, an sie weiter. Freundlich natürlich.

Allgemein gilt: Stehen Sie um Himmels willen gerade, sobald die blöde Tussi in Sichtweite ist. Und zwar mit einem hocherhobenen Haupt und einem geraden Rückgrat. Richten Sie sich zu Ihrer vollen Größe auf. Kontrollieren Sie, ob Ihr Mundwinkel gen Fußboden gefallen ist. Wenn ja, denken Sie an was Schönes und lächeln Sie. Ruhig in Richtung Ihrer Übeltäterin, sollte sie Ihnen näherkommen. Sie wird zurücklächeln. Und obwohl deren Empfindlichkeiten hier keine Rolle spielen, ist es wichtig zu wissen, dass auch die sich mit Ihnen vergleichen wird. Die junge Frau ist sehr wahrscheinlich viel unsicherer als Sie, zumindest, wenn Sie freundlich und bestimmt auftreten. Besonders, wenn Sie die Mutter seiner Kinder sind und Sie beide zwangsläufig die nächsten Jahrzehnte in irgendeiner Form Kontakt haben werden. Wenn Sie souverän auftreten, wird sie sich eventuell sogar fragen, warum um alles in der Welt der Typ Sie verlassen hat. Sie können, sobald Sie um die Ecke verschwunden sind, die Taschentücher rauskramen. Souveränität, und sei sie auch nur gut gespielt, bringt mehr als Krawall oder Gehässigkeit. Lächeln allein tut auch mehr gegen eine Zornesfalte in Ihrem Gesicht als genervtes oder trauriges Gucken. Und ansonsten genießen Sie Ihre freien Wochenenden. In vielen Fällen können sie übrigens beobachten, wie lange die Liebe zur Nachfolgerin hält. Das Scheitern anderer ist doch mitunter ganz beruhigend.

Es kränkt übrigens tatsächlich mehr, wenn der geliebte Partner einen wegen einer Frau verlässt, die älter oder mindestens genauso alt ist wie man selbst. Warum? Weil die wenigstens eine ernst zu nehmende Konkurrentin ist. Die ist Ihnen ebenbürtig, plagt sich mit ähnlichen Dingen herum wie Sie. Die junge Barbie ist ja so, als würden Sie sich mit einem Fiat Panda neben einen Maserati stellen. Wo gehen alle Augen hin? Ja, bitte! Es ist einfach, Männer optisch zu blenden, wenn man knackig und 20 Jahre jünger ist. Eine Nebenbuhlerin, die ebenfalls schon ein paar Jahre auf dem Buckel hat, die Schrammen hat, die tut richtig weh. Ein Mann, der Sie nur verlässt, weil er Frischfleisch braucht, ist ein Idiot. Seien Sie froh, dass Sie ihn beizeiten losgeworden sind. Ein Mann, der Sie wegen einer Frau sitzen lässt, die optisch nichts erkennbar Schöneres hat als Sie – das ist echte Liebe zu deren inneren Werten.

Das Beste, was Sie machen können, egal ob junge oder alte Nachfolgerin, ist, sich auf sich selbst zu besinnen. Finden Sie Ihre eigene Mitte. Finden Sie heraus, was Ihnen guttut, und arbeiten Sie an Ihren persönlichen Zielen. Dann werden Sie nämlich irgendwann einen Partner finden, der genau diese Eigenschaften an Ihnen liebt. Dem ist es dann auch egal, ob Sie hier und da ein Speckröllchen haben. Wenn Sie Ihre Freiheit wiedererlangt haben, werden Sie sich sowieso fragen, was Sie jemals an diesem Blödmann, der Sie verlassen hat, gefunden haben.

49.

WARUM LEBENSERFAHRUNG SEXY MACHT UND SIE DESHALB GERADE MIT ÜBER 40 BESONDERS ATTRAKTIV SIND

Es ist Quatsch, dass nur Menschen bis zu einem bestimmten Alter sexy sind. Oder nur die mit einer in bestimmte Konfektionsgrößen passenden Figur. Ein Mensch, der weiß, was er will, der was zu erzählen hat, der Humor hat, übt ohne Zweifel eine enorme Anziehung auf andere aus. Mit Speckrolle, ohne Speckrolle, mit Hakennase, Frizzelhaaren und sogar mit Warze im Gesicht und mit *ohne* Haare. Zum Glück sind die Geschmäcker unterschiedlich.

Eine Frau, die weiß, wie sie ihren Körper bewegen muss, egal, welche Form der hat, verfügt über wesentlich mehr *Hotness* als eine, die nur gut aussieht, aber ständig mit ihren Gedanken beschäftigt ist, gut auszusehen. Das ist nämlich nicht nur für sie selbst, sondern auch für andere fürchterlich anstrengend.

In der Literatur ja gerne mal böse als Ödipus-Komplex belächelt, ist es tatsächlich so, dass Männer von einer älteren Frau nicht per se abgeneigt sind, nur weil sie nicht mehr ganz taufrisch ist. Es gibt tatsächlich viele deutlich jüngere Männer, die sich von einer älteren Frau angezogen fühlen. Und die sind nicht alle nur auf ein Abenteuer aus, sondern finden durchaus eine feste Beziehung attraktiv. Sie finden ihre Auserwählte hundertprozentig auch nicht nur schön, wenn diese in stylishen Klamotten verpackt ist, sondern die lieben sie in ihrer prallen Nacktheit mitsamt ihren Narben und Dellen. Und vielleicht gerade wegen ihres weicheren Körpers.

Wobei älter sein nicht unbedingt heißt, einen weichen Körper zu haben. Meine Freundin Yvonne, mittlerweile schon 51, hat einen Körper wie Diana herself – also die Jagdgöttin, nicht die Prinzessin. Allerdings tut Yvonne auch was dafür: Sie isst ausgewogen, vermeidet Zucker, achtet auf die sogenannte Work-Life-Balance und macht mehr als regelmäßig Sport. Sie arbeitet als Fitnesscoach.

Ich habe mal im Bekanntenkreis rumgefragt, was Männer an älteren Frauen lieben:

- Sie können auf eigenen Beinen stehen, sind unabhängiger in ihren Ansichten und Meinungen sowie in wirtschaftlicher Hinsicht.
- Sie wissen genau, was sie wollen und was nicht – sie können das in Worte fassen und auch danach handeln.
- Sie klammern nicht so, sind eigenständiger und brauchen Zeit für sich.
- Sie haben oft die Familienphase schon abgeschlossen.
- Sie sind körperlich weicher.
- Sie sind sexuell erfahrener und experimentierfreudiger.
- Sie sind so viel gelassener als eine jüngere Frau.

Kennen Sie eigentlich Ihren Körper? Wann haben Sie sich das letzte Mal Ihren Körper ganz genau angeschaut? Richtig angeschaut, nicht nur als Sie in einer stickigen Umkleidekabine unvorteilhaft in einer zu engen Hose feststeckten? Ich glaube, dass Frauen sich mit den vermeintlichen Baustellen ihres Körpers zunächst einmal ganz anders vertraut machen müssen. Anstatt von vorneherein zu sagen »Ich bin fett, ich habe hässliche Beine, schlaffe Brüste, Falten, fusselige Haare, ich bin so hässlich, keiner mag mich, …«, schauen Sie sich Ihren Körper bitte einmal mit anderen Augen an:

- Ziehen Sie sich nackt aus.
- Stellen Sie sich vor einen großen Spiegel und halten Sie einen kleinen Handspiegel bereit.
- Schauen Sie sich an. Von oben nach unten, von vorne und hinten, von links und rechts, gucken Sie in Ihren Mund, in Ihre Ohren, in Ihre Vagina. Überall.
- Schauen Sie die Stellen an, die Sie an sich mögen, und dann die, die Sie nicht mögen. Schauen Sie dort genau hin. Können Sie was an der Stelle ändern? Ja? Dann machen Sie einen Plan, wie Sie zum Ziel kommen. Holen Sie sich dazu, wenn nötig, Unterstützung. Von einer Freundin, einem Personal Coach, von Leidensgenossinnen in einem Internetforum. Können Sie nichts ändern, dann machen Sie sich klar, dass diese Stellen ein Teil Ihrer Geschichte sind. Sie sind kein unbeschriebenes Blatt. Sie sind eine Frau, die schon mindesten 40 Jahre auf dieser Erde herumspaziert und die schon so einiges überstanden hat. Das hinterlässt Spuren. Niemand ist perfekt. Und das ist auch gut so.
- Lernen Sie die Stellen lieben, die Sie hässlich finden und derer Sie sich schämen und die Sie nicht ändern können. Zumindest akzeptieren sollten Sie sie. Wenn Sie Ihren Körper kennen, können Sie sich ganz anderes mit ihm bewegen. Das wirkt sich auch sehr positiv auf Ihr Selbstvertrauen und auch auf Ihr Sexualleben aus. Sex sollte Spaß machen. Er ist weder Leistungssport, noch ist er ein Schönheitswettbewerb. Konzentrieren Sie sich auf

sich und auf das, was Ihnen guttut. Wenn Sie nicht wissen, was Ihnen guttut, müssen Sie sich zunächst einmal mit sich selbst beschäftigen und es herausfinden. Es gibt heutzutage schöne und erschwingliche Dildos, Vibratoren und andere inspirierende Sextoys, die Ihnen dabei helfen können. Die sind allemal besser als ein schlechter Liebhaber. Und wenn Sie dann irgendwann einen guten Liebhaber gefunden haben, lassen sich die Toys auch wunderbar zweitverwerten und ins gemeinsame Liebesspiel einbeziehen.

Als absolute Grundregel gilt: Akzeptieren Sie sich und Ihren älter werdenden Körper und tun Sie was dafür, dass er Ihnen möglichst lange und gut erhalten bleibt. Eignen Sie sich ein fettes Polster Selbstliebe an. Und beziehen Sie niemals die gute Figur einer viel jüngeren Frau auf Ihren eigenen Körper. Die kommt auch noch dahin, wo Sie schon stehen. Auch die hat Problemzonen. Und was Sie an Ihren Rundungen auszusetzen haben, ist vielleicht gerade das, was Männer (oder andere Frauen) begeistert. Jedenfalls gibt es anscheinend sehr viele Männer, die gerne mit einer älteren Frau schlafen (würden). Und davon abgesehen, hat mein alter Freund Kristian letztens zu mir gesagt: »Blumen sind auch am allerschönsten, wenn sie schon etwas länger geblüht haben. Dann erst entfalten sie ihre ganze Schönheit. Bei Frauen ist es genauso.«

Und wenn das alles nichts hilft (und es gibt solche Tage), dann stellen Sie sich neben jemanden, den Sie hässlicher als sich selbst finden. Damit sammeln Sie zwar keine Karmapunkte, aber manchmal ist es eben nötig. Sie müssen das ja auch nicht laut aussprechen. Tun Sie es allein für sich, damit tun Sie niemandem weh.

50

WIE SIE SICH EINEN NEUEN PARTNER ANGELN

Sie wollen einen neuen Partner? Nichts leichter als das. Die Partnerwahl in Zeiten eines Überangebots an Partnerschaftsbörsen sollte einfach und schnell zum Erfolg führen. Und da sich die meisten Menschen zwischen 40 und 50 scheiden lassen, ist auch ein Überangebot an Männern auf dem Markt. Leider ist es so einfach nicht. Der Grund liegt am Suchverhalten von Männern und Frauen. Es gibt zwar sehr viele frei gewordene Männer im interessanten Alter. Aber Sie haben leider proportional vermehrte Konkurrenz bei den suchenden Frauen. Frauen um die 30, die online einen Mann suchen, suchen nach Männern so zwischen 28 und 50. Dadurch überschneidet sich die Schnittmenge des Beuteschemas von Frauen um die 40. Männer dagegen suchen tendenziell eher Frauen, die jünger sind als sie selbst. So und jetzt können Sie sich das Ergebnis selbst ausrechnen. Damit fallen Sie, wenn Sie schon etwas fortgeschrittener in den 40ern sind, aus dem Suchschema raus. Aus diesem Grund haben Sie also eine enorm große Online-Konkurrenz und kommen mitunter gar nicht in die engere Wahl, weil Sie, wenn Sie ihr Alter korrekt angeben, gar nicht erst zu den Vorschlägen gehören, die zu den Männern durchsickern.

Was suchen Sie denn überhaupt, Mann fürs Leben oder Betthase? Einen geeigneten Sexualpartner zu finden ist auf jeden Fall einfacher. Wenn Sie eine schnelle Triebbefriedigung suchen, ist alles, was Sie dafür brauchen, ein bisschen Mut. Je nach Vorlieben gibt es dazu Online-Plattformen, die sich auf Seitensprünge und Stadtreisende spezialisiert haben. Alternativ gibt es dazu offline verschiedene Partnersuch-Locations. In jeder größeren Stadt finden Sie Bars oder Discos, die dafür bekannt sind, paarungswillige Menschen anzuziehen. Die zur Verfügung stehende Auswahl wird eventuell nicht Ihrem typischen Beuteschema entsprechen. Aber ein Angebot ist da, und wenn Sie einfach nur scharf sind, nicht selbst Hand anlegen möchten, wäre das ein bestreitbarer Weg.

Hier mal ein paar Beispiele aus dem Meer der Möglichkeiten:

- Wenn Sie auf Latin-Lover stehen, bieten sich Salsa-Bars an. Das Baggerpotenzial ist riesengroß. Hier haben Sie allerdings auch viel junge Konkurrenz, wenn der Laden nicht eindeutig als ein Happening für Ältere ausgezeichnet ist. Aber wenigstens kurzzeitiger Körperkontakt und jede Menge testosterondurchsetzter Schweiß ist garantiert.

- Gehobene Luxus-Großraum-Diskotheken mit mehreren Ebenen. Der Vorteil hier: Die Jüngeren und Älteren sind kaum auseinander zu halten. Das liegt einerseits am hautfreundlichen Lichtsetting, andererseits an Dicke und Festigkeitsgrad der Make-up-Schichten und der Botox- und Liftingdichte bei selbst jugendlicheren Geschlechtsgenossinnen. Eine entsprechende Garderobe ist erforderlich, um überhaupt Einlass gewährt zu bekommen. Die Sexhitze ist groß, oft auch kräftig angeheizt durch die große Anonymität der schieren Masse. Muss man mögen, die ganze Sache. Aber hier fallen Sie im ersten Moment in entsprechender Verpackung als 40-Jährige kaum auf.

- Kneipen und Bars mit Messefaktor, also die sich in unmittelbarer Nachbarschaft von Messehallen tummeln. In allen Bars, in denen Menschen aufeinandertreffen, die sich mit großer Wahrscheinlichkeit im Leben maximal ein Mal sehen werden, ist der Flirtfaktor enorm hoch. Man hat nichts zu verlieren. Hier muss man ja fast schon sagen, seien Sie vorsichtig, dass Sie da heil wieder rauskommen.

Wenn Sie nicht gerade in Ostwestfalen-Lippe oder einem ähnlich wortkargen Landstrich wohnen, können Sie als Frau gut alleine weggehen. Alleine haben Sie eigentlich immer eine sehr realistische Chance, angesprochen zu werden. Oder einfach selbst die Initiative ergreifen. Ausnahmen sind besagte Regionen wie OWL, wo man

Jahre braucht, um auf Fremde zuzugehen, und jeder gerne für sich bleibt.

Wie bereits erwähnt, One-Night-Stands können Sie sich leicht *in Echt* oder auch prima übers Internet suchen. Wenn Sie ernsthafter nach einem Partner suchen, wird es schwieriger, aber nicht unmöglich.

Wichtigste Grundregel ist, dass Sie nicht zu verbissen an die ganze Sache rangehen. Bleiben Sie geduldig. Liebe lässt sich nicht erzwingen.

Machen Sie sich eine Liste, was Sie von einem Partner erwarten. Je spezifischer Sie sind, desto besser. Schreiben Sie nicht auf, was er nicht haben soll. Bitte nur das Positive betonen. Ich spreche aus Erfahrung. Nach langen Singlejahren habe ich mir eine Wunschliste gemacht, mit allem Sinnigen und Unsinnigen, was mein Mann alles mitbringen und können muss. Ich habe es nicht für möglich gehalten, aber ich habe genau so einen Mann bekommen. Seien Sie also vorsichtig mit dem, was Sie sich wünschen.

Je mehr sie eins mit sich selbst sind, desto attraktiver werden Sie für andere. Also tun Sie Dinge, die Sie gerne machen.

Gehen Sie unter Menschen. Es ist auch sehr hilfreich, einen Partner dort zu suchen, wo man selbst gerne oder oft ist. Konzerte, Sportvereine, Autobahnbrücken, Aquarellkurse, Ehrenamt oder der Klassiker: Betriebsfest. Zum Beispiel.

Man kann tatsächlich den Partner fürs Leben im Internet finden. Das geht genauso gut, wenn nicht sogar besser, als im echten Leben. Schließlich können auch Sie sieben, nicht nur die Herren. Es kann sein, dass Sie, gleich nachdem Sie sich angemeldet haben, mit Ihrem Traumprinzen zusammengewürfelt werden.

Wenn Sie sehr schüchtern sind und Probleme haben, Männer überhaupt anzusprechen, probieren Sie mal Speed Dating aus. Der Vorteil: Sie können davon ausgehen, dass alle, die daran teilnehmen, sich total blöde dabei vorkommen. Niemand möchte dabei erkannt werden, und keiner reißt sich darum, den ersten Schritt zu machen. Das verbindet und schafft nach kürzester Zeit eine lockere Atmosphäre. Wenn Sie einem falsch gestrickten Ignoranten gegenübersitzen, wissen Sie, dass Sie ihn nur wenige Minuten ertragen müssen. Die Chancen, dass Sie da jemanden fürs Leben finden, sind eher gering. Es ist aber eine gute Übung, um wieder ins Flirten zu kommen. Betrachten Sie es als Lockerungsübung.

Übrigens: Wenn Sie sich in der Mitte des Lebens mit vielen Veränderungen beschäftigen, ist es vielleicht auch so, dass ihr neuer Partner gar kein *er* wird, sondern dass Sie Ihre Liebe zu Frauen entdecken.

51.

WARUM EIN »TOY BOY« NUN EINE GUTE WAHL SEIN KANN

Gerade, wenn Sie vorher eine recht verschnarchte Ehe geführt haben, wirkt ein Toy Boy wie ein beflügelnder Jungbrunnen. Ein frischfleischiger junger Mann, der Sie umgarnt und bezirzelt, setzt mit Sicherheit einen stimmungsaufhellenden Hormoncocktail frei, dass Sie mehrere Tafeln Schokolade hintereinander wegessen müssten, um dieses Hoch zu erreichen. Ein weiterer Vorteil: Nicht nur der einfache Verzicht auf Schokolade ist gut für die Figur. Sie werden vor lauter Glücksgefühl weniger essen und sich obendrein durch die ungewohnte (und sehr wahrscheinlich stattfindende) Aktivität mehr bewegen. Es spricht deshalb nichts gegen einen jungen Lover, außer vielleicht zwei winzige Kleinigkeiten: Stellen Sie sich darauf ein, dass Ihre Umwelt irritiert reagiert. (Wir sprechen hier nicht von zwei, drei Jahren Altersunterschied, sondern wir bewegen uns im zweistelligen Bereich.) Rechnen Sie damit, dass Sie das Gefühl haben werden, sich rechtfertigen zu müssen, wenn Sie auf den ersten Blick immer auf Ihr Alter reduziert werden. Das auszuhalten, erfordert viel Selbstbewusstsein oder eine sehr dichte rosarote Brille. Im Gegensatz zum Pendant *älterer Mann/jüngere Frau* ist die Kombination *ältere Frau/jüngerer Mann* nämlich immer noch nicht voll gesellschaftsfähig. Es gibt zwar immer mehr Promi-Frauen, die so eine Beziehung aus dem stillen Kämmerlein hervorholen und öffentlichkeitswirksam vormachen, aber es hat im Moment noch etwas von Jahrmarktattraktion. Die Öffentlichkeit, ob nun die breite oder die in Ihrem unmittelbaren Umfeld, wird Sie mit fasziniertem Neugierde angaffen. Bestes Beispiel ist Frankreichs First Lady Brigitte Macron, die in jedem Artikel, der online und offline über ihren Mann oder auch mal über sie selbst erscheint, auf die 25 Jahre Altersunterschied zu Herrn Macron reduziert wird. Es wird zumindest in einem Nebensatz oder einer Fußnote darauf hingewiesen. Jeder weiß das mit dem Altersunterschied mittlerweile auswendig. Und trotzdem gucken alle ganz genau hin, auf jede Falte, die Frau Macron im Gesicht hat. Einige Trampeltiere sprechen sie ja sogar vor laufender Kamera darauf an. Man mag von ihr halten, was man will, aber man muss anerkennen, dass es verdammt viel Mut braucht, solche Argusaugen zu ertragen. Kein einziger Mann muss sich das gefallen lassen, so auf Alter und Aussehen reduziert zu werden. Das mit Contenance und Charme zu ertragen, ist schon eine hohe Kunst.

Und weil diese Stärke nicht jede Frau ausdauernd zur Verfügung hat, ist genau das der Grund, warum so viele Beziehungen von Frauen zu jüngeren Männern entweder eine Affäre bleiben oder über kurz oder lang zum Scheitern verurteilt sind. Nicht, weil der Mann die Frau nicht mehr begehrt, sondern, weil die Frau die ewigen Vergleiche der Außenwelt nicht mehr ertragen kann.

Die Frauen geben auf, weil sie irgendwann überzeugt davon sind, der Mann könne sie ja gar nicht mehr attraktiv finden, wenn Stirn und Wangen sich immer mehr ins Plissee legen oder, noch schlimmer, jemand fragt, ob sie die Mutter ist. Sie fangen an, Cellulitebeine, Winkfleischarme und Altersflecken auf der größer werdenden Haut neben dem Sixpackbauch des Lovers zu vergleichen, melden sich im Fitnessstudio an, halten eisern und immer missmutiger Diät oder verbringen mehr Zeit mit der Retusche als mit ihrem Mann. Irgendwann dreht sich das ganze Leben nur noch darum, jung für den Jüngling zu bleiben. Und wenn das dann zum Lebensinhalt wird, dann kippt das Selbstbewusstsein. Denn dann trägt man die Sorge auf dem Gesicht spazieren, daraus entwickeln sich Zornesfalte und verkniffende Lippen. Ja, Sie können sich denken, dass man von sich sehr überzeugt sein muss, um sich da nicht verrückt zu machen. Wie gesagt, wir reden hier nicht über zwei, drei Jahre Altersunterschied. Die fallen nicht ins Gewicht; das fällt niemandem auf. Aber 15, 20 und mehr Jahre sind selten nicht sichtbar.

Die zweite winzige Kleinigkeit ist diese: Ähnlich wie bei der Konstellation *älterer Mann/jüngere Frau* gibt es auch im umgedrehten Fall die käufliche Beziehung. Solange Sie genügend Stoff zum Nachfüttern haben, können Sie Ihr Schätzchen bei Laune halten, und Ihnen ist eine stete Umgarnung sicher. Das machen ältere Männer ja auch so. Und es scheint ganz gut zu funktionieren. Nachschubsorgen jedenfalls gibt es dann nur wenige, sollte Toy Boy keine Lust mehr haben oder Ihnen langweilig sein. Echte Liebe aber ist eher unwahrscheinlich – was Sie ja nicht weiter stören muss, vor allem, wenn Sie seine Sonderwünsche aus der Portokasse begleichen können.

Vielleicht ändert sich der öffentliche Auftritt einer deutlich älteren Frau und eines wesentlich jüngeren Mannes ja in absehbarer Zukunft, wenn immer mehr prominente Frauen sich mit einem jungen Adonis präsentieren. Das wäre sicher ein gewaltiger Schritt für die gesellschaftliche Akzeptanz. Wobei, sobald so eine Beziehung sich trennt, für die Verlassene nur Spott und Häme übrigbleibt. Das sollte Sie trotzdem nicht hindern, sich den Spaß zu gönnen, wenn sich Ihnen so ein Leckerbissen anbietet.

52

WARUM EIN »SUGAR DADDY« AUCH VORTEILE HAT

Der glasklare Vorteil, warum Sie sich einen *Sugar Daddy* zulegen sollten, liegt quasi auf der Hand: Je älter Ihr Auserwählter ist, beziehungsweise je größer der Altersabstand zu Ihnen ist, desto jünger, frischer und attraktiver wirken Sie neben ihm. Das ist das gleiche Phänomen, als würden Sie einen Slip in Größe 40 neben einen in Größe 34 auf die Leine hängen. Zwischen zwei Wäscheklammern gespannt, wirkt der eigentlich normal große 40er riesig und überdimensional wie ein Zelt gegen den tatsächlich nur drei Größen kleineren in Größe 34. Genauso ist es mit einem enormen Altersunterschied. Natürlich sind Sie als 40-Jährige schon zu alt, um ein richtiges *Sugar Babe* zu sein. Es verhält sich natürlich immer alles relativ zu einander. Um einen ordentlich sugarigen Abstand zu Ihnen zu erhalten, muss der *Daddy* dann mindestens 20, besser 30 Jahre älter sein.

Ansonsten halten sich bei einem sehr viel älteren Partner die Vor- und Nachteile in etwa die Waage – manchmal ist es tatsächlich sogar nicht ganz klar, was von beiden zutrifft:

- Die Chance, mit einem sehr viel älteren Partner einen Liebhaber zu bekommen, der weiß, was er tut, ist enorm groß. Er hat erstens Erfahrung und zweitens mit Sicherheit den Willen, seine »jugendliche« Auserwählte, also Sie, adäquat zu befriedigen. Denn er muss sich ja mindestens selbst beweisen, was er noch kann. Er hat außerdem mehr Geduld, weil er weiß, dass er mehr bekommt, je einfühlsamer er ist.
- Ebenso ist die Chance größer, dass ein älterer Partner etwas Kleingeld mit in die Beziehung bringt, denn die Kombination *jüngere Frau/sehr viel älterer Mann* funktioniert selten ohne materielle Anreize.
- Ein Liebhaber, der 20, 30 oder mehr Jahre älter ist als Sie, wird sich eventuell auch mehr auf Zärtlichkeiten konzentrieren als

auf akrobatischen Sex. Für viele Frauen auch ein sicherer Vorteil. Und außerdem möchte er einer so anspruchsvollen Frau natürlich noch etwas mehr bieten als nur materielle Werte, die Sie – im Gegensatz zu einem noch viel jüngeren *Sugar Babe* – schon selbst erwirtschaftet haben.

- Für einen deutlich älteren Mann sind Sie ein Jungbrunnen. Er wird Sie, einmal eingefangen, nie wieder hergeben wollen. Aus diesem Grund ist die Fremdgehrate auch deutlich geringer. Außerdem haben Sie auch nicht mehr so viele Konkurrentinnen.

Sehr wahrscheinlich hat Ihr Auserkorener bereits eine Erstfamilie, die selbstverständlich Vorrang vor Ihnen hat. (Nur gefühlt. Vor dem Gesetz sind alle Kinder gleich, ob Sie verheiratet sind oder nicht.) Das kann zu Konflikten führen. Besonders wenn seine Kinder bereits erwachsen oder sogar älter als Sie sind und sie Erbschleicherei bei Ihnen vermuten. Wenn Ihr Partner dann mit Ihnen eine Zweitfamilie gegründet hat, ist mit Spannungen zu rechnen. Allerdings könnten Ihre Stiefkinder auch schon Kinder haben, die dann passenderweise im selben Alter sind wie Ihre Kinder mit Daddy, und so hätten alle gleich jemanden zum Spielen. Besonders wenn Ihr Neuer schon im Rentenalter ist und sich langweilt, wenn Sie im Büro sind. So sparen alle die Tagesmutter und der Opa-Papa kann sich gleich als moderner Mann outen, der seiner Frau den Rücken für ihre Karriere frei hält. Hier müssen Sie vielleicht überlegen, ob ein eigener Rentner im Haus eher ein Vorteil oder ein Nachteil ist.

Männer möchten es nicht gerne zugeben, aber auch der Mann hat bezüglich des Fortpflanzungswunsches ein Verfallsdatum: Die Spermienproduktion lässt im Alter deutlich nach. Wenn Sie also noch ein Kind mit Ihrem Urgestein wünschen, wird es eventuell nicht ganz so einfach werden, besonders, weil Sie selbst ja auch nicht mehr die Jüngste sind.

Ihr Liebhaber ist im selben Alter wie Ihre Eltern und hat wesentlich mehr gemeinsame Geschichte mit denen als mit Ihnen. Bei feuchtfröhlichen Familienzusammenkünften müssen Sie damit rechnen, an den Kindertisch mit seinen erwachsenen Kindern verfrachtet zu werden. Das machen Sie dann wahrscheinlich sogar freiwillig.

Natürlich ist ein Mann, der schon sehr lange auf der Welt ist, auch einer, der schon sehr viel erlebt hat. Er ist also mit großer Sicherheit auch ein spannender Gesprächspartner – wenn er Sie nicht mit permanent klugscheißerischen Anekdoten in den Wahnsinn nervt. Aber da können Sie ja gegenhalten. Mit 40 sind Sie ja nicht ganz unbelastet.

Ältere Liebhaber leben statistisch nicht mehr so lange – da müssen Sie jetzt selbst entscheiden, ob das ein Nachteil oder vielleicht sogar ein Vorteil ist.

So weit, so gut. Für die, die es mögen, eine Liebesbeziehung zu pflegen, die einen Altersabstand von Enkelin und Opa zueinander hat, ist eine solche Verbindung in der Regel eine klassische Win-win-Situation: ein gleichrangiges Machtverhältnis, was ja gut für eine dauerhafte Beziehung ist. Jeder bringt was von unschätzbarerem Wert mit in die Verbindung. Jugendlichkeit und Frische auf der einen Seite, Stand und finanzielle Absicherung auf der anderen. Mir ist keine Verbindung bekannt, in der ein wesentlich älterer, mittelloser Mann ohne irgendein Statussymbol eine deutlich jüngere Frau langfristig von sich überzeugen konnte. Ihnen? Schaut man sich mal in Politik und Showgeschäft um, findet man ja die ein oder andere Konstellation in diesem Altersverhältnis. Macht ist eben doch ein großer Motivator beziehungsweise Weichzeichner.

Ein älterer Partner hatte allerdings schon intensiv Zeit, seine Macken zu kultivieren. So wie Sie mit über 40 auch. Die werden Sie, auch wenn Sie ein wahrer Jungbrunnen für ihn sind, ihm nicht mehr aberziehen können. Genauso wenig wie er Ihre.

Richtig krasse Altersabstände werden Sie auch nicht mehr schaffen, so wie beim kürzlich verstorbenen Hugh Hefner und seiner dritten Frau Chrystal. Dort waren es knapp über 60 Jahre Altersunterschied. Kann man machen, muss man aber nicht.

53

WIE SIE OHNE PARTNER GLÜCKLICH WERDEN

Es muss ja nicht immer gleich ein Mann sein, der einen bei Laune hält. Ein Kater ist ein ebenso geeigneter wie launischer Gesellschafter. Natürlich gibt es Grenzen in der partnerschaftlichen Beziehung. Aber wenn Sie auf Sex verzichten möchten und nur einen anspruchsvollen Mitbewohner suchen, ist ein Haustier doch um einiges pflegeleichter als ein humanoider Lebensabschnittspartner. Zur Not wird man den tierischen Gesellen auch leichter wieder los; die Lebenserwartung ist ja um einiges kürzer. Oder es findet sich ein anderes Herrchen oder Frauchen, das die Pflege gerne übernimmt. Nicht dass ich so etwas hier propagieren möchte, nein, natürlich nicht, aber es gibt ja Lebensumstände, die einen zu so einer Entscheidung zwingen. Eine vertraglich in Form einer Ehe an Sie gebundene Person ist jedenfalls schwieriger und nur erheblich kostspieliger wieder wegzugeben. Zumindest kann das Tier Ihnen keine Widerworte geben, und wenn Sie es gut behandeln, wird selbst der unschmusigste Kater zu einem guten Zuhörer und nächtlichen Wadenwärmer.

Im Ernst, es gibt gute Gründe, ohne Partner zu leben. Ein Single ist nicht zwangsläufig zu bemitleiden. Und ein Single ist auch nicht zwangsweise einsam und auf der Suche. Ich kenne gleich mehrere Frauen, die es freiwillig vorziehen, alleine zu leben.

Janneke, 46, hat einen anstrengenden und sie komplett ausfüllenden Job, den sie mit Herzblut ausübt. Sie ist in einer Großfamilie aufgewachsen, hat dadurch unzählige Nichten und Neffen, hat ein tolles berufliches Netzwerk, das sie zeitintensiv pflegt, und einen riesigen Freundeskreis, inklusive zwei dort ansässiger Patenkinder. Ihre Tage sind vollgepackt bis oben hin. Wenn sie abends nach Hause kommt, genießt sie die Ruhe. Sie möchte nicht einmal eine

Katze. Sie genügt sich selbst vollkommen. Und sie ist frei. Sie kann, wenn sie möchte, jederzeit verreisen, sie kann ihre Klamotten da fallen lassen, wo sie steht, sie entscheidet, welches Programm sie im Fernsehen guckt und wann sie gerne Gesellschaft möchte. Sie ist nicht einsam. Sie lebt im Gegenteil ein sehr autonomes und selbstbestimmtes Leben. Und zwar, weil sie es so will.

Evelyn, mittlerweile Ende 60, hatte, seit sie 40 wurde, auch keine Lust auf einen Partner. Sie lebt seitdem nach dem Motto »Eine Frau braucht fünf Männer«: einen für die sexuelle Befriedigung, einen für kulturelle Ereignisse, einen für intellektuelle Herausforderung, einen Kumpeltyp für sportliche Eskapaden und Reisen, und einen guten Freund mit einer starken Schulter zum Ausweinen, Reden und stundenlangen Seriengucken mit viel Chips und Popcorn. Evelyn hat keine Kinder und wollte auch nie welche. Und sie will immer noch keinen festen Partner an ihrer Seite. Sie hat Ihre fünf Männer in teilweise wechselnder Besetzung, einen Hund und ihre Staffelei.

Wenn Sie nicht ganz alleine sind, weil Sie ein oder mehrere Kinder haben, ist das Single-Dasein ebenso machbar. Sara, 47, ist alleinerziehend mit zwei Kindern und ohne Partner. Das ist in sehr vielen Punkten mitunter anstrengend und tatsächlich manchmal belastend. Allerdings hauptsächlich finanziell. Auf jeden Fall ist es eine völlig andere Hausnummer, als nur für sich allein verantwortlich zu sein. Es erfordert viel Disziplin und eine gute Organisation. Ich weiß es auch aus eigener Erfahrung, denn ich war jahrelang ebenfalls alleine mit Kind – und nicht auf der Suche. Denn alleine und autonom zu sein ist allemal besser, als mit einem Menschen zusammmen zu bleiben, der nervt und einem jegliche Lebensenergie raubt. Und so sieht es auch Sara. Die hat gar keine Zeit, sich auch noch um einen Mann zu kümmern.

Als glücklicher Single müssen Sie sich auch keinerlei Gedanken mehr um hässliche technische Geräte in Ihrem Wohnzimmer mit einen niedrigem WAF (Woman Approval Factor[24]) machen. Das heißt einfach und schlicht, dass Sie nur sich selbst gefallen müssen und niemandem sonst – zumindest in Ihren privaten Räumen.

Auch Sex funktioniert natürlich ohne festen Partner. One-Night-Stands oder fest-freie Lover ohne Verbindlichkeiten sind eine Möglichkeit, wie bei Evelyn. Oder Sie kümmern sich erst einmal komplett selbst um alles. Denn wenn es Ihnen nur um sexuelle Befriedigung geht: Allerlei Hilfestellungen kann man heutzutage bequem und diskret im Internet bestellen. Überhaupt stehen Sextoys nicht mehr in der Schmuddelecke, sondern es gibt tolle und einladende Boutiquen, in denen Sie sich kompetent und ohne Schamesröte beraten lassen können. Von Frauen. Im Übrigen hilft es sehr, einen neuen Partner zu finden, wenn Sie denn irgendwann einen wollen, wenn man selber recht genau weiß, was einem so gefällt. Und eine geglückte Selbstbefriedigung ist allemal besser als ein unbefriedigtes Liebesleben in einer verstaubten und lieblosen Ehe.

54.

WARUM SCHEIDENTROCKENHEIT KEIN WELTUNTERGANG IST

Die Vorstellung, dass Menschen bis zu ihrem Tode nicht nur sexuelle Gelüste haben, sondern diese sogar ziemlich aktiv und regelmäßig ausüben, ist für junge Menschen verständlicherweise mitunter kaum vorstellbar. Ich möchte mir auch nicht ausmalen, was meine Eltern und Großeltern hinter der geschlossenen Schlafzimmertür noch so taten, außer sich gegenseitig aus einem Buch vorzulesen oder ein Kreuzworträtsel gemeinsam zu lösen. Dabei genießt selbst ein Methusalem körperliche Nähe, und wenn es klappt, auch den aktiven Austausch von Körperflüssigkeiten.

Mit 40 sind Sie vom Greisenalter noch weit entfernt und auf dem Höhepunkt Ihrer Sexualität: Sie haben in der Regel ausreichend Erfahrung gesammelt und wissen deshalb mindestens, was Sie nicht wollen und was Sie gerne mal ausprobieren möchten. Gerade Paare, die schon lange zusammen sind – und die ihr obligatorisches Tief zwischen 40 und 50 überwunden haben –, erleben in dieser Zeit noch mal ein echtes sexuelles Hoch, zum Beispiel, weil sie sich endlich trauen, über Wünsche zu sprechen, und diese dann auch ausprobieren. Oder weil Zärtlichkeiten einfach lange brach lagen, weil keine Zeit dafür war, weil nächtlich aufwachende Kinder, zu viel Arbeit, zu viel Alltag immer dazwischenfunkten.

Diese wunderbare lustvolle Zeit kann – vor allem gegen Ende 40 – allerdings einen ordentlichen Dämpfer bekommen. Stichwort: Scheidentrockenheit. Sie hätten zwar Lust, über Gatte Lutz herzufallen, aber Sie meinen, nicht zu können, weil es Ihnen peinlich ist, nicht mehr ganz so flutschig zu werden, wie Sie es mal waren, oder weil Sie Angst haben, jeglicher Verkehr könnte Ihnen wehtun. Tja, das kann passieren, denn als mittelalte Frau können Sie durchaus unter Hormonstörungen leiden. Durch die Veränderung im Hormonhaushalt werden die Schleimhäute Ihrer Vagina jedenfalls nicht mehr so optimal durchblutet, und das hat zur Folge, dass Sie nicht mehr so schnell feucht werden. Da winken vielleicht schon die Wechseljahre. Auch die Pille kann übrigens Verursacherin für eine veränderte Schleimabsonderung sein – sind ja auch Hormone. In jedem Fall kratzt das trockene Ergebnis ordentlich am Selbstbewusstsein und Sie fühlen sich wie eine alte Schachtel.

Natürlich könnte Ihr Frauenarzt Ihnen da hormonell unter die Arme greifen. Sie könnten aber auch erst einmal sanftere Methoden ausprobieren. Sehen Sie medikamentöse Eingriffe in Ihren Körperhaushalt immer als letzte Chance, denn Nebenwirkungen sind auch nicht ganz ohne. Folgendes könnten Sie vorher ausprobieren:

- Kaufen Sie sich eine Gleitcreme oder Gel oder, wer es natürlicher mag, reines Aloe-Vera-Gel, ohne Alkohol.
- Die Haut liebt ein etwas saures Milieu. Wenn Sie sich unbedingt zwei Mal am Tag duschen müssen, dann vielleicht einmal nur

mit warmem Wasser im Intimbereich, damit der ein bisschen im sauren Bereich bleibt. Oder Sie gönnen Ihrem Schritt mal ein saures Sitzbad mit Apfelessig oder Naturjoghurt – natürlich ohne Zucker.

- Auch ein genereller Zuckerverzicht in der Nahrung hilft enorm.
- Regelmäßiges Pflegen mit einem milden Öl, zum Beispiel reinem Mandelöl oder Weizenkeimöl, hält die Haut auch schön geschmeidig. Falls Sie Kondome zum Verhüten benutzen, dann achten Sie bitte darauf, dass das Öl, welches Sie benutzen, diese nicht zerstört, ja?!
- Tragen Sie lockere Kleidung und nachts untenrum vielleicht mal gar keine, damit Ihre Scheidenhaut schön atmen kann. (Nackt schlafen regt auch die Lust an. Jedenfalls schlafen Paare, die nackt nebeneinander liegen, häufiger miteinander.)
- Kräuter helfen auch. Zum Beispiel Nachtkerzenöl, Soja oder Rotklee in Kapseln.
- Und auch hier gilt die Allzweckwaffe körperliche Ertüchtigung: Regelmäßige Bewegung im Alltag fördert den Blutfluss. Überall. Auch im Schritt.
- Wenn gar nichts anderes da ist, hilft in akuten Notfällen auch ordentlich Spucke.

Etwas Geduld müssen Sie bei alternativen Methoden schon mitbringen. In zwei, drei Wochen tut sich da nichts. Eher so ab zwei, drei Monaten. Dafür greifen diese Methoden nicht in Ihren Hormonhaushalt ein oder verursachen Nebenwirkungen.

Es gibt natürlich auch noch andere Gründe außer den hormonellen, die für Scheidentrockenheit und Unlust verantwortlich sind:

a) Der Typ in Ihrem Bett ist einfach ein schlechter Liebhaber.

b) Sie können aus Ihrem Alltagsstress nicht runterkommen, und Ihre Gedanken schweifen immer wieder ab.

c) Sie haben einfach keine Lust, zumindest nicht mit der Person, die vor Ihnen liegt, weil die Sie geärgert hat, nicht gut riecht, zu grob ist, Ihre Lieblingsbratpfanne mit einer Gabel ruiniert hat oder vergessen hat, Ihren Goldhamster zu füttern, oder Sie würden einfach lieber die spannende Doku über kanadische Biber im Fernsehen weiterschauen.

Bei a): Wenn Sie diesen Mann lieben oder er der einzig verfügbare Sexpartner im Moment ist und Sie ihn noch etwas halten möchten: Zeigen Sie ihm, was Sie wollen. Machen Sie das behutsam – Männer sind ja immer so schnell beleidigt, wenn es um ihre Manneskraft geht. Also sachte, aber bestimmt vorgehen. Sprechen Sie aus, was Sie wollen. Die andere Möglichkeit ist, sich von so einem Grobian zu verabschieden. Bei b) und c): Wenn Sie sich dann noch Stress im Bett machen, ist das wie eine *self fulfilling prophecy*. Kommen Sie runter, damit Sie kommen können. Machen Sie Yoga, bewegen Sie sich. Reden Sie darüber. Mit Freundinnen, Ihrer Therapeutin und vor allem mit Ihrem Partner. Nehmen Sie sich Zeit füreinander – den Tierfilm können sie aufnehmen oder in der Mediathek gucken.

Übrigens: Hormonell bedingte Scheidentrockenheit heißt nicht, dass Sie nicht mehr schwanger werden können. Wenn Sie also keine Kinder mehr möchten, müssen Sie auch weiterhin verhüten.

55.

WIE SIE IM NOTFALL BEI NEONLICHT DIE FASSUNG WAHREN

Die Deutschen haben mit Mitte 40 circa 2,6 Mal[25] in der Woche Sex. In den meisten Fällen sind die beiden Hauptakteure beim Sex nackt. Oder fast nackt. Die Chance, dass dabei Körperstellen ans Licht kommen, mit deren Zustand Sie nicht hundertprozentig einverstanden sind, ist mehr als wahrscheinlich. Es sei denn, Sie kopulieren grundsätzlich

a) im Stockdunklen,

b) nur vollständig bekleidet,

c) Ihr Partner ist ausschließlich mit verbundenen Augen zum Sex bereit,

d) Ihr Partner ist blind,

e) es ist Ihnen egal.

Wenn a), b) oder c) für Sie völlig akzeptabel sind, müssen Sie sich über nichts weiter Gedanken machen. Punkt d) spricht für sich selbst. Punkt e) ebenfalls; Sie fühlen sich in Ihrem Körper wohl und machen sich keinerlei weitere Gedanken darum, wie andere ihn finden, machen Sie einfach weiter so und überspringen Sie dieses Kapitel.

Wenn a), b) oder c) für Sie nicht akzeptabel sind, werden Sie zweifelsohne irgendwann etwas von Ihrem Körper präsentieren müssen. Wenn Sie den Mann noch nicht so gut kennen oder ihn sehr gut kennen, Sie sich aber die letzten 20 Jahre ignoriert haben, dann sind Sie nachvollziehbar etwas verunsichert, wenn es plötzlich etwas heller wird. Wenn es Sie beruhigt, auch die 20-jährige Vollblutschönheit in Größe 34 ist beim ersten Mal aufgeregt. Und unsicher.

Ein gutes Lichtsetting kann Ihnen einiges an Unbehagen nehmen. Kaltes, blaustichiges Licht betont überflüssige Besenreiser und lässt Sie leichenhaft blass erscheinen. Mit einer warmen Lichtfarbe dagegen können Sie einen kahlen Raum in eine kleine Wohlfühloase verwandeln. Wenn Sie also ein Stelldichein voraussehen können, sorgen Sie für abgedämpfte Lichtverhältnisse, am besten etwas orangefarben angehaucht. Oder nehmen Sie Kerzen. Beides macht eine schöne Haut, schummelt kleine Unebenheiten weg, lässt käseweiße Haut nicht mehr so blenden und dimmt sogar vorhandene Cellulite glatt. Sie sollten außerdem darauf achten, dass der Raum von mehreren Lichtquellen erhellt wird. Ansonsten ist die

Position, aus der Sie an sich heruntergucken, vielleicht für Sie optimal ausgeleuchtet. Ihr Partner dagegen, der eine andere Perspektive auf Sie hat, kommt aber in den Genuss einer voll ausgeleuchteten Kraterlandschaft und sieht damit alles, was Sie eben genau nicht zeigen wollten. Damit das nicht passiert, verteilen Sie besser gleich mehrere Lichtquellen strategisch gut im Raum. Das heißt, mindestens drei rund um das Möbel, welches Ihnen als Unterlage dient. Wenn Sie unbedingt etwas zum Verdecken brauchen, wählen Sie eine entsprechende Unterwäsche, in der Sie sich wohlfühlen. Das muss ja kein hinternspaltender Tanga sein, sondern ein hauchfeines Negligé, das verhüllt, wo es was zu verstecken gibt, und das die Schokoladenseiten präsentiert.

Sollten Sie in eine Situation kommen, in der Sie völlig von Ihrer eigenen Leidenschaft überrascht werden und Sie keine Zeit mehr haben, mit Ihrem Innenraumdesigner ein ausgeklügeltes Lichtkonzept entwerfen zu können, machen Sie Folgendes:

Sagen Sie sich selbst »Scheiß was drauf« und genießen Sie einfach den Moment – und dann denken Sie an nichts anderes als an diesen Moment. Auch wenn es gerade taghell ist oder die Neonröhre Ihnen ins Gesicht strahlt. Es ist nämlich äußerst sinnvoll und hilfreich für die Situation, wenn Sie beim Sex auch an Sex denken und nicht daran, was Ihr Partner eventuell von Ihrem Bauch, Ihren Oberschenkeln, der Form Ihrer Vulva und, mein Gott auch das noch, von Ihren Nippeln denken könnte. Könnte! Ein Mann, der mit Ihnen Sex haben will, denkt nicht. Echter Leidenschaft ist es nämlich ziemlich egal, ob an der einen Stelle etwas zu sehr hin und her wackelt oder die Haut sich etwas zu sehr ins Plissee wirft als erwartet. Den stört höchstens, wenn Sie stocksteif und verkrampft rumliegen oder ständig verschämt die Bettdecke zurechtzupfen, um irgendwelche nicht ganz katalogkonformen Körperregionen zu verstecken. Der will Ihr Fleisch sehen und nicht das Blümchenmuster Ihres Oberbetts. Und der will eine Frau sehen, die genießt, was er mit ihr macht oder sie mit ihm, und nicht eine, die ständig damit beschäftigt ist, sich im richtigen Licht zu platzieren. Im Gegenteil, der will, dass sie sich vergisst.

Und außerdem wird in dem Moment, in dem Sie sich total entspannt in Ihrer ganzen nackten Pracht präsentieren können, ohne über irgendwelche körperlichen Defizite nachzudenken, sich auch das eventuelle Problem Scheidentrockenheit in Luft auflösen (siehe vorheriges Kapitel).

Im Übrigen kommt Ihnen zugute, dass Ihr Partner, sofern er sich im ähnlichen Alter tummelt wie Sie, ebenfalls unter Alterserscheinungen leidet. Zum Beispiel unter Altersweitsichtigkeit. Das bedeutet, der sieht Sie, je näher er Ihnen kommt, zunehmend verschwommener. Die Chance, dass er Ihre Besenreiser sieht, wird also mit fortgeschrittenem Alter immer unwahrscheinlicher. Selbst bei gleißendem Neonlicht ist entspannter Sex dann ohne Weiteres möglich.

7. KAPITEL

FAMILIE & ANDERE CLAN-MITGLIEDER

Die Familie ist ein unantastbares Konstrukt. Das weiß jeder aus hinreichend eigener Erfahrung. Ob wir sie lieben oder hassen: Blut ist und bleibt dicker als Wasser. Das gilt zumindest für Krisensituationen. Da ist man dem Clan eng und verpflichtend verbunden, ob einem das passt oder nicht. Gerade Frauen können das besonders gut: eigene Bedürfnisse hintanstellen und sich selbst vergessen. Frauen, insbesondere Mütter, tendieren dazu, aufopferungsvoll jede nur erdenkliche Arbeit an sich zu reißen und jegliche Versuche Ihrer Lieben, Selbstständigkeit zu erreichen, im Keime zu ersticken. Weil ohne Mamas tatkräftiges Mitwirken das Schiff unweigerlich zu Grunde sinken würde. Mutti kann nämlich immer alles am besten, nicht wahr?

Der Lebensentwurf *Familie* ist ein sehr intensives Unterfangen, mit dem jede Frau ab 40 sich in irgendeiner Form auseinandersetzt. Ja, auseinandersetzen muss. Während einige froh sind, dass sie ob des bald stattfindenden Auszugs der Brut in die freie Wildbahn nun endlich wieder mehr Freiraum haben, bis sie sich in ein paar Jährchen der Pflege der Eltern zuwenden dürfen, hören andere statt des leisen Tickens der berühmten Uhr ein nervtötendes Dauergeläut, das sich leider gar nicht so einfach abstellen lässt. Wird das noch was mit der Kleinfamilie? Jetzt ist auf jeden Fall die letzte Chance, eine eigene Kernfamilie zu gründen, die vorhandene zu vergrößern oder sich zum letzten Mal sehr bewusst gegen jegliche Form des Nachwuchses zu entscheiden. So oder so, die Familienfrage will zwischen 40 und 50 geklärt werden – danach ist der Zug dann nämlich auf Nimmerwiedersehen abgefahren. Oder doch nicht?

56

WIE SIE MIT DER TICKENDEN UHR UMGEHEN

Die berühmte tickende Uhr: Wenn Sie jetzt noch keine Kinder haben, steigt die Chance rapide, dass sich ab 40 ein feines Geläut bemerkbar macht, das sich mit jedem Jahr etwas eindringlicher in Ihr Bewusstsein scheppert. Die Verwandtschaft macht mitunter auch ziemlichen Druck, indem sie sich enervierend in Ihre Familienplanung einmischen möchte: »Also, bei euch wird's ja auch mal Zeit!« Im Freundeskreis wird mittlerweile jedes zweite Wochenende Kindergeburtstag gefeiert – ohne Sie. Also: It's now or never.

Gefühlt liegen Ü40-Erstgebärende im Trend. Das stimmt auch, die Tendenz steigt. Aber tatsächlich sind in der Summe immer noch recht wenige aller Erstgebärenden über 40. Es ist also maximal ein ganz kleiner Trend – obwohl es sich durch die Präsenz von schwangeren Mittvierzigerinnen (oder auch Frauen um die 50) in den Medien sehr viel mehr anfühlt. Sollten Sie also mit über 40 beschließen, zum ersten Mal in die Mutterrolle zu schlüpfen, dann gehören Sie damit zwar nicht zu einem Massenphänomen, aber sind immerhin in prominenter Gesellschaft. Und Sie nutzen auch Ihre letzte Chance, sich zu vermehren. Ja natürlich, eine Frau kann auch mit 50 noch schwanger werden. Aber nicht easy-peasy. Das sind Ausnahmefälle. Ab 40 wird es mit jedem Jahr, dem Sie Ihrem Klimakterium näher kommen, schwieriger, schwanger zu werden. Die Chance, ab 45 schwanger zu werden, liegt bei etwa 0,2 Prozent[26]. Theoretisch. Die monatliche Fruchtbarkeit ist nicht mehr annähernd so verlässlich wie mit Mitte 20. Auch wenn Sie noch einen regelmäßigen Zyklus haben:

- Sie haben nicht mehr in jedem Zyklus einen Eisprung.
- Sie haben immer weniger Eizellen.
- Die Chance, dass Sie eine Fehlgeburt erleiden, wird mit jedem Jahr größer.

Außerdem, je verkrampfter Sie wollen, desto mehr versetzen Sie Ihren Körper in Stress. Damit verringern Sie die Chance zusätzlich. Und Sex nach der Stechuhr ist jetzt auch nicht so wahnsinnig romantisch und förderlich für Ihre Paarbeziehung.

Was also können Sie tun? Natürlich können Sie medizinisch nachhelfen. Aber auch das wird ab 40 nicht mehr so gut funktionieren wie zehn Jahre früher. Das sieht auch Vater Staat so. Als Frau ab 40 müssen Sie nämlich laut Sozialgesetzbuch V, § 27a jegliche Behandlung für einen Kinderwunsch als Kassenpatientin selber zahlen. Haben Sie die finanziellen Mittel dazu? Da kann durchaus ein Mittelklassewagen bei draufgehen. Und noch viel wichtiger: Haben Sie die Kraft dazu, das Ganze mehrfach zu probieren, wenn es beim ersten Mal nicht klappt? Und es wird nicht beim ersten Mal klappen – sehr, sehr wahrscheinlich nicht. Halten Sie das psychisch aus, auch das vierte und das fünfte Mal einen Versuch zu starten?

Hormonbehandlungen sind auch nicht superangenehm, sondern greifen massiv in den Körper ein. Das bedeutet: Nebenwirkungen. Die Gefahr, dass Sie zum Beispiel rasant zunehmen, ist extrem groß – um nur mal eine Unannehmlichkeit zu nennen. Eine Freundin von mir ist in wenigen Tagen um zehn Kilo gewachsen – durch Wassereinlagerungen. Hormonelle Stimulation Ihrer Eierstöcke in Form von Tabletten oder Spritzen oder beidem ist aber Teil einer In-vitro-Fertilisation oder einer Intrazytoplasmatischen Spermieninjektion. Die Verfahren sind recht vielversprechend in ihren Erfolgen – bei jüngeren Frauen. Bei über 40-jährigen Frauen, besonders je weiter Sie gen 50 gehen, sinken die Erfolgsaussichten. Darüber müssen Sie sich klar sein. Und seien Sie sich auch bewusst, dass der Druck, der auf Ihrer Partnerschaft liegt, ganz enorm groß ist. Das ist eine Feuerprobe für jede Beziehung, ob Sie nun über 40 sind oder nicht. Allerdings ist so ein Beziehungstest nicht nur negativ und heißt nicht automatisch, dass eine Trennung obligatorisch ist, wenn es mit der Schwangerschaft nicht klappt. Man wächst auch zusammen, wie bei jeder schwierigen Zeit, durch die man gemeinsam geht. Versuchen

Sie, soweit es geht, den Druck aus der Sache zu nehmen. Stress ist im wahrsten Sinne des Wortes ein absoluter Killer. Suchen Sie sich einen vertrauensvollen Arzt, der Ihnen realistische Chancen darlegt. Und noch wichtiger: Sprechen Sie mit Ihrem Partner offen über Ängste, Risiken, Finanzierung und was passiert, wenn alles nicht klappt.

Ich kenne zwei Frauen, die beide kurz nachdem sie aufgegeben haben, jemals in Ihrem Leben schwanger zu werden, genau das geworden sind. Auf natürlichem Weg. Eine andere Bekannte ist nach sehr vielen gescheiterten hormonellen Versuchen doch noch durch In-vitro-Fertilisation endlich schwanger geworden – mit Drillingen – damals gab es nicht die Reduktion auf maximal zwei eingesetzte befruchtete Eizellen. Exakt elf Monate nach der Geburt der Drillinge kam noch ein Kind zur Welt. Sie hatte sich nach der Drillingsgeburt keine Gedanken mehr um eine mögliche nächste Schwangerschaft gemacht. Das hat sie so entspannt, dass sie ruck, zuck von ganz allein, also durch romantischen Sex, zu ihrer eigenen Überraschung wieder schwanger geworden ist.

Ich kenne übrigens auch mehrere Frauen, die mit Mitte 40 noch mal schwanger geworden sind – mit völlig ungeplanten Nachzüglern. Das geht also auch, trotz der 0,2 Prozent Chance. Und noch eine andere Freundin, Marion, ist mit Anfang 40 mit ihrer Freundin Elke in den, wie sie es nannten, »Befruchtungsurlaub« geflogen. Die beiden wollten ein Kind, aber keinen Mann. Sie haben sich den ganzen Schnickschnack mit Formularen und kostspieligen Ausgaben gespart und sind in die Karibik geflogen. Nun gut, der Flug war auch nicht gerade billig. Marion wusste genau, wann ihr Eisprung war, und dann hat Sie sich passgenau einen paarungswilligen Mann gesucht – und sie und Elke sind wieder ins Flugzeug gestiegen. Es hat erstaunlicherweise geklappt. Das Verfahren ist natürlich sehr speziell und nicht unbedingt empfehlenswert.

Übrigens, auch wenn Ihr Körper noch könnte, Sie aber jahrzehntelang mit der Pille verhütet haben, muss ihr Körper sich auch erst einmal wieder selbst in den Griff bekommen. Das kann in kürzester

Zeit passieren, also innerhalb eines Zyklus. Es kann aber auch ein Jahr dauern. Oder länger – Zeit, die Sie nicht mehr haben. Es kann auch sein, dass Ihre Regel erst einmal komplett aussetzt und Sie meinen, Sie sind schon in den Wechseljahren. Medizinisch zählen Sie ja schon ab 35 zu der Gruppe der Risikoschwangeren.

Einen Vorteil haben Sie als Spätgebärende aber absolut: Die Gefahr, dass Sie Schwangerschaftstreifen bekommen, ist extrem gering. Ehrlich gesagt kenne ich keine, die erst spät Mutter geworden ist und Streifen hat. Es ist aber auch logisch: Ihre alte Haut hat schon so viele Ups and Downs erlebt. Sie ist quasi auf Dehnung vorbereitet, um bei einer solchen Belastung nicht zu reißen. Alle, die ich kenne, die vor ihrem 20. Lebensjahr ihr erstes Kind bekommen haben, dagegen haben Streifen. Da ist doch auch mal was.

57.

WIE SIE VERMEIDEN, EINE NERVIGE Ü40-LATTE-MACCHIATO-MUTTER ZU WERDEN

Haben Sie es dann geschafft, als über 40-Jährige zu den trendigen späten Erstgebärenden zu gehören, können Sie in den nächsten Monaten der Schwangerschaft neben den ganzen Ratgebern über Geburt und Aufzucht mal etwas genauer über die Vor- und Nachteile der Spätmutterschaft nachdenken. Späte Erstgebärende tendieren nämlich sehr zur Übermutter, im Gegensatz zu Frauen, die spät zum wiederholten Mal Mutter werden (die sind nämlich in der Regel wirklich sehr entspannt). Bei den Erstlingsmüttern dagegen werden Verabredungen mit Freunden zur Hardcore-Prüfung für die Freundschaft. Da heißt es dann nur noch Emily-Lou hier, Emily-Lou da. Bio, und nur bio ist erlaubt, kein Zucker, außer der Latte, der darf als To-go im Plastikbecher mit Karamelltopping spazieren geführt werden. Puh! Passen Sie auf, dass Sie mit Ihrem

Mann nicht zu den ätzenden Eltern gehören, die kaum einer mehr ertragen kann. Wenn Ihre Freunde immer seltener kommen, sollten Sie vielleicht mal Ihr Erziehungskonzept überarbeiten. Oder zumindest nicht immer zu zweit das Kind ins Bett bringen und Ihren Besuch alleine im Wohnzimmer sitzen lassen.

Stichwort *Helikoptermutter*. Grund für die übertriebene Sorge ist einfach Ihr großer Erfahrungsschatz. Sie vermuten nicht mehr nur, dass die Welt böse sein könnte, Sie wissen es. Und Sie kennen die Details – viele aus eigener Erfahrung, nicht nur aus der Theorie. Deshalb lassen Sie Ihr Kind nur ungern aus den Augen. Ihnen als später Neumutter fehlt einfach die nötige Portion Unbedarftheit. Sie neigen zur Sorge, sobald sich ihre Sprösslinge aus dem Blickfeld Ihrer Argusaugen entfernen. Spielplatzstreite werden pädagogisch wertvoll begleitet und ausdiskutiert. In der Regel haben Sie auch nur ein Kind, das die gesamte übermütterliche Sorge aushalten muss. Zu viel Sorge ist nicht gut, weder für die Mutter noch fürs Kind. Man muss auch nicht immer alles perfekt machen. Nicht wissenschaftlich belegt, aber meine Erfahrung: Späte Müttern halten ihre Sprösslinge auch überdurchschnittlich oft für hochbegabt. Tatsächlich sind wesentlich weniger Kinder davon betroffen. Also entspannen Sie sich bei Juniors vorschulischen Vorlesekünsten. Es heißt erst einmal nur, dass Ihr Sohn ein aufgewecktes Kerlchen ist und nicht, dass er einen IQ von über 140 hat und sofort bei »Mensa« angemeldet, ein Kurs in Mandarin, eine Anmeldung zum Klavierunterricht und eine Vorstellung beim örtlichen Schachverein organisiert werden muss. Lassen Sie Ihrem Kind lieber etwas Zeit, sich hin und wieder ordentlich zu langweilen, als einen eigenen Terminplaner für ihn einzurichten.

Ältere Mütter sind nur gelassener, wenn sie schon Kinder haben und noch einen Nachzügler bekommen. Ansonsten tun sie nur so, mit ihrem hippen »Tall Latte macchiato« in der Hand. Dabei haben Sie als Spätgebärende die Chance, grobe Erziehungsfehler zu vermeiden, da sie viele Erziehungsfehler bei Ihren Freunden schon beobachten konnten.

58

WIE SIE ÜBERLEBEN, WENN DER ZUG ABGEFAHREN IST

Es gibt allerlei Gründe zwischen wollen und können, warum Frauen keine Kinder bekommen: medizinische, materielle, ökonomische, ökologische, soziale; vielleicht hatten Sie bisher keine Lust, es war kein adäquater Partner weit und breit verfügbar, die Karriere hatte Vorrang, usw. Einer der Gründe ist: Der Körper ist einfach zu alt geworden. Natürlich steigt ab 40 auch die Möglichkeit, dass sich bösartige Wucherungen an der Gebärmutter oder den Eierstöcken festsetzen und diese dann entfernt werden müssen. Aber auch ohne so eine Indikation – irgendwann ist tatsächlich einfach Schluss mit der Fruchtbarkeit. Das letzte Ei ist aufgebraucht oder hat aufgegeben. Und keine Reproduktionsmedizin der Welt könnte daran noch irgendwas ändern. Eine zu späte Wahrnehmung des Glockenspiels und der damit verbundenen Erkenntnis, dass es wirklich vorbei ist mit der eigenständigen Entbindung, wird zu den schmerzhaftesten Einschnitten in Ihrem Leben gehören. Sofern Sie sich ein Kind wünschen (sonst natürlich nicht). Verstärkt werden die eigene Trauer und das geknickte Selbstwertgefühl zusätzlich durch ein begleitendes mitleidiges Einmischen der Gesellschaft, also des Umfelds. Hervorragendes Futter, dass Sie sich selber fertigmachen. Und auch, wenn Sie keine Kinder möchten, ein Gedanke, dass etwas auf einmal unwiderruflich vorbei ist, schwirrt schon mal im Kopf rum. Davon wird sich keine Frau freisprechen können. Es kann allerdings auch eine positive Empfindung sein, denn es möchte ja nicht jede Frau Kinder, oder noch mehr Kinder.

Ich habe Kinder, deshalb mag es vermessen sein, einer Frau, deren sehnlichster Wunsch es ist, ein Kind zu bekommen, zu raten: »Bleib geschmeidig, man kann ja auch ohne Kinder ein glückliches Leben haben.« Trotzdem glaube ich, dass, wenn etwas nicht geht, man gut daran tut, nach einer Phase der Traurigkeit abzuschließen und sich Alternativen zuzuwenden, als sich in Selbstvorwürfe zu verstricken. Denn damit ist niemandem geholfen, am allerwenigsten Ihnen selbst. Deshalb: Wenn Ihr Körper keine Kinder mehr kriegen kann, haben Sie zwei Möglichkeiten. Entweder Sie akzeptieren das, lassen los, streichen dieses Kapitel aus Ihrem Lebenslauf und investieren in einen anderen Lebenstraum: teureren Urlaub, schnelleres Auto, Hund – oder Sie versuchen, Kinderglück anders zu erfahren.

FOLGENDE MÖGLICHKEITEN KÖNNTEN SIE IN ERWÄGUNG ZIEHEN:

Werden Sie Stiefmutter: der schnellste, effektivste, wenn auch nicht der einfachste Weg, um Kinder zu bekommen. Wenn Sie ab 40 einen neuen Partner finden möchten, stehen die Chancen ganz hervorragend, einen zu finden, der bereits Kinder mitbringt. Der Vorteil hier ist, dass Sie, sofern Sie mit den Kindern klarkommen, nicht nur Ihre mütterliche Ader ausleben können, sondern zusätzlich eine Art Kumpel sein können, was den leiblichen Eltern seltenst zusteht. Sie aber sind ja nicht die Mutter. Wenn sie mit den Kindern nicht gut klarkommen oder unangenehme, schwerwiegende Entscheidungen getroffen werden müssen, können Sie sich ohne Vorbehalte aus der Affäre ziehen. Sie sind ja nicht erziehungsberechtigt.

Werden Sie Adoptivmutter: Das können Sie auch, wenn Sie über 40 sind. Sie müssen verheiratet sein, ein geregeltes Einkommen nachweisen und dürfen keine Erkrankungen haben. Theoretisch. In der Praxis ist eine Adoption ab 40 fast aussichtslos. Auch wenn Sie alle Voraussetzungen mitbringen und zusätzlich einen eigenen Pool, ein Reitpferd und sonstige Annehmlichkeiten bieten könnten, Sie sind einfach zu alt, und es gibt genug adoptionswillige Paare, die jünger und damit vermeintlich besser geeignet sind als Sie. Ausnahmen bestätigen die Regel, aber einen Säugling können Sie sich definitiv abschminken.

Werden Sie Pflegemutter: Sie müssen nicht verheiratet oder in einer Partnerschaft sein, um einem Pflegekind ein Zuhause geben zu können. Sie müssen finanziell dazu in der Lage sein und nachweislich (polizeiliches Führungszeugnis) keinen allzu großen Scheiß in Ihrem bisherigen Leben verursacht haben. Dann stehen die Chancen ganz gut. Auch hier gilt: theoretisch. Denn auch hier wird einer jüngeren Pflegemutter wahrscheinlich der Vorzug gewährt, zumindest, wenn es ein sehr kleines Kind ist. Je älter das Kind, desto realistischer sind Ihre Aussichten, dass es bei Ihnen einziehen darf.

Leihmutterschaft ginge auch, ist in Deutschland jedoch verboten. Das Embryonenschutzgesetz verbietet es Ärztinnen und Ärzten, mit befruchteten Eizellen zu hantieren. Ihr Partner müsste also mit der potenziellen Leihmutter in »echt« zur Tat schreiten. Oder Sie versuchen es außerhalb Deutschlands. In einigen Ländern ist es möglich, legal Eizellen einer Leihmutter mit dem Samen Ihres Partners, oder eines anderen Samenspenders, in vitro befruchten und der Leihmutter dann einsetzen zu lassen. Ihr Kind bekommt allerdings bei der Einreise zurück nach Deutschland nicht automatisch einen deutschen Pass – und damit sind Konflikte auf jeden Fall in und auf mehreren Ebenen vorprogrammiert.

Werden Sie im **Ehrenamt** tätig. Oder melden Sie Interesse bei Verwandten und Freunden als Patentante an. Auch das kann eine sehr erfüllende Aufgabe sein.

Wählen Sie ein **Kinderparadies als Urlaubsziel**. Als Animateurin scheiden Sie aus Altersgründen wahrscheinlich aus. Aber Sie können ja Ihren Jahresurlaub grundsätzlich in den Sommerferien buchen. Das ist nicht nur teuer, sondern Sie können auch sichergehen, dass attraktive Urlaubsziele wie Campingplätze mit ausgewiesenen Kinder- und Jugendangeboten voll mit schreienden Blagen sind.

Nach einem dreiwöchigen Urlaub sind Sie dann erst einmal für die nächsten paar Monate froh, dass Sie keine Kinder haben und sich maximal um Ihren Goldfisch kümmern müssen.

Bei Adoption und Pflege: Sie brauchen Nerven aus Stahl und einen enorm langen Atem, und trotzdem ist die Belohnung, nämlich ein Kind: unwahrscheinlich. Vielleicht bekommen Sie ein Kind, das bereits im Pubertätsalter ist. Vielleicht.

Ansonsten, Sie müssen es nicht als Frucht im Leib getragen haben, um Ihr Herz an ein Kind zu verlieren. Neun Monate Schwangerschaft helfen, einen Menschen bedingungslos zu lieben. Sie sind aber kein Garant und vor allem nicht der einzige Weg zur Mutterliebe. Wenn Sie angenommene Kinder – ob offiziell oder »nur« im Herzen – als Ihre ansehen, wenn Sie mit denen durch dick und dünn gegangen sind, wenn Sie gemeinsam mit ihnen Erfolge feiern und Wunden geleckt haben, dann ist das *Familie*. Und Familie ist wie Blut, ob selbst geboren, selbst ausgesucht oder selbst zusammengepatcht. Auch Stiefkinder kann man lieben. Das wusste auch schon Friedrich Schiller »Nicht Fleisch und Blut, das Herz macht uns zu Vätern und Söhnen«[27]. Das gilt selbstverständlich und vielleicht noch mehr für Mütter und ihre Töchter und Söhne.

Ändern können Sie die Tatsache, dass Sie keine leiblichen Kinder mehr bekommen können, nicht. Der Zug ist irgendwann tatsächlich weg, und Sie stehen dann, um beim Bild zu bleiben, einsam an der Bahnsteigkante. Sie haben es in der Hand: springen, stehen bleiben und einfrieren oder einen neuen Weg einschlagen? Es bleibt Ihnen doch überhaupt nichts anderes übrig, als diese Tatsache zu akzeptieren. Seien Sie ruhig traurig. Eine Weile. Aber versuchen Sie, darüber nicht unglücklich zu werden. Frauen sind trotzdem richtige Frauen, ob mit oder ohne eigene Brut. Und dann gibt es ja immer noch die Möglichkeit, sich ein Haustier zuzulegen.

59

WIE SIE ÜBERLEBEN, WENN SIE KEINE KINDER MÖCHTEN

Frauen, die ganz selbstverständlich sagen, sie möchten gar keine Kinder, stoßen immer noch in der Gesellschaft auf Unverständnis. Sie werden sogar manchmal ein wenig belächelt. »Warte mal, du hörst die Glocken schon noch« oder »Werd erst mal 40« oder »Irgendwann bereust du's!«. Eigentlich ist es immer noch ein Affront. Das darf eine Frau, eine *richtige* Frau, gar nicht laut sagen. Dabei gibt es genug Frauen, die sich bewusst gegen Kinder entscheiden. Es hört einfach nicht jede Frau die berühmte Uhr laut ticken. Nicht mal leise. Aus einem ganz einfachen Grund: Sie möchte keine Kinder. Nicht mal im Geheimen. Es ist ihre freie und freiwillige Entscheidung. Und ganz ehrlich, die Gesellschaft macht es einem ja auch nicht ganz einfach, welche zu wollen. Das Bild der kinderlosen alten Jungfer ist, zum Glück, nicht mehr zeitgemäß. Eine Unverschämtheit ist allein der Begriff aber immer noch. Und in unschöne Schubladen werden kinderlose Frauen auch immer noch gerne gesteckt. Im Gegensatz zu Männern. Bei denen ist es anscheinend völlig ok, wenn die mit Mitte 40 den erwartungsvollen Eltern immer noch keine Enkelkinder präsentieren können. Als Frau dagegen MUSS irgendetwas nicht mit Ihnen stimmen, und deshalb fallen Sie zwangsläufig in die Schublade *knallharte Geschäftsfrau*, die sich egoistisch und hartherzig nur auf Ihren Beruf konzentriert. Die karrieregeil ist und/oder die keinen abgekriegt hat und überhaupt und sowieso nur an sich selbst denkt. Hoffentlich arbeiten Sie in einem Beruf, der mit Kindern zu tun hat. Lehrerin zum Beispiel. Sie müssen das ja bestimmt kompensieren, dass Sie keine Kinder haben. Oder nicht?

Meine Freundin Corinna ist weit davon entfernt, auch nur ein einziges tickendes Glöckchen zu hören: »Ich kann mir meine Zeit selbst einteilen, Andreas und ich genießen unser Leben, wir verreisen viel. Der Gedanke an Kinder war zwar schon mal da, also wir haben drüber gesprochen, aber, nö. Passt nicht. Außerdem brauche ich viel Ruhe und Zeit für mich. Ich bin eigentlich ganz gerne egoistisch.« Corinna ist gerade erst 40 geworden, ist schon ein paar Jahre verheiratet, hat mit Ihrem Mann zusammen ein großes Haus. Das heißt, die tickende Uhr kann sich durchaus noch einstellen. Ich kenne aber mehrere andere Frauen, die ähnlich wie Corinna sehr glücklich ohne Kinder sind und sich sogar sehr bewusst dagegen entschieden haben. Und die sind schon älter und nicht mehr im gebärfähigen Alter.

Das äußere Umfeld ist eher das Problem. Die Gesellschaft und ganz besonders andere Mütter setzen Frauen ohne Kinderwunsch massiv unter Druck. Sie finden es merkwürdig, dass eine Frau freiwillig keine Kinder haben möchte. »Na, bei dir wird es aber auch mal Zeit« ist da noch harmlos. Eltern, die sehnsüchtig darauf warten, ein Enkelkind zu bekommen, können das Thema auch breittreten. Da wird dann jedes Mal, wenn Sie sich zu Hause blicken lassen, moniert, dass Frau Pollkötter von nebenan nun bereits das dritte Enkelkind im Arm wiegen kann. Vielsagender Blick. Das nervt.

Es ist einfach eine Tatsache, dass nicht jede Frau ein Kind möchte. Also entspannen Sie sich und stehen Sie dazu. Man kann auch ohne Kinder, ohne Mann, ohne Hund und sogar ohne Katze glücklich werden.

Bianca, 48: »Es gab eine Zeit, da hätte ich gerne Kinder gehabt. Aber wenn ich wirklich gewollt hätte, wäre wahrscheinlich auch das möglich gewesen. Kinder sind das Einzige, was ich tatsächlich manchmal vermisse in meinem Leben. Aber nur manchmal.«

Was Sie als Frau ohne Kinder besser lassen sollten: Mischen Sie sich nicht in die verkorksten Erziehungsmethoden Ihrer Freunde ein. Denn Sie als Nicht-Mutter können das doch alles überhaupt nicht nachvollziehen, wie es ist mit so einem empfindsamen Kind. Sie haben ja keine Kinder. Selbst wenn Sie als Erzieherin, Familientherapeutin oder Animateurin arbeiten, können Sie sich einfach nicht in die Gefühle einer Mutter versetzen, und deshalb können Sie auch nicht wissen, dass dieses ganz spezielle Kind eben auch nur ganz speziell behandelt werden darf. Deshalb halten Sie am besten die Klappe und verabschieden sich einfach früher von solchen unverständigen Freundinnen. Oder gehen Sie einfach, wenn die Eltern mal wieder beide das tyrannische Kind zu Bett bringen müssen und Sie bereits eine geschlagene Dreiviertelstunde allein am Tisch im Esszimmer sitzen. Ohne Musik und ohne Fernseher, denn das würde das Kind ja daran hindern, einzuschlafen. Oder nehmen Sie sich zukünftig Ihre Arbeit und Ihren Laptop mit und bereiten Sie die Präsentation vor, die Sie immer noch nicht geschafft haben. Aber sagen Sie nichts zur Erziehungsmethode, wenn Ihnen die Freundschaft was bedeutet.

In den vorherigen Kapiteln erwähnte ich, dass die Erfolgsquote, nach 45 Lenzen noch schwanger zu werden, bei etwa 0,2 Prozent liegt. Wenn Sie keine Kinder möchten, rate ich Ihnen dringend, sich trotzdem mit Verhütung zu beschäftigen. Ich kenne persönlich eine Handvoll Frauen, die nach 45 noch ein kerngesundes Baby zur Welt gebracht haben. Also Obacht! Auch wenn Ihre Regel ausbleibt, sollten Sie sich nicht darauf verlassen, dass Sie nicht mehr fruchtbar sind. Es dauert mindestens ein Jahr, bis nichts mehr passieren kann. Überhaupt sollten Sie sich spätestens mit Mitte 40 mit der Verhütungsfrage intensiv auseinandersetzen. Hormonelle Verhütungsmittel wie die Pille sind für Frauen ab 40 nur eingeschränkt zu empfehlen. Wenn Sie sichergehen wollen, dass Sie nicht schwanger werden, Hormone aber nicht mehr infrage kommen, ist ein Besuch in einer gynäkologischen Praxis dringend angebracht. Im Übrigen steigt die Zwillingsquote proportional zum Alter der Mutter. So als würde der Körper sich sagen »Wenn schon, dann aber auch richtig«.

60

WIE SIE IHREN PUBERTISTEN ERLÄUTERN, DASS SIE GERADE EBENFALLS TIEF IM HORMONCHAOS STECKEN

Wenn pubertierende Jugendliche auf Mütter in den Wechseljahren stoßen, treffen zwei wahre Urgewalten aufeinander! Meine Erfahrungen mit Müttern – und natürlich mit mir selbst als Mutter – sind, dass Mütter gerne Pubertätsgefechte als persönliche Angriffe beziehungsweise deren Niederlagen als persönliches Versagen deuten. Das sind sie nicht. Väter gehen in aller Regel anders mit den jugendlichen Unverschämtheiten um. Sie reagieren kürzer oder gar nicht und nehmen es nicht ganz so persönlich. Verzweifeln Sie nicht, Sie und Ihr Kind sind beide in einer Phase, die erstaunlicherweise relativ schnell wieder vorbeigeht – also, in Bezug auf die durchschnittliche Lebenszeit, sind die paar Jährchen ja quasi nichts.

Halten Sie auf jeden Fall Taschentücher bereit, denn ohne Tränen auf beiden Seiten wird solch ein Aufeinanderprallen zweier gefühlsüberladener emotionaler Haudegen nicht ausgehen. Sie müssen auch noch gar nicht unbedingt in den Wechseljahren sein, um plötzlich emotionsgeladener zu reagieren. Es ist einfach so, dass selbst die gelassenste Person im Zuge des Auseinandersetzens mit dem Älterwerden irgendwann an einen Punkt kommt, an dem ihr alles zu viel wird. Im Prinzip befinden Sie sich in dem Moment in einer Art zweiten Pubertät, in dem Ihnen der Wechsel von der jungen zur älteren Frau bewusst wird. Der wichtigste Unterschied zur ersten Pubertät ist, dass kein Jugendstrafrecht mehr für Sie gilt und auch Ihre Eltern nicht mehr für Sie haften. Sie sind bei der zweiten Pubertät für Ihr Handeln zu 100 Prozent selbst verantwortlich. Und zwar im vollen Umfang. Es steht tatsächlich nur eine Person für Sie gerade: Sie selbst. Dieser Punkt geht also an Ihren jugendlichen Kontrahenten. Jetzt kommt Ihr Vorteil: Sie haben wesentlich mehr

Erfahrung. Vielleicht haben Sie sogar schon mal Atemübungskurse an der Volkshochschule belegt oder einen Yogakurs besucht. Dann könnten Sie Stress sogar wegatmen, sofern Sie sich in dem Moment daran erinnern, wie das geht.

Es hilft natürlich enorm, wenn Sie bereits in jungen Jahren einen guten Grundstein gelegt haben und Ihre Kinder von Anfang an gelernt haben, dass auch Mütter eine Art Privatsphäre besitzen, in die sie sich von Zeit zu Zeit zurückziehen dürfen. Sollten Sie das in Ihrer Erziehung versäumt haben oder durch eine neu eingegangene partnerschaftliche Beziehung eine neue familiäre Konstellation aus Kindern, Jugendlichen und Erwachsenen haben, die bisher nicht mit Ihrem Erziehungskonzept vertraut sind, dann müssen Sie eventuell etwas mehr Zeit und Ehrgeiz investieren. Das sollten Sie aber dringend tun, denn wie eingangs erwähnt, prallen da zwei Welten aufeinander und wenn beide Parteien aus dieser Kampfzone gestärkt hervorgehen sollen, müssen Spielregeln festgelegt werden.

Folgendes sollten Sie bedenken (wir gehen davon aus, dass es gehörig knallt, sonst bräuchten Sie sich ja keine Strategie zurechtzulegen, nicht wahr?!):

- Legen Sie frühzeitig, am besten bevor Sie bröckelige Nervenstränge bekommen, Freiräume für sich selbst fest. Die müssen nicht übertrieben lang sein. Manchmal reicht schon, wenn die Familie akzeptiert, dass Sie einfach mal ohne jegliche Unterbrechung eine Tasse Kaffee trinken möchten, wenn Sie von der Arbeit kommen.
- Lassen Sie ebenfalls Ihren Jugendlichen Freiräume. Das heißt für Sie, dass Sie sich damit abfinden müssen, nicht jederzeit überprüfen zu können, was Chiara-Lorraine und Jean-Luca den ganzen Tag machen.
- Binden Sie Chiara-Lorraine und Jean-Luca in die Familienhausarbeit ein. Wer für etwas verantwortlich ist, geht sorgsamer damit um.

- Jugendliche diskutieren gerne und viel. Durchaus mit einem Hang zu erhöhter Aggression. Legen Sie sich gute Argumente für Ihr Handeln zurecht. Besuchen Sie zur Not einen Rhetorikkurs und lernen Sie richtiges Argumentieren – hilft ja auch in anderen Situationen. Und zählen Sie innerlich mindestens bis drei (oder bis 30). Eventuell vertagen Sie das Gespräch.
- Buchen Sie einen Sportkurs, um Dampf abzulassen. Wenn Sie einen Familienhund haben, sind Sie fein raus, denn mit ihm haben Sie ein tolles Argument, alleine eine Runde zu drehen. Wahrscheinlich ist der Kinderwunsch-Hund sowieso mittlerweile Ihrer alleine, denn Sie sind die einzige, die sich um ihn kümmert.
- Versuchen Sie, wenn Sie noch andere kleinere Kinder haben, zumindest ab und zu, ein wenig Zeit alleine zu haben. Sie brauchen genauso wie Ihre Teenager Freiräume, um in Ihrer *Pubertät* zurechtzukommen und sich auszuprobieren.
- Sie wissen nicht, zu welcher Art Teenager sich Ihr Kind entwickelt, und welche Art von Alterspubertät Sie reiten wird. Seien Sie also bereit für Überraschungen.

Meine Erfahrung ist, dass Jugendliche gar nicht so übel sind, wie sie aussehen. Nervig, ja. Sie haben aber helle Momente, in denen man sehr gut mit ihnen reden kann. Und tatsächlich haben sie auch Verständnis für menschliche Schwächen, sogar wenn es sich bei diesen Schwächlingen um die eigenen Eltern handelt. Natürlich sind sie bei Eltern nicht so tolerant wie bei »normalen« Menschen, aber Akzeptanz ist möglich. Wichtig ist, dass Sie die Pubertierenden mitgestalten lassen. Das heißt auch für Sie, Kompromisse einzugehen. Aber es heißt nicht, dass Sie leicht erpressbar sind oder dass die fein säuberlich aufgestellten Regeln permanent umgangen werden, nur weil Sie endlich Ihre Ruhe haben wollen. Die wichtigste Voraussetzung, um die Pubertät gut zu überstehen, ist, Sie bleiben geschmeidig und größtenteils konsequent.

61

WIE SIE DIE LEEREN ZIMMER IHRER KINDER ERTRAGEN, WENN IHRE KINDER ERWACHSEN WERDEN

Hatten Sie Ihren Sohn gefühlt nicht gerade gestern erst geboren? Unfassbar, wie schnell die Zeit vergangenen ist! Denn es stimmt, dass die Zeit mit jedem Jahr, das die eigenen Kinder älter werden, ein kleines bisschen schneller läuft. Und jetzt steht vor Ihnen ein großer Kerl, der Sie einen Kopf überragt und Schuhgröße 46 trägt? Der mit der Schule fertig ist und der im schicken Anzug mit Ihnen auf dem Weg ist, um sein Abschlusszeugnis entgegenzunehmen? Der in eine fremde Stadt zieht, um zu studieren? Oder der zu einem Work-and-Travel-Jahr nach San Salvador aufbricht, wo Sie ihn nicht besuchen können, weil Sie panische Flugangst haben? Oder der einfach nur eine sehr feste Freundin hat, mit der Sie überhaupt nicht einverstanden sind und mit deren Familie Sie voraussichtlich bald angespannte Grillabende veranstalten müssen?

Wenn Sie noch weitere Kinder haben, ist die Abnabelung des Erstgeborenen zwar schmerzhaft, aber eigentlich sehr praktisch, denn die Familie gewinnt etwas Platz. Wenn Sie nur ein Kind haben beziehungsweise das letzte Kind das Nest verlässt, sieht die Welt allerdings anders aus. Wenn dann die Tür hinter dem letzten Umzugskarton zufällt, ist die Stille plötzlich sehr laut. Spätestens jetzt wird sich das zusammengekniffene Mutterherz entladen. Wenn sie bis hierhin ihre Tränen im Zaum halten konnten, werden selbst Hartgesottene weich und können den Wasserfluss kaum mehr zügeln. Macht nichts, heulen Sie, was das Zeug hält. Aber heulen Sie für sich. Bitte. Ihrem Kind wünschen Sie viel Glück und lassen es ziehen – nach eigenem Gusto. Je weniger Sie sich einmischen, desto besser. Das Kind muss eigene Fehler machen dürfen. Geben Sie es mit guten Wünschen, Ihrer aktuellen Handynummer und einem Stück selbst gebackenen Kuchen in die Freiheit.

Dies ist kein Erziehungsratgeber, sondern einer für Frauen. Also schauen wir mal, was Sie nun tun können, wenn der Schmerz ein bisschen abgeebbt ist und Sie sich langsam, aber sicher für den Filius freuen können. Da ist zum Beispiel der frei gewordene Platz im Haus, den Sie nun prima nutzen können. Hier ein paar Ideen:

Wenn Sie eine große Familie in einer kleinen Wohnsituation haben: Hurra! Ein Zimmer wird frei! Wie oben schon erwähnt, das nächste Kind zieht in das frei gewordene Zimmer. Es wird aufgerückt und alle haben ein bisschen mehr Platz und freuen sich.

Sie können endlich ein Gästezimmer einrichten und Ihre beste Freundin muss nicht mehr auf der Isomatte im Wohnzimmer schlafen. Alternativ können Sie das Zimmer auch bei Airbnb anbieten und sich 'ne Mark dazuverdienen und neue Leute kennenlernen.

Sie können endlich ein Zimmer Ihr Eigen nennen! Fitnessraum, Nähraum, Labor für Ihre Hobbyforschung, Bibliothek, Yoga- oder Partyraum. Meine Freundin Manuela hat ein Hundezimmer eingerichtet. Der Hund ist allerdings auch ziemlich groß, da bot sich ein eigenes Zimmer für Bett, Futterplatz sowie Herbst- und Winter-Kollektion an.

Wenn Sie Platz haben, können Sie das Zimmer aus sentimentalen Gründen auch so lassen, wie es ist. Es existiert allerdings die Gefahr, dass sich Essensreste irgendwo im jugendlichen Gedöns versteckt halten und anfangen zu schimmeln. Also unbedingt grundreinigen (lassen). Dass Sohnemann zu Ihnen zurückzieht, ist eher unwahrscheinlich. Sollte er es doch tun, können Sie davon ausgehen, dass er die Inneneinrichtung seinem aktuellen Geschmack anpassen möchte. Klären Sie am besten vor dem Auszug, welche Sachen er mitnehmen möchte und welche wegkönnen. Und lassen Sie ihn sich darum kümmern.

Wenn Sie keinen Platz für ein leer stehendes Zimmer haben, machen Sie unmissverständlich klar, dass Elternhaushalte weder Müllhalden noch Privatmuseen oder kostenlose Storage-Räume sind. Machen Sie sich das bewusst und auch Ihren Sprösslingen

(Eltern sind meist sentimentaler als die Kinder selbst). Wenn Sie einem Archiv zustimmen, wo alte Schulbücher und Stickeralben, Barbiepuppen, alte Handys und Klamotten in Bananenkisten gestapelt aufbewahrt werden dürfen, können Sie drauf wetten, dass sich dieses Sammelsurium im Laufe der Jahre durch das Dazustellen weiterer Kisten und Umzugskartons mit Dingen, die nicht weggeschmissen werden wollen, weiter füllt. So sieht die Wohnung Ihrer Sprösslinge immer schön stylish und aufgeräumt aus, während Ihre Wohnung zusehends vermüllt. Wollen sie das? Wenn Sie natürlich zu zweit in einer 15-Zimmer Wohnung residieren, können Sie das Anliegen ja noch mal diskutieren.

Die Sache mit dem emotionalen Loch ist etwas schwieriger. Naturgemäß fällt sie leichter, wenn Sie außer Ihren Kindern noch andere Interessen haben. Falls Sie die haben, ist es eigentlich nur eine kurze Traurigkeitsphase, die sich, sobald Sie die Pflege Ihrer Hobbys wiederaufnehmen, in Grenzen halten wird. Wenn Sie sich bisher als Übermutter aktiv gehalten haben, brauchen Sie eine neue Aufgabe.

- Machen Sie Ihr Hobby zum Beruf. Ein freies Zimmer für Büro oder Werkstatt haben Sie ja jetzt.
- Engagieren Sie sich ehrenamtlich. Sie geben damit ja nicht nur. Sondern bekommen eine Menge zurück.
- Entrümpeln Sie Ihr Leben. Nicht nur das ehemalige Jugendzimmer, sondern gleich Ihr ganzes Haus. (Wenn es sein muss, den Partner gleich mit. Vielleicht finden Sie aber auch ganz neu zusammen, jetzt wo die Kinder aus dem Haus sind).
- Kaufen Sie sich ein Haustier. Aber seien Sie sich darüber im Klaren, dass Ihr Kindersatz Sie genauso auf Trab halten wird wie vorher Ihre Kinder.

Wenn Sie so gar nicht wissen, was Sie machen können: Kümmern Sie sich um sich selbst, sofern Sie es sich finanziell leisten können, hängen Sie einfach eine Weile ab. Gehen Sie spazieren, besuchen Sie Volkshochschulkurse, planen Sie eine längere Reise, lesen Sie ein Buch oder erstellen Sie einen Back Blog. Kümmern

Sie sich um Ihren Geist, suchen Sie intellektuelle Abwechslung; ein Studium, Weiterbildung, eine Neuorientierung im Job (siehe Kapitel 39 *Wie Sie Ihren Traumjob finden*). Besuchen Sie ein Kloster in Deutschland oder bei Buddhisten in Nepal. Denken Sie einfach mal an sich selbst, zur Abwechslung.

Eine Phase der Trauer ist immer auch irgendwie ein Neuanfang. Ihre Kinder sind meist schneller wieder da, als Ihnen lieb ist. Ruck, zuck stehen nämlich die Enkelkinder vor der Tür – und dann ist es mit der Ruhe auch schon wieder vorbei.

62.

WIE SIE SICH JUNG FÜHLEN, WENN JEMAND SIE »OMA« NENNT

Sind Sie schon Oma? Wenn nicht, steigen die Chancen ab 40 rapide an, vorausgesetzt Sie haben Kinder im gebärfähigen Alter. Sie wissen ja, was gebärfähig heißt, und haben Ihre Teenager entsprechend aufgeklärt, ja? Keine Panik, die meisten Frauen gebären ihr erstes Kind nicht minderjährig. Die Geburtenrate für Babys von Müttern unter 20 liegt bei unter zwei Prozent[28]. Also für die, die nicht abgetrieben haben. Entspannen Sie sich, aber sprechen Sie noch mal ein Wörtchen mit Ihrer Tochter, wenn die mit zwölf ihre Regel hat und Sie die Vermutung haben, dass sie sich brennend für Bienchen und Blümchen interessiert. Das gilt natürlich auch für Ihren Sohn.

Wenn Sie relativ früh selbst Kinder bekommen haben, ist der Zeitpunkt ab 40 rein rechnerisch aber sehr realistisch, in Bälde Oma zu werden. Eine ehemalige Klassenkameradin von mir, Laura, ist 49 und bereits fünffache Oma. Laura hat ihr erstes Kind mit 19 bekommen. Dieses Kind, eine Tochter, hat wiederum ihr erstes Kind mit Mitte 20 bekommen. Inzwischen hat sie drei und ist fast 30. Ihre jüngere Schwester hat die anderen zwei bekommen. Also im wahrsten Sinne des Wortes ein Kinderspiel und alles andere als realitätsfern.

Wenn Laura mit ihrer Enkelhorde unterwegs ist und sich unter die Spielplatzmamis mischt, hält jedenfalls niemand sie für die Oma der lieben Kleinen, sondern für die Mutter. Sie fügt sich unter die älteren Mamis, die um die 40 sind, nahtlos ein. Sie fällt eigentlich nur dadurch auf, dass sie sehr viel lässiger ist, die Kinder alleine rutschen lässt und nicht bei jedem Streit gleich in panischer Hektik zwischen den Kontrahenten pädagogisch wertvoll vermitteln muss. Und natürlich dadurch, dass die Kinder sie »Omi« rufen. Was irritierte Blicke provoziert.

Es ist natürlich ungleich schmeichelhafter, für die Mutter gehalten zu werden als für die Oma. Und ein Garant für Komplimente. Jedes Mal! (Das unterstützt meine Theorie, dass man sich durchaus älter machen darf, um jünger zu wirken, siehe Kapitel 77 *Wie Sie sich älter machen, um jünger zu wirken*.) Eine Oma muss heute ja auch nicht mehr wie eine Oma aussehen. Welche Oma traut sich heute noch in Kittelschürze auf einen Spielplatz? Wobei ich meine Omma gerade deshalb geliebt habe, *weil* sie wie eine richtige Oma aus dem Bilderbuch aussah – mit Dauerwelle und Kittelschürze. Dieser pseudoromantischen Vorstellung von *Oma* werden sich zukünftige Bilderbuchgestalterinnen wohl oder übel anpassen müssen, denn der grauhaarige Einheitslook für Großmütter ist zum Glück dabei, sich zu ändern. Und Sie und ich gestalten das gerade aktiv mit. Oma sein ist nicht mehr eine Verbannung in ein bestimmtes Rollenklischee. Oder kennen Sie Frauen, die sich in Ihrem Alter kleiden wie die klassische Bilderbuch-Oma. Nein? Na bitte.

Die Angst vor einem öffentlichen Outing als Oma ist unbegründet. Natürlich gibt es den idiotischen schnodderigen Jugendlichen, der in der U-Bahn zu seinem Freund sagt: »Eh Alter, mach der Oma mal Platz.« und der Sie damit meint. Das zählt aber nicht, denn für den sind Sie einfach eine ältere Frau. Sagen Sie Danke für den Platz und freuen Sie sich, dass Sie nicht stehen müssen. Der junge Mann hat Sie an der nächsten Haltestelle vergessen.

Für das öffentliche Outing als richtige Oma sorgen Sie schon selbst. Wenn das erste Mal eine verklebte Hand nach Ihnen greift und Sie dabei mit zuckersüßer Kinderstimme »meine Omi« nennt, schmilzt das Herz. Sie können sich da gar nicht gegen wehren. Es wird Ihnen nicht nur nichts ausmachen, wenn so eine kleine Person Sie »Oma« nennt, Sie werden es sogar lieben und es selbst in die Welt hinausposaunen wollen. Garantiert.

Meine Kollegin Ingrid betont allerdings eine andere Perspektive, nämlich dass Sie sich sehr ungern als Oma von Sophia vorstellt, sondern immer sagt: »Das ist Sophia, meine Enkeltochter.« Ganz so leicht kommt das »Oma« dann doch nicht über die Lippen.

Es ist nicht nur die kleine Person, die Ihr Herz zum Überquellen bringt, sondern auch der Stolz auf Ihre Tochter oder Ihren Sohn, die oder der das kleine Wesen produziert hat. Insofern gibt nur der Gedanke daran, Großmutter zu werden, einem das Gefühl, alt zu sein. In dem Moment, in dem Sie es sind, ist es großartig. (Ich bin noch keine Oma, aber ich sehe das Leuchten in den Augen von Freundinnen und Bekannten, die es bereits sind.)

Sie werden übrigens Ihre eigenen Kinder ganz neu kennenlernen und teils merkwürdige Verhaltensweisen an ihnen entdecken. Sie als Großmutter haben nämlich von moderner Kindererziehung keinen blassen Schimmer und machen alles falsch. Zum Beispiel in puncto Essen: Da darf dann Emily-Lou nur Biomöhrchenbrei und Pastinake. Auf keinen Fall den Keks, obwohl Sie von Ihrer Tochter wissen, dass die am liebsten Junk-Food mag und selbst Möhrchen schon immer verabscheut hat. Rechnen Sie mit einer ganzen Reihe an Vorschriften, die Sie zu beachten haben werden. Das fängt bei oecotrophologischen Vorgaben an und hört bei den neuestens Erkenntnissen der pädagogischen Zusammenarbeit und Erziehungskonzepten noch lange nicht auf. Unweigerlich wird sich ein Früher-war-alles-besser-Gefühl einstellen. Und natürlich, es stimmt,

Ihre Erziehungsmethoden waren die besseren. Sie dürfen das nur nicht laut sagen. Hier empfiehlt es sich, den Eltern in allem recht zu geben, und sobald die Eltern Ihnen und den Enkelkindern den Rücken zudrehen, um endlich einmal alleine ins Kino zu gehen, können Sie Ihr eigenes, besseres Erziehungskonzept am Enkelkind anwenden. Wenn Sie nicht gerade den Rohrstock rausholen (war ja eh vor Ihrer Zeit) oder erforderliche Fütterungsbesonderheiten durch eine nachgewiesene Intoleranz oder Unverträglichkeit eingehalten werden müssen, können Sie nicht viel falsch machen. Im Gegenteil, sie bilden mit dem Enkelkind eine wunderbare eingeschworene Gemeinschaft. Und da Sie die Oma sind, dürfen, ja müssen, Sie hemmungslos verwöhnen. Sie dürfen quasi alles erlauben, was Sie Ihren eigenen Kindern niemals hätten durchgehen lassen. Kinder passen sich wunderbar an. Menschen, die in Patchwork-Verhältnissen leben, wissen das und haben ausreichend Erfahrung. Menschen, die nur intakte Familienverhältnisse kennen, müssen das unter Umständen erst lernen.

Das Beste am Oma-Sein: Sie können die süßen Kleinen einfach nur genießen; wenn sie anfangen, Sie zu nerven, geben Sie sie zurück an die Erziehungsberechtigten.

63.

WIE SIE SICH DARAUF VORBEREITEN, DASS SIE BALD NICHT MEHR IHREN KINDERN, SONDERN IHREN ELTERN DIE WINDELN WECHSELN MÜSSEN

Nicht nur Sie werden älter, auch an Ihren Eltern nagt der Zahn der Zeit. Bei Ihren Eltern geht es dann auch nicht mehr darum, ob man nun mit einer neuen Falte fertig werden kann, sondern ob man die Falte alleine noch gewaschen kriegt. Überspitzt gesagt: Babys und Kleinkinder wickeln ist eine Sache, erwachsene Menschen, insbesondere die eigenen Eltern, trocken zu legen, ist eine wirklich ganz andere Hausnummer, und nicht jeder Mensch kann damit souverän und professionell umgehen. Es ist auch nicht nur eine emotionale Frage der Bindung zu Ihren Eltern, oder eine des pflegerischen Know-hows, sondern ganz banal eine zeitliche Frage.

Mit dem Rollenwechsel zu den eigenen Eltern fertig zu werden, ist wahrlich kein Zuckerschlecken – weder für Sie noch für Ihre Eltern. Alles ist einigermaßen erträglich, solange die Eltern noch alleine klarkommen und autonom ihr Leben nach ihren Vorstellungen leben können. Sobald Sie aber von Ihrer gewohnten Kinderrolle in die Elternrolle zu Ihren Eltern schlüpfen, bekommen Mutters Tüddeligkeit oder Vaters cholerische Anfälle eine ganz andere Qualität. Und es tut verdammt weh, zu erkennen, dass die Eltern nicht so stark sind, wie man immer vermutet oder zumindest gehofft hat, und dass man nun plötzlich selber diejenige mit der starken Schulter sein muss. Besonders konflikt- und gewissensbeladen wird die Situation, wenn sich ein plötzlicher Pflegefall einstellt – quasi eine Baustelle zusätzlich zu Ihren beruflichen Verpflichtungen und den Verantwortlichkeiten, die Sie in der eigenen Kernfamilie haben. Wer pflegt Mutter jetzt? Hat sie selber vorgesorgt und reicht das Geld für eine 24/7-Pflegekraft? Oder muss eine Stunde am Tag ausreichen? Warum haben wir da früher nie drüber gesprochen?

Statistisch gesehen, sind die meisten Eltern um die 65 Jahre alt und noch fit, wenn die Kinder, also Sie, 40 werden. Wenn Sie es bisher noch nicht getan haben, ist nun der richtige Zeitpunkt, mit Ihren Eltern Tacheles zu reden. Wenn Sie Geschwister haben, auch mit denen. Früher, als die meisten Frauen noch nicht berufstätig waren, sondern es selbstverständlich war, dass sie neben ihren Haus- und Kinderpflichten auch die Pflege aller anderen Angehörigen übernahmen, war die Frage nach dem »Wer kümmert sich um Mutter?« recht einfach zu beantworten – zum Leidwesen der Hausfrau, die ja vielleicht auch mal »was Eigenes« haben wollte.

Wer pflegt heute die Angehörigen oder fühlt sich zumindest dazu verpflichtet? Das sind in aller Regel immer noch Frauen. Allerdings ist eine zusätzliche Angehörigenpflege deutlich schwerer im Alltag unterzubringen; heutzutage, wo 64 Prozent[29] aller Frauen berufstätig sind und nicht wenige davon auch noch eine eigene Familie zu versorgen haben, bleibt einfach keine Zeit, sich auch noch rund um die Uhr um die eigenen Eltern kümmern zu können. Noch dazu, wenn die das gar nicht wollen. Wie soll dieses Problem gelöst werden? Und was sagt Ihr Gewissen dazu?

Von der Elterngeneration der heute 40-Jährigen waren in den 60er Jahren viele diskutierwütige Blumenkinder, und man sollte meinen, sie wären besonders locker und man könnte gut mit Ihnen reden. Kann man, aber nicht über dieses Thema. Trotzdem müssen Sie mit Ihren Eltern die folgenden Angelegenheiten klären, solange Ihre Eltern dazu noch was sagen können. Wenn Ihre Eltern sich so einem Gespräch verweigern – was nicht so selten vorkommt –, versuchen Sie, wenigsten mit Ihren Geschwistern, sofern Sie welche haben, eine Einigung hinzubekommen.

KLÄREN SOLLTEN SIE UNBEDINGT:

Welche Vorsorgemaßnahmen haben die Eltern getroffen? Gibt es eine Vorsorgevollmacht, eine Patientenverfügung, eine Betreuungsverfügung oder eine Generalvollmacht? Wer hat die wie und wann aufgesetzt, und wo sind die hinterlegt? Gibt es mehrere Bevollmächtigte, wenn ja, wissen die davon?

Welche Versicherungen haben die Eltern? Pflegeversicherung, Sterbeversicherungen, Gebäudeversicherung für das Häuschen? Sind die aktuell oder ziehen Ihre Eltern zu Ihnen, wenn denen das Dach wegfliegt? Und woher kommt dann der Treppenlift, damit Vattern alleine die drei Stockwerke in Ihrem Reihenhaus überbrücken kann?

Was soll mit wem oder was und wie passieren, wenn den Eltern was passiert? Wer bekommt Dackel Waldi, wer das Haus und wer das schreckliche Porzellan-Dingens von Oma Erna?

Gibt es überhaupt was zu erben? Gibt es ein Testament? Gibt es noch andere Halbgeschwister, von denen Sie nichts wissen und die ebenfalls erbberechtigt sind? Auch über Schulden sollten Sie Bescheid wissen, denn dann können Sie das Erbe ausschlagen, ansonsten wird es Ihre Rolle sein, die Schulden der Eltern abzutragen. Wollen Sie das, können Sie das?

Wie wollen die Eltern bestattet werden? Familiengruft, neben Onkel Hubsi, in dritter Reihe links, in der Jade-Urne oder lieber doch Seebestattung? Wer zahlt das? Sie aus Ihrem Portemonnaie? Und wie erreichen Sie Ihren mit Ihnen völlig zerstrittenen Bruder Micha in Neuseeland, der sich ja auch mal kümmern kann?

Was ist mit den ganzen Online-Konten, die Ihre Eltern angelegt haben? Gibt es Dokumente auf den Rechnern Ihrer Eltern, die wichtig wären für Sie oder Ihre Kinder? Fotos, Erinnerungen, Ihre Familiengeschichte als fertiges Manuskript?

Wie wollen die Eltern leben, wenn sie es alleine nicht mehr können? In Ihrem Reihenhaus? Stehen sie auf einer Warteliste für eine Alten-WG? Und was wird aus Muttern, die von Grundsicherung lebt?

Was gibt es sonst noch für familiäre Sonderfälle, von denen Sie besser früher als später wissen sollten?

Wenn Ihre Eltern auf stur schalten, regeln Sie zumindest Ihre eigenen Angelegenheiten, um Ihre Kinder vor enormen Kosten und schwierigen Entscheidungen zu bewahren. Und ja, es schmerzt, sich damit auseinanderzusetzen. Und wenn Sie eine Otto Normalverbraucherin sind und keine Millionen auf Kante haben, bekommen Nachrichten über Rente, Pflegenotstand und Co. ein ganz anderes Gewicht.

8. KAPITEL

FREUNDE, FREIZEIT & FAULENZEN

Das Leben ist greifbar endlich – eine Erkenntnis, die einen ab Mitte 40 schonungslos überfällt. Schön, wenn frau dann tiefenentspannt sagen kann, dass das bisherige Leben ein reiches, spannendes und erfülltes war – und keine einzige Sekunde bereut wird. Bravo, wenn das auf Sie zutrifft, machen Sie am besten genau so weiter wie bisher. Ändern Sie nichts. Offensichtlich haben Sie alles richtig gemacht. Wenn Sie das nicht von sich behaupten können, ist jetzt der passende Moment, um Ihren bisherigen Lebensentwurf genauer unter die Lupe zu nehmen. Und zwar unter dem Aspekt »Freizeitgestaltung«. Vermutlich ist nämlich Ihre Work-Life-Balance alles andere als in der Waage. Besitzen Sie überhaupt so etwas wie ein Privatleben? Oder hetzen Sie vom Job zum Herd zum Sofa und zurück? Wann haben Sie das letzte Mal etwas nur für sich selbst gemacht? Stumpf ins TV glotzen zählt nicht mit. Wann waren Sie das letzte Mal mit Freundinnen tanzen oder mal draußen in der Natur? Oder haben Sie sich sogar in letzter Zeit »Ist das alles?« gefragt? Dann wird es höchste Zeit, dass Sie sich auf Menschen, die Ihnen wichtig sind, und Dinge, die Sie gerne machen, konzentrieren, wie Schottlandreise planen, Volleyball spielen, Decke klöppeln, Mandalas ausmalen und mit Busenfreundin Danni Tanzbein schwingen. Wenn Sie Kinder, Haushalt, Partner, Arbeit, Haustier, Eltern und einen Vorgarten zu versorgen haben, ist Ihre Zeit knapp. Umso wichtiger, dass Sie sich selbst wichtig nehmen und darauf achten, dass Ihr Gleichgewicht immer schön ausgependelt bleibt. Sie müssen sich zwingen, an Ihr eigenes Privatvergnügen zu denken – notfalls mit Terminierung.

64

WARUM SIE AUCH MIT 40 NOCH RICHTIG ABROCKEN SOLLTEN

Die Ausgeh-Statistik schrumpft mit 40 deutlich – und nimmt, je älter Sie werden, stetig weiter ab. Ausnahmen sind Frauen, die frisch getrennt sind und das Glück haben, Ihre Kinder wohlbehütet beim Wochenendpapa zu wissen. Da diese Gruppe ab 40 wächst, macht es Sinn, die Väterwochenenden unter Freundinnen zu synchronisieren, sodass Sie und Ihre Lieblingsfreundinnen die freien Wochenenden gemeinsam haben. Das lässt sich bequem durch einen Online-Kalender regeln. (Achtung: Schreibrechte für den Kalender dürfen niemals an die Väter ausgehändigt werden; also, nur Leserechte verteilen. Die Planung muss in Ihrer Hand bleiben, Ex-Ehemänner tendieren dazu, Wochenenden nach Lust und Laune zugunsten der Zweitfamilie zu verschieben.)

Also, wann waren Sie das letzte Mal richtig abrocken und haben dabei die Welt vergessen? Sie können sich nicht erinnern! Der anstrengende Alltag ist vollgestopft bis oben hin mit Verpflichtungen aus Job, Kindern, Haushalt. Da sind Sie verständlicherweise nach der *Tagesschau* einfach im Pöltermodus und sehr weit weg von Pumps und Push-up. Ja, die heimische Sofalandschaft wird von Jahr zu Jahr attraktiver. Fesselnde Serien mit gut aussehenden Schauspielern tun ihr Übriges, Sie am Platz zu halten. So gemütlich es ist, es macht auf Dauer nicht glücklich – allein aufgrund der negativen Auswirkungen des Begleit-Symptoms »Chipsvertilgung«. Sie müssen mal raus oder wie meine Omma immer zu meiner Mutter sagte, als die keinen Mann hatte: »Jetzt geh doch mal unter Leute!«

Nun, ganz so einfach ist es für Ihre Altersklasse nicht, so richtig die Sau rauszulassen. Es sei denn, Sie leben in einer der wenigen richtigen Großstädte. Die typische Kleinstadt ist mit Angeboten in der Regel schmal bestückt, von wenigen jährlichen Highlights in

Form von Stadtfesten und Kirmes mal abgesehen. Wo also sollten Sie hin – ohne Aufwand, ohne aufzufallen?

Ohne Aufwand können Sie schon mal vergessen. Allein die Vorbereitungen können frau ja fast erschlagen. Wenn Sie es geschafft haben, eine Veranstaltung zu finden, ist da als nächste große Hürde das Outfit. Was ziehen Sie an? Können Sie das noch anziehen? Passen Sie da noch rein? Nein, Sie brauchen was Neues! Aber was? Wer kommt mit außer Danni? Claudia und Sara finden keinen Babysitter. Was ist eigentlich mit Ihrem Babysitter, kann die heute oder nicht? Und was sind das für rote Flecken auf den Wangen des Kindes? Wird es krank? Dann kommt die Gestaltung: Schminkmarathon mit Schweißausbruch, und dann noch feststellen, der Lippenstift ist mindestens schon drei Jahre nicht mehr benutzt worden und riecht ranzig und nach Kellerschrank, die Haare liegen nicht und die Teenager-Tochter hat das Glätteisen entführt. Bis Sie Ihr Outfit zusammengestellt und Ihre Begleiterinnen und Begleiter sowie eine Location gefunden haben, sind Sie so erschöpft, dass Sie sich eigentlich gleich wieder hinlegen möchten. Die Vorbereitungen sind so anstrengend! Das war doch früher nicht so! Stimmt. Früher haben Sie vielleicht auch lange gebraucht, weil Sie ebenfalls nichts anzuziehen hatten. Aber da haben Sie wenigstens in die Sachen reingepasst. Ein Trost: Man wird mit der Zeit tatsächlich sehr viel gelassener. Die Klamotten sind wichtig, aber Ihr Leben hängt nicht mehr davon ab. Zumindest, wenn der Mann schon an der Angel hängt – dann sollten Sie vielleicht aufpassen, dass Sie nicht zu gelassen werden.

Aus Mangel an Angeboten müssen Sie eventuell auf eine als »Ü« ausgezeichnete Party. Schauen Sie, dass Sie eine Ü30 finden. Für Ü40 sind Sie eventuell mit 40 noch zu jung. Reguläre Besucher der Ü40-Partys sind ab 50 aufwärts. Sie wären da allerdings eine der Knackigsten. Ein wirklicher Vorteil von Ü-Partys: Sie berücksichtigen den Zeitrhythmus ihrer Zielgruppe und starten zu einer humaneren, altersgerechteren Zeit. In der Regel beginnen diese Veranstaltungen pünktlich, was heißt, dass der Laden sich schnell zur angekündigten Zeit füllt. In normalen Diskotheken oder Clubs kann man ja – ohne total uncool zu sein – leider nicht vor Mitternacht auftauchen, es sei denn, Sie wollen mal so richtig Platz für Ihre ausdrucksstarken Moves auf der Tanzfläche haben. Wenn Sie in einen Club wollen, der erst spät Einlass gewährt, ist es tatsächlich eine Herausforderung, die Stunden bis zum Beginn nicht einzuschlafen. Was passieren kann, wenn Sie nichts mehr gewohnt sind. »Nichts« heißt lange wach bleiben, viel trinken, laute Geräuschkulisse aus Musik und Gerede.

Was recht witzig ist, ist, dass man sich selbst ja überhaupt nicht als alt wahrnimmt. Es dauert manchmal eine Weile, bis man das eigene Alter realisiert hat. Meine Kollegin Silke war zum Beispiel letztens bei einem Konzert von A-ha! Dort stießen ihr direkt die vielen älteren Menschen auf, sodass sie im ersten Moment dachte, sie wäre auf dem falschen Event. Erst auf den zweiten Blick fiel ihr auf, dass sie sich selbst nahtlos ins Falten- und Speckröllchengefüge einreihte. Und selbst die Protagonisten des Abends auf der Bühne waren nicht mehr ganz so knackig, wie sie diese in Erinnerung hatte. Es ist wirklich ein kleiner Schockmoment, wenn man den Spiegel vorgehalten bekommt, wo man sich doch selbst anders in Erinnerung hatte. Tatsächlich geht das demütigende Gefühl aber gerade auf einem Konzert schnell wieder weg. Allein die Musik trägt einen direkt zurück in die Jugend. Ich empfehle dringend, keine Bestuhlung zu wählen – solange Sie noch stehen können. Je nach Abendprogramm müssen Sie ja nicht headbangend auf die Knie sinken, aber ein bisschen Bewegung lässt Sie Ihr Alter tatsächlich schnell vergessen, besonders, weil Sie garantiert noch genauso textsicher sind wie damals. Und alle anderen um sie herum auch.

Das Wichtigste ist eigentlich, dass Sie einfach mal wieder den Hintern hochkriegen: Gehen Sie aus. Haben Sie Spaß. Vergessen Sie die Welt eine Weile. Am besten im Pulk mit Freundinnen. Oder zu zweit mit Gatte Lutz. Aber auch alleine können Frauen ausgehen! Es erfordert allerdings etwas Mut.

ZUSAMMENGEFASST HIER NOCH MAL
DIE WICHTIGSTEN FAKTEN FÜR AUSGEHMUFFEL:

Tanzen vergisst man nicht. Es fällt in die gleiche Kategorie wie Fahrradfahren. Wer es einmal kann, kann's für immer. Rhythmus verlernt man nicht. (Das gilt natürlich auch für konsequente Ausdruckstänzer, die immer genau einen halben Takt danebenliegen und andere Menschen damit genauso konsequent aus selbigen herausbringen.) Vielleicht verzichten Sie auf akrobatische Zugaben. Wenn Sie keine begnadete Tänzerin sind, sondern schon immer mehr durch Kopfnicken Ihr Rhythmusgefühl ausgedrückt haben, versuchen Sie es vielleicht einfach jetzt mal mit den Hüften, Sie haben ja jetzt welche.

Recherchieren Sie die regionale Discolandschaft: Versuchen Sie vorher herauszufinden, in welchen Läden Sie den Altersdurchschnitt um mehrere Jahrzehnte übersteigen würden. Es fühlt sich nämlich wirklich scheiße an, vor Menschen, die allesamt Ihre Kinder sein könnten, von einem breitarmigen Türsteher aufgehalten zu werden, weil man leider nicht mehr in die Zielgruppe passt.

Sollten Sie am Türherkules vorbeigekommen sein und sind Sie dann die Älteste auf der Tanzfläche: Da kann ich Sie trösten. Das macht tatsächlich gar nichts. Wenn Sie sich bewegen können, fallen Sie überhaupt nicht auf, es sei denn, Sie wollen das. Im schlimmsten Fall wird man Sie »süß« finden und als eine voll coole Mutti erachten. (Achtung, Ihre eigenen Kinder finden das nicht. Die finden Sie höchsten megapeinlich! Recherchieren Sie also vorher, wohin Ihre Teenager gehen, und tauchen Sie da bloß nicht auf.)

Drogen: Wenn Sie Ihre Sturm-und-Drang-Zeit in den 1990ern im Rausch überlebt haben, wissen Sie ja, wie man's macht. Bedenken Sie, dass Sie im Gegensatz zu Ihrer Zeit als Studentin, in der Sie bis in die Puppen ausschlafen konnten, am nächsten Morgen früher wieder fit sein müssen. Und ganz eventuell ist der Stoff auch etwas stärker geworden. Sie sollten ebenfalls bedenken, dass heutzutage jeder ein Handy dabeihat und Ihr Chef eventuell not amused sein wird, seine Marketingleiterin psychedelisch schwebend auf Facebook zu finden.

Seien Sie vorsichtig beim spaßigen Vorglühen. Es könnte sein, dass Sie sonst die eigentliche Party gar nicht mehr mitkriegen, weil Sie einfach eingeschlafen sind.

Sollten Sie vorher schon wissen, dass Sie später gerne den Abend mit einem sexuellen Höhepunkt abschließen möchten, wäre zu überlegen, ob Sie die Reihenfolge nicht lieber umkehren wollen. Also zuerst Sex, dann trinken. Ihr Partner oder Sie schaffen das sonst eventuell nicht mehr. Vorausgesetzt, der Partner ist schon vorhanden.

Das, was Sie wirklich beim exzessiven Ausgehen als Ü40-Jährige beachten müssen, ist, eine ausreichend lange Wiederbelebungszeit einzuplanen.

Apropos Wiederbelebung: Man ist ja so alt, wie man was hört. Also, welche Musik man hört. Ebenso schockierend wie die Feststellung der Zugehörigkeit ihrer tatsächlichen Alterszielgruppe ist, wenn der Sender, den Sie seit 20 Jahren hören, nur noch Musik spielt, die Ihr Aggressionspotenzial ins Unermessliche wachsen und Sie förmlich spüren lässt, wie in Ihnen ein Magengeschwür reift. Mit Entsetzen habe ich dieses Jahr festgestellt, dass ich im Autoradio nur noch den Sender einstelle, den Omma immer gehört hat. Und ich bin nicht alleine. Es stellte sich heraus, dass ein Großteil meines Freundeskreises heimlich dorthin schaltet. Ich ertappe mich sogar dabei, dass ich denke, dass das, was meine Kinder hören, doch keine Musik ist. Wie meine Mutter damals bei mir. Oha!

65

WIE SIE EINE DURCHZECHTE NACHT ÜBERLEBEN

Sie haben es also tatsächlich geschafft, sich von Ihrer Samstags-abend-Serienstaffel zu lösen, sich vom Sofa zu erheben, einen party-tauglichen Fummel überzuwerfen und das Haus zu verlassen? Ein »Yeah« dafür! Solange Sie nur das Tanzbein geschwungen oder die Haare geschüttelt haben, sind Sie am nächsten Tag nur todmüde und die eingerosteten Knie tun etwas weh, ansonsten aber guter Dinge. Sollten Sie aber im Eifer des Ausgehgefechts übermütig geworden sein und sich durch alle Whiskey- und Whisky-Sorten in der Bar an der Ecke getestet und anschließend laut grölend mit Freundin Danni und Konsorten durch die Altstadtstraßen getrollt haben, müssen Sie bedauerlicherweise dafür nachträglich einen hohen Preis zahlen. Egal, was Sie gemacht haben, ab 40 können Sie nicht mehr die ganze Nacht durchfeiern und dann am nächsten Morgen unbeschwert den Tag begrüßen. Also, durchfeiern können Sie schon, allerdings müssen Sie nach so einer Nacht eine wesentlich längere Rekonvaleszenzzeit einplanen als nach den Nächten in den Jahren zuvor. Allein der katastrophale Zustand Ihrer Gesichtshaut braucht Intensivpflege mit anschließendem Monitoring, um sich von Alkohol, Zigaretten, womöglich noch Drogen zu erholen – das verkraftet ein mittelalter Körper nicht mehr ohne sichtbare Spuren.

Jede einzelne der Millionen Zellen in Ihrem Körper wird sich am Morgen bei Ihnen beschweren. Natürlich haben Sie sich früher nach exzessiven Nächten auch schlecht gefühlt, haben sich vielleicht sogar schwallartig übergeben und waren überzeugt, nie wieder ohne Zittern geradeaus gehen zu können. Erstaunlicherweise haben aber in der Regel eine Kopfschmerztablette, Unmengen an Wasser und ein zünftiges Katerfrühstück den gepäderten Körper schnell wieder in Form gebracht. Ich war meistens schon am späten Nachmittag wieder komplett hergestellt und konnte abends fröhlich zur nächsten Party aufbrechen, ohne jegliches Indiz für den vorangegangen Exzess. Das können Sie mit spätestens Mitte 40 total vergessen. Auch eine direkt vorm Zubettgehen prophylaktisch eingeworfene Kopfschmerztablette wird Ihnen nicht großartig weiterhelfen. Im Gegenteil, die macht es noch schlimmer. Ihre Körperzellen brauchen einfach länger, um den Schock, aus ihrem gewohnten Trott gerissen zu werden, zu verkraften und sich an ihre Aufräumarbeit zu begeben.

Ich gehe immer noch wahnsinnig gerne aus. Aber heute fühle ich mich nach einer wild durchtanzten Nacht (auch ohne Alkohol) so erschöpft, als wäre ich einen Marathon gelaufen. Habe ich zu viel getrunken, sehe ich krank aus und bin bettlägerig. Für mehrere Tage. Meinen Freundinnen geht es genauso. Generell empfehlenswert ist deshalb: Legen Sie unbedingt feuchtfröhliche Feiern auf einen Tag, auf den mindestens ein arbeitsfreier Tag folgt. Mit zunehmendem Alter schaffen Sie sowieso nur noch in Ausnahmefällen zwei Tage Feierei in Folge.

Beim Ausgehen selbst bedenken Sie Ihre Trinkgewohnheiten; Stichwort langsamer Stoffwechsel. Was gut hilft, ist, nach jedem alkoholhaltigen Getränk mindestens ein Glas Wasser zu trinken. Wenn möglich, bleiben Sie bei einer Sorte Alkohol. Alle Alkoholika, denen Unmengen an Zucker beigemischt werden, verlangen dem Körper zusätzliche Verdauungsstrapazen ab. Also verzichten Sie besser auf den reich verzierten Cocktail, wenn Sie einen langen Abend vor sich haben und am nächsten Morgen einigermaßen passabel aussehen möchten. Je ungepanschter, desto besser verträglich. Sehr gut funktioniert beispielsweise reiner Wodka, der wesentlich weniger Begleitalkohole enthält wie beispielsweise Wein oder Whiskey (und auch Whisky). Halten Sie für den nächsten Tag eine Feuchtigkeitsmaske bereit, schlafen Sie in einem sehr dunklen, mit reichlich Sauerstoff ausgestatteten Zimmer und quartieren Sie kleinere Frühaufsteher-Kinder und den Hund aus. Wenn möglich, schlafen die Kinder bei einer Freundin oder noch besser beim geschiedenen Ex; als ebenfalls Erziehungsberechtigter darf der im Notfall ohne Sie entscheiden, und Sie können unbesorgt Ihr Telefon auf lautlos stellen. Kopfschmerzen können Sie mit Acetylsalicylsäure bekämpfen, sofern Sie die vertragen. Paracetamol oder Ibuprofen eignen sich ebenfalls zur Rekonvaleszenz. Sorgen Sie dafür, dass ausreichend Aufbaukost wie Rollmöpse und Tomatensaft im Haus ist, Sie wollen wahrscheinlich in Ihrem Zustand nicht auswärts frühstücken gehen. Planen Sie Spaziergänge in der Natur und auf keinen Fall einen Besuch bei Ihren Schwiegereltern. Und immer zwischendurch reichlich neutrale Flüssigkeit nachkippen. Ohne Kohlensäure. Sie wollen ja nicht Ihren unappetitlichen Mageninhalt beim Aufstoßen schmecken, oder? Vollräusche, bei denen Sie sich an nichts mehr erinnern, sollten Sie komplett einstellen. Das Gehirn verliert dabei zu viele Neuronen – natürlich tut es das auch schon bei Jüngeren, aber Sie haben ja vielleicht nicht mehr so viele.

Der Kater geht irgendwann vorbei. Spätestens in drei Tagen sind Sie übern Berg und wieder einsatzbereit. Vielleicht behalten Sie eine kleine Falte als Erinnerung an den schönen Abend zurück.

66.

WARUM SIE JETZT NICHT MEHR ZU JEDEM NETT SEIN MÜSSEN

Tendieren Sie dazu, Menschen beeindrucken zu wollen, die Sie gar nicht ausstehen können? Machen Sie Dinge für andere, die Sie nicht tun wollen, nur um Konflikten aus dem Weg zu gehen? Lassen Sie andere darüber entscheiden, was Sie gut finden sollten: Kleider, Frisur, Schrankwand, Partner, Auto, Urlaubsziel, Politik? Warum machen Sie das? Ein solches Verhalten ist zeit- und kraftraubend und ist wirklich einer Frau ab 40 absolut unwürdig. Sie sind doch kein junges Ding mehr, das sich meinungslos hin und her kommandieren lässt. Falls doch, lautet die wichtigste Regel im Leben einer 40-Jährigen: Lernen Sie, Nein zu sagen! Zu Dingen, die Sie nicht machen wollen, zu Leuten, die Sie nicht mögen, zu Orten, die Sie nicht besuchen wollen, und zu Meinungen, die Sie nicht teilen.

Frauen fällt das ja mitunter sehr schwer. Die Vorstellung, anzuecken oder unter Umständen nicht mehr gemocht zu werden, ist für viele von uns unerträglich. Erfreulicherweise schaffen es aber immer mehr Frauen mit zunehmender Lebenserfahrung, sich von dieser anerzogenen Lieblichkeitsbürde zu befreien. Denn tatsächlich wird das Leben mit eigener Meinung deutlich interessanter, wenn Sie nicht mehr mit dem Strom schwimmen, sondern selber denken und entscheiden. Echte Kommunikation, auch mit Konflikten, ist eine Bereicherung und eine lohnende und spannende Freizeitbeschäftigung. Es ist ungemein befreiend, endlich »sein eigenes Ding zu machen« und sich, zumindest in der Freizeit, nur noch mit den Menschen zu umgeben, die einem guttun.

Die wichtigste Erkenntnis, um Nein sagen zu können, ist, die eigenen Grenzen zu kennen und diese kommunizieren zu können. Sie wollen nicht mehr mit Simone und Klaus jeden Samstagabend Karten spielen? Lassen Sie es. Niemand sollte mehr über Ihre Zeit verfügen, außer Sie selbst.

Konzentrieren Sie sich auf wahre Freundinnen und Freunde, beziehungsweise Menschen, die Sie interessant finden und mit denen Sie sich umgeben wollen. Schenken Sie Zeit, wenn Sie sie zur Verfügung haben oder es für notwendig erachten, nicht weil Sie meinen, dass das von Ihnen so erwartet wird. Mehr schaffen Sie nicht. Da das anderen in Ihrem Alter ähnlich geht, kann es passieren, dass Freundschaften plötzlich zerbrechen, ohne Streit, einfach so – ohne, dass man genau weiß warum. Genau wie Sie sortieren andere auch, was und wer ihnen wichtig ist. Was können Sie tun, wenn Brücken zu Ihnen abgebrochen werden und die Person, die sich zurückzieht, Ihnen wichtig ist? Nicht viel. Sie können zwar nachhaken – und das sollten Sie auch, wenn Sie aber keine Antwort bekommen und wenn keine Erklärung folgt, müssen Sie das akzeptieren. Vielleicht muss die Freundin sich einfach mal 'ne Weile zurückziehen und aus der permanenten Erreichbarkeit und Anwesenheit ausbrechen – so wie Sie an anderer Stelle. Oder Sie waren nicht wichtig genug für die Person. In der Mitte des Lebens sind wir alle keine unbeschriebenen Blätter mehr, und wir haben alle ein Päckchen oder zwei zu tragen. Und genau wie Sie jetzt mit Ihrer Zeit haushalten müssen, machen andere in Ihrem Alter das auch.

Investition in Freunde und in ein funktionierendes Netzwerk dagegen ist eine Art nicht-monetärer Altersvorsorge, und Sie sollten deshalb unbedingt Platz für Menschen, die Ihnen wichtig sind, in Ihrem randvollen Terminplan frei halten. Sorgsam gepflegt halten Freundschaften bei gleichen Interessensüberschneidungspunkten, gerade auch in Turbulenzen, ein Leben lang stand. Echte Freundschaft ist ein Geben und Nehmen, ein »For Sale«, gibt es nicht. Wohl aber Ausgeglichenheit. Echten Freunden darf man auch mal Nein sagen ohne Beigeschmack. Die wissen, dass man an anderer Stelle wieder ganz da sein wird. Pflege brauchen sie und Aufmerksamkeit, wenn auch nur in großen Abständen und über Weltmeere hinweg. Naturgemäß gibt es von diesen Menschen nicht sehr viele. Zwei oder drei echte reichen. Die anderen losen Bekannten sind auch wichtig, aber müssen eventuell manchmal in die Warteschlange, bis Sie wieder Kraft haben. Und nicht vergessen, Sie können nur Kraft geben, wenn Sie selber welche haben. Da müssen wir Frauen uns ja manchmal dran erinnern.

Übrigens, wenn alte Brücken brechen, mit der Veränderung, die mit und in einem selbst passiert, finden sich wieder neue.

WARUM FRAUENFREUNDSCHAFTEN JETZT SO WICHTIG SIND

Je älter Sie werden, desto wichtiger werden Freundschaften zu Frauen. Es gibt einfach Dinge, für die eignen sich Frauen besser als Männer: Sie verstehen, warum Sie unbedingt eine bestimmte Tasche brauchen, warum Sie in der Hose nicht rausgehen können, wie nervig es ist, ständig den Haaransatz nachzufärben und nach Hexenhaaren zu suchen. Mit wem sonst könnten Sie Hitzewallungen, Faltentiefe und geplante Botoxinjektionen besprechen? Wer versteht all die kleinen Gemeinheiten, die Ihnen Ihr Partner, Ihre pubertierenden Kinder, die böse und verdammt gut aussehende neue Kollegin oder die neue Frau Ihres Ex Ihnen gedankenlos in schmerzende Wunden reiben? Frauen verstehen, warum Ihnen ein Tränchen aus den Augen kullert, wenn der große Sohn auszieht und die Tochter zu einem Auslandssemester aufbricht, und sie verstehen, warum die Kinder immer an erster Stelle stehen. Gatte Lutz nicht unbedingt. Frauen beherrschen eine feine Kommunikation über Blicke und minimale Augenbrauenbewegung (vorsichtig mit dem Botox). Auch das kann weder Gatte Lutz noch Kollege Dietmar und auch nicht Jugendfreund Kristian.

Je älter man wird, desto mehr wandeln sich andere Frauen von der *Konkurrentin per se* zur Vertrauten. Vielleicht wird man milder? Vielleicht passiert das aber auch, weil man sehr viel genauer Grenzen zieht und auf sich selbst achtet. Vielleicht, weil man selbst nicht mehr so auf der Pirsch ist und Männer und Ehe und Beziehung nicht mehr als allein selig machendes Lebensziel empfindet. Sie stehen einem näher, die Geschlechtsgenossinnen, man teilt Erfahrungen, gibt sich Halt und Rat. Sie sind einfühlsamer und sozialer. Und auch für einen feuchtfröhlichen Abend braucht frau nicht mehr unbedingt männliche Anwesende. Reine Frauenrunden sind mindestens genauso spaßig, wenn nicht sogar besser. Flirten muss nicht mehr obligatorisch als Abendgestaltung dabei sein.

WIE SIE SICH AUF EIN ERSTES KLASSENTREFFEN NACH 20 JAHREN VORBEREITEN

Kennen Sie noch diese Werbung »Mein Haus, mein Auto, mein Boot, …« aus der 1990ern? Wenn nach 20 oder 25 Jahren zum ersten Mal ein Wiedersehen mit den ehemaligen Klassenkameradinnen und -kameraden angesagt ist, geht wohl kaum jemand völlig unbedarft los, besonders dann nicht, wenn Sie keinen weiteren Kontakt mit denen hatten und nicht wissen, wer nun was macht und wie aussieht. Natürlich wollen Sie da im ersten Moment gar nicht hinfahren, denn wenn die Sie interessieren würden, wären Sie doch in Kontakt geblieben, oder? Aber neugierig sind Sie schon, nicht wahr? Es ist ja eine Zurschaustellung der Extraklasse.

Schon im Vorfeld ist ein Klassentreffen bereits sehr spannend:

- Ist der Klassenclown Holger noch so albern und picklig wie früher, oder ist er ein smarter Aktionär geworden und hatte vorletztes Jahr sein Coming-out?
- Ist der angeberische Großkotz Jörg vom hohen Ross runtergefallen, was er aber peinlich und lautstark zu vertuschen versucht?
- Ist die schöne Angie noch so schön? Ist Sie erfolgreich, oder wohnt sie allein von Hartz IV im 17. Stock mit drei Hunden und fünf Katzen?
- Und Ilka und Dirk, sind die noch zusammen? Sind die nicht gleich nach dem Abi Eltern geworden?
- Ob Schwarm Sascha auch kommt?
- Ob Lehrer kommen, und wenn ja, trägt der Mathelehrer immer noch Pullunder mit geometrischen Mustern?

Ähnliche Fragen stellen sich die anderen auch über Sie. Und allein, um Antworten auf solche Fragen zu kriegen, kommen die meisten, obwohl eigentlich niemand wirklich hinfahren möchte, außer die, die sowieso im Heimatdorf geblieben sind und sich eh einmal in der Woche zum Schoppen treffen. Vom Gruppenzwang und insgeheim auch von der Neugierde überwältigt, fährt man dann widerwillig doch. Und da Frauen sich ja so gerne mit anderen vergleichen und dabei selbst gut aussehen wollen, werden Sie sich damit beschäftigen, WIE Sie dort auftreten werden. Da so ein Wiedersehenstermin in der Regel Monate im Voraus bekannt gegeben wird, haben Sie ausreichend Zeit, sich auf das Event entsprechend vorzubereiten. Falls Sie weit weg wohnen und die letzten 20 Jahre bei keinem Klassentreffen waren und nach diesem auch nie wieder zu einem hinfahren werden, haben Sie nun die Gelegenheit, sich ein Denkmal zu setzen, eine Imageaufbesserung auf kleiner Bühne par excellence durchzuführen oder sich für jahrelange Schmach zu rächen und sich an den Niederlagen der Fieslinge von damals zu ergötzen. Leihen Sie sich die entsprechenden Accessoires für das Leben, welches Sie verkörpern wollen, notfalls irgendwo aus. Bringen Sie Ihren Körper in Bestform: Am besten so schnell wie möglich, denn Ihr Stoffwechsel wird ja im Alter etwas langsamer. Wenn Sie also vorm Termin zehn Kilo abnehmen möchten: Ran an den Speck. Vergessen Sie nicht, entsprechende Fotobeweise Ihres aufregenden Lebens auf Ihr Handy zu spielen. Wenn Sie so blenden, denken Sie daran, die Lokalität frühzeitig zu verlassen, bevor Sie zu betrunken sind und der ganze Schwindel auffällt.

Machen Sie sich darauf gefasst, SEHR viele Handybilder anschauen und kommentieren zu müssen, denn die meisten hatten die gleiche Idee wie Sie und möchten ebenfalls mit dem, was sie erreicht haben in den letzten 20 Jahren, glänzen. Besonders Autos, Ehepartner (wenn sie gut aussehen) und Kinder werden gerne präsentiert. Wenn Sie keine Kinder haben, laden Sie stattdessen einfach ein paar Bilder von Mutters Dackel Waldi im Welpenstadium auf Ihr Handy, damit Sie mit dem Zuckerfaktor und den »Ohs« und »Ahs« mithalten können.

Ein Klassentreffen ist eine Zeitreise in Ihre Vergangenheit. Und da jeder Einzelne dort genauso alt ist wie Sie, ist es auch ein wunderbarer Vergleichskatalog, wie Sie den Zahn der Zeit bewältigt haben. Ihnen werden Gesichter entgegenblicken, die einen Altersunterschied von 15 Jahren haben können. Wenn also die ehemals schöne Angie die letzten 20 Jahre dem Alkohol und Zigaretten sehr zugänglich war, vielleicht sogar einige harte Drogen genommen hat, und Sie dagegen weder jemals geraucht noch jemals Alkohol getrunken haben, stehen Ihre Chancen sehr gut, nicht nur um Jahre jünger als die ehemalige Klassenbeauty auszusehen, sondern auch frischer als der ganze Rest der Jahrgangsstufe. Mit Neid muss gerechnet werden. Vielleicht werden Sie aber auch neidisch und können sich mit Freundin Danni und den anderen Girls aus der ehemaligen Clique fragen, wer zum Teufel die gut aussehende Schlanke in dem Hosenanzug ist, die am Arm eine – verdammt, ist das eine echte – Prada-Tasche trägt. Was, das ist die graue Maus Nurcan? So schön, so erfolgreich, so wohlhabend? Wie sah die eigentlich noch mal früher aus? Ah, und da ist Marianne, die hat angeblich drei Kinder mit vier Männern, hat aber den Laden der Eltern übernommen. Ganz schön drall geworden, die Gute. Wem gehört eigentlich der schwarze Audi A8, und wer fährt den orangefarbenen Uralt-Kadett? Und dann gesteht Ihnen der dicke Holger zu später Stunde, dass er Sie immer noch, seit der 5. Klasse, heiß und innig begehrt. Prost!

Im besten Fall können Sie vielleicht ein oder zwei Freundschaften wiederaufbauen. Und wenn nicht, dann ist so ein Treffen ein prima Barometer des eigenen Altersprozesses. Sollten Sie darin gut abschneiden, wird es sogar eine Art Ego-Booster, dass Sie im Leben doch nicht so viel falsch gemacht haben. Und ansonsten verschwinden Sie einfach stillschweigend.

69

WIE SIE ALTE FREUNDSCHAFTEN WIEDERENTDECKEN

Apropos alte Freunde. Die wiederzufinden ist in Zeiten von Social Media so einfach wie nie zuvor. Dank Doppelnamen-Popularität in Ihrer Altersklasse können Sie sogar jahrelang verschollen geglaubte ehemalige Bestfriendsforever, sofern die denn überhaupt geheiratet haben, spielend wiederfinden. Facebook zum Beispiel bietet sich als Suchplattform an. Falls Fotos freigeschaltet sind, können Sie auch erst mal prüfen, ob Sie wirklich mit Ute aus der 10 b Kontakt aufnehmen möchten oder Sie vielleicht doch besser die Füße stillhalten, weil Sie sich mit einem so ausgeprägten Chantalismus wirklich nicht umgeben möchten. Jobplattformen funktionieren auch super.

Hat Ihre ehemalige beste Freundin aus Sandkastentagen allerdings Ihren Nachnamen geändert, wird es naturgemäß etwas schwieriger. Eine Möglichkeit ist dann, sie bei Plattformen wie Stayfriends zu suchen. Da haben Sie zumindest die Möglichkeit, die Dame mit ihrem Geburtsnamen zu suchen. Und selbst wenn die Gesuchte einen alltäglichen Namen wie Susi Müller trägt, ist die Chance groß, sie dort ausfindig zu machen, denn Sie filtern Ihre Suche einfach nach Stadt und Klasse. Das dürfte die Suche eingrenzen, sofern Susi sich dort angemeldet hat.

Warum sollten Sie sich überhaupt die Mühe machen, jemanden aus Ihrem vergangenen Leben aufzusuchen?

Na ja, weil es sehr bereichernd sein kann. KANN wohlgemerkt. Aufgefrischte Jugenderinnerungen können sehr viel Spaß machen: Erinnerungen, wie man ohne Helm mit fliegenden Haaren zusammen mit Danni auf Mofas durch die Nacht gebraust ist oder Sascha auf dem Scheunenball geküsst hat, sind Sahne. Überhaupt kennt Danni Seiten an Ihnen, die aus Ihrem jetzigen Leben keiner kennt. Das verbindet: Gemeinsam können Sie sich daran laben, dass das Schicksal bei der verhassten Klassenschönheit erbarmungslos zugeschlagen hat und Sie endlich Genugtuung haben, dass die blöde Kuh nun … Es tut auch gut, alte Schulden zu bezahlen oder jahrelange Missverständnisse zu bereinigen. Karmareinigung sozusagen. Wenn sie natürlich jahrelang gemobbt worden sind, haben Sie verständlicherweise keine Lust auf Wiedervereinigung.

Haben Sie einander gefunden und ist die Wiedersehensfreude groß und tränenreich, bereiten Sie sich auf einen Abend vor, bei dem Sie in wenigen Stunden Ihr gesamtes Leben in großen Sprüngen voreinander ausbreiten. Fotos von Gatte Lutz, allen Kindern und Haustieren nicht vergessen. Angeber-Fotos vom Haus, Pool und Rennpferd erst einmal zurückstellen.

Wiedervereint mit der Busenfreundin, erfüllt von Glückseligkeit und beseelt von den gemeinsamen Streichen der Vergangenheit, kommt direkt nach dem Abend der Freude der gemeine Alltag. Die Frage ist, passt die Wiedergefundene in Ihr ordentlich aufgebautes Leben? Oder war es ein Once-in-a-lifetime-Schwelgen in der Vergangenheit mit Fragen, wie »weißt-du-noch« und »was ist eigentlich aus Ilka und Dirk geworden«? Bedenken Sie, Sie haben einen ausgefüllten Alltag, einen existierenden Freundeskreis, einen Hund, einen Mann, … Sie haben sich vielleicht endlich getraut, Ihre Leidenschaft für Piercings auch im Gesicht zur Schau zu tragen. Ihre wiedergefundene Jugendfreundin dagegen kleidet sich streng nach der nachbarschaftlichen Kleiderverordnung und ein kleiner tätowierter Delfin am Knöchel war ein einmaliger und ihr nun sehr peinlicher Ausrutscher in die Rebellion. Werden Sie sich tatsächlich Ihren gegenseitigen Freundeskreis vorstellen? Oder werden gelegentliche Treffen, auf einen kleinen Kaffee, bei denen Sie gegenseitig hoffen, von niemandem gesehen zu werden, reduziert?

Die schöne Seite ist, dass Sie die Vergangenheit in etwas rosafarbeneren Farben sehen können. Im Laufe der Jahre hat sich aus Ihren Jugenderinnerungen, ob gut oder schlecht, ein eigenes Bild entwickelt. Ihr Bild. Jemand, der Sie lange nicht gesehen hat, kann dieses Bild gehörig durcheinanderbringen. Ebenfalls positiv und negativ. Diese Person erinnert sich nämlich an andere Dinge als Sie. Und merkwürdigerweise kann sich Ihre Freundin dann an gemeinsame Erlebnisse, die Ihnen so präsent wie gestern sind, überhaupt nicht mehr erinnern. Es gibt einen Typen, den ich nach über 30 Jahren bei Facebook wiederentdeckt habe. Er behauptet steif und fest, dass wir uns, als ich aus der Stadt weggezogen bin, zum Abschied lang und innig geküsst hätten. Er habe noch Jahre später daran gedacht. Ich kann mich nicht erinnern. Mittlerweile habe ich so oft versucht, mir ein Bild zu formen, dass ich es mir fast schon einbilde. Trotzdem, schön, erfahren zu haben, dass ich jemandem so lange in Erinnerung geblieben bin.

Manchmal sind solche Begegnungen auch wie ein Spiegel, in dem man sich selbst sieht. Und sich selbst besser verstehen kann. Und warum man so ist, wie man ist.

Eine Freundschaft bedeutet, Zeit zu investieren. Die Chance, dass Sie ihre alte neu gefundene Freundin nun erst in 20 Jahren wieder in die Arme schließen werden, ist deshalb groß. Wird dann aber ebenso toll sein. Vielleicht reicht Ihnen das ja.

Schön wird auf jeden Fall, dass – falls Sie sich wiedersehen und der Gesprächsstoff nicht nach der ersten Wiedersehensstunde ausgeht – Erinnerungen, die Sie jahrelang mehr oder weniger geheim mit sich herumgetragen haben, gerade gerückt werden. Jetzt gilt es aufpassen, dass die neu gefundene Freundschaft das aushält. Faktor Neid mischt ebenfalls mit. Wer hat das größere Auto, den schöneren Mann, die intelligenteren Kinder? Und, ganz wichtig, weniger Falten.

Sollten Sie in einer Partnerschaft sein – Pärchen machen ja so gerne was zu viert oder auch mit Kindern –, bedenken Sie bitte, dass die Herren oder die Kinder sich oft nicht ausstehen können – egal, wie sehr Sie und Busenfreundin Danni das wünschen. Wenn es doch klappt – umso besser.

70

WIESO EIN HOBBY OBLIGATORISCH IN DEN ALLTAG INTEGRIERT GEHÖRT

Wenn Ihr Leben aus einer wilden Mischung aus Verpflichtungen, Stress und Hetze besteht, sollten Sie als Middle-Agerin jetzt unbedingt die Reißleine ziehen. Gerade, wenn Sie ein sehr ehrgeiziger und gewissenhafter Mensch sind, sind Sie prädestiniert für einen Burn-out. Mittelalte Frauen (und Männer) sind generell viel stärker als andere Altersgruppen von emotionaler Erschöpfung und Abgeschlagenheit betroffen. Allein die ganzen verunsichernden Veränderungen psychischer und physischer Art, denen Sie unterworfen sind, bedeuten Stress pur. Wenn Sie sich dann auch noch krampfhaft in ein Thema, eine Situation, eine Gegebenheit zu Hause oder im Büro oder in beidem festbeißen, es allen anderen recht machen möchten (siehe auch Kapitel 66 *Warum Sie jetzt nicht mehr zu jedem nett sein müssen*), führen Sie einen aussichtslosen Kampf: und zwar eine selbstzerstörerische Auseinandersetzung, ein Ringen in erster Linie mit sich selbst!

Sehr gesundheitsschädlich sind:

- zwischen verschiedenen Jobs und Familienglück hin und her zu hetzen
- die Suche nach Anerkennung von Menschen, die eigentlich total unwichtig sind und die man eigentlich gar nicht mag
- sich ohne Pause um Kinder und Eltern und Partner sorgen zu müssen
- andauernd Angst zu haben, ob Gatte Lutz einen noch liebt
- und ob Pascal und Pia-Phoebe das Abi schaffen
- konstante Erreichbarkeit auf allen Kanälen
- niemals »Nein« sagen zu können
- ständige Sorge um körperliche Veränderungen und schwindende Attraktivität

- Wechseljahresbeschwerden allgemein und Schlafstörungen im Besonderen
- Angst, zu alt zu sein, ersetzt zu werden; einfach das Gefühl, nirgendwo mithalten zu können.

WAS ALSO KÖNNEN SIE TUN?

- Suchen Sie sich dringend eine Freizeitbeschäftigung, bei der Sie abschalten können. Am besten eine, bei der Sie sich bewegen müssen und sich auspowern können. Stricken bei Dämmerlicht vorm Fernseher mit nebenher stattfindender WhatsApp-Kommunikation zählt nicht dazu.
- Wenn Sie an besagtem Strickhobby festhalten wollen, integrieren Sie anders Bewegung in Ihren Alltag. Transformieren Sie Ihre stille Teilhaberschaft im Fitnessstudio zu einer aktiven oder entstauben Sie Ihren Drahtesel und fahren Sie mit dem zur Arbeit.
- Nehmen Sie sich Zeit, um Ihre Seele zu regenerieren, egal ob Sie Mandalas ausmalen, Yoga oder Pflanzen lieben oder Ihr Herz als ausgeprägte Karnevalistin eher im Vereinsbereich ein Zuhause hat.
- Lernen Sie, Nein zu sagen.
- Kotzen Sie sich mal so richtig aus. Wenn möglich bei geschultem Fachpersonal. Wenn die Warteliste dafür zu lang ist, suchen Sie sich Gleichgesinnte oder machen Sie einen Friseurtermin.
- Gehen Sie aus und tanzen Sie sich die Seele aus dem Leib. Wenn Sie steife Hüften haben, gehen Sie auf ein Konzert und grölen Sie so laut Sie können mit. Klassische Konzerte eignen sich dafür allerdings nur bedingt.
- Sortieren Sie Ihr Leben neu. Fangen Sie in Ihrer Wohnung an und entrümpeln Sie den ganzen Kram, der Sie mehr belastet als Ihnen nützt.
- Bringen Sie Ihr Karma in Ordnung. Begleichen Sie alte Schulden.

- Verreisen Sie und vergessen Sie Ihr Handy zu Hause. Die Welt geht nicht unter, wenn Sie mal zwei Wochen nicht erreichbar sind. Wenn Sie Kinder haben und die mitnehmen, sorgen Sie dafür, dass die ihre Handys ebenfalls vergessen.

Wer permanent unter Strom steht, klappt irgendwann zusammen. Ab 40 sind Sie prädestiniert dafür. Man wird wirklich etwas dünnhäutiger im Alter, fühlt sich ausgebrannter, müder, überbelasteter. Die viel beschworene Gelassenheit des Alters ist nicht etwas, was automatisch mit Stichtag X da ist. Es gibt meistens eine Vorgeschichte, aus der Sie dann geschmeidiger hervorgehen, sofern Sie die Situation überlebt haben. Die Herzinfarktgefahr steigt auch bei Frauen. Depressionen ebenfalls. Ältere Frauen sind nicht von Natur aus cremiger im Umgang mit stressigen Situationen, sondern weil sie gelernt haben, auf sich aufzupassen, und aus Erfahrung wissen, dass es nicht besser wird, wenn man sich zerreißt. So eine Art Ruhe nach dem Sturm.

Also achten Sie ein bisschen besser auf sich. Suchen Sie sich ein Hobby – dabei kann man ja auch hervorragend Gleichgesinnte treffen oder sogar den Partner fürs Leben.

71.

WIE SIE SICH AUF DEN VERLUST IHRER KINDHEITSHELDEN VORBEREITEN

Schrammen am Körper, Narben auf der Seele: Mit über 40 haben Sie in jeder Hinsicht schon einiges überlebt. Im wahrsten Sinne des Wortes, denn Gevatter Tod kommt näher und klopft immer öfter auch an die ein oder andere Ihnen wohl bekannte Tür. Da man selber ja immer älter wird, kommen Ihnen die Menschen, die er dann holt, plötzlich relativ jung vor: »Mensch, der war doch noch so jung. Der war doch nur fünf Jahre älter als ich!« Manchmal kennen Sie die Namen, die Frau Rakers mit besorgter Miene vorliest, nicht nur. Nein, die Namen der Verstorbenen gehören Ihren Jugendidolen – mit denen Sie aufgewachsen sind! David Bowie, George Michael, Prince, Chris Cornell – alle weg. Auch die eigenen Eltern sind urplötzlich nicht nur gefühlt steinalt. Nein, sie sind wirklich alt, werden sichtbar gebrechlicher. Der Bekannten- und Freundeskreis schrumpft ebenfalls zusammen, sei es durch Krankheiten, Unfälle oder durch die eigene Hand. Wenn Sie bisher Glück hatten und nie auf einer Beerdigung waren, können Sie sich jetzt so langsam darauf vorbereiten. Die Wahrscheinlichkeit, dass Sie sich in irgendeiner Weise mit dem Tod auseinandersetzen müssen, steigt eklatant ab 40. Es wird allerhöchste Eisenbahn, sich entsprechend vorzubereiten.

- Legen Sie sich ein beerdigungstaugliches Outfit zu.
- Lassen Sie mal Ihre Versicherungen unabhängig prüfen, es ist netter für Ihre Angehörigen, wenn das alles geordnet ist.
- Ordnen Sie überhaupt Ihren Kram, Ihre Wohnung, Ihr Leben. Gatte Lutz wird nach Ihrem Ableben durch den ganzen Kram gucken müssen. Wenn Sie ihm seine Illusionen über Sie lassen wollen, sortieren Sie die peinlichen Tagebuchaufzeichnungen vielleicht vorher aus.
- Wenn Sie was zu vererben haben, lohnt sich ein Gang zum Notar. Vor allem, wenn Sie nicht wollen, dass nach Ihrem Ableben ihr Hab und Gut in die Hände Ihres Ex verschwindet und Ihre gemeinsamen minderjährigen Kinder leer ausgehen.

Überhaupt: Wer kümmert sich um Ihre Kinder und um den Kater, wenn Ihnen was passiert? Gatte Lutz wäre alt genug, um das selbst zu klären, aber es wäre trotzdem gut, wenn Sie sich mal absprechen würden. Zeitnah.

Wenn ein lieber Mensch stirbt, tut das weh. Abschied nehmen ist keine leichte Sache. Plötzlich merkt man, wie kurz das Leben ist und wie wertvoll. Es macht die eigene Kleinheit im Universum so greifbar. Versuchen Sie deshalb lieber, in die zweite Hälfte Ihres Lebens etwas Freizeit einfließen zu lassen. Vielleicht kommt jetzt sogar die wichtigere Hälfte Ihres Lebens, weil Sie aus Ihren Erfahrungen schöpfen können und sich Ihr Leben ein bisschen mehr so einrichten können, wie Sie möchten, weil sie die wahre Zufriedenheit entdeckt haben und das Echte vom Falschen trennen können – oder sich trauen. Vielleicht möchten Sie mal aussortieren: Dinge, die Sie belasten, Menschen, die Ihnen nicht guttun. Nehmen sie sich etwas Zeit, auf Ihre innere Stimme zu hören. Gesundheit ist da auf jeden Fall ein sehr zentrales Thema. Mit 40 können Sie in den meisten Fällen auch da das Ruder noch mal rumreißen.

Und wenn Frau Rakers die Verabschiedung eines weiteren Kindheitshelden verkündet, dann rücken Sie auf dem Sofa mal wieder etwas näher an Gatte Lutz, machen die Glotze aus, die Songs Ihrer alten Helden von damals an und lauschen Sie gemeinsam ein bisschen den alten Erinnerungen. Freuen Sie sich, dass Sie einander haben. Und wenn Sie sich gegenseitig nicht trösten können, weil Sie total zerstritten sind, dann nehmen Sie den Heldentod als Anlass, sich Ihrer eigenen Sterblichkeit bewusst zu werden und herauszufinden, was Ihnen guttun würde. Jetzt. Und dann machen Sie sich auf den Weg. So viel Zeit bleibt Ihnen ja nun auch nicht mehr. Nur noch die Hälfte Ihres Lebens. Genießen Sie Ihr Leben. Es ist kurz und kostbar.

9. KAPITEL

BORN TO BE ~~WILD~~ MILD ODER WIE SIE DEN REST IHRES LEBENS ÜBERLEBEN

Wahrscheinlich vermuten Sie es mittlerweile schon: Ab 40 beginnt die beste Zeit Ihres Lebens! Und tatsächlich: So ist es! Beziehungsweise, so kann es sein, wenn Sie was dafür tun – zum Beispiel, indem Sie nicht in depressives Selbstmitleid ob Ihrer verlorenen Schönheit verfallen. Denn: Natürlich hatte Mrs Davis recht mit ihrer Theorie, dass Älterwerden nichts für Feiglinge ist. Ja, unbedingt. Aber, ganz ehrlich, was auf dieser Welt ist schon für Feiglinge? Alles, was auch nur ansatzweise interessant ist, was neu ist, was Abenteuer, Prickel und Glitzer verspricht, braucht doch etwas Mut beim ersten Schritt. Wer feige ist, macht sich selbst das Leben schwer – das trifft nicht nur auf das Älterwerden zu.

Zipperlein werden kommen – und die sind in der Tat schwer zu ertragen. Allein das unfassbar nervige Schlechterwerden meiner Augen und dass deshalb überall im Haus Brillen rumliegen müssen – nicht nur meine, auch die von meinem Mann –, kann mich an manchen Tagen in den Wahnsinn treiben. Aber daran zu verzweifeln, ist keine Lösung, davon wird es ja nicht besser. Man kann es nur stoisch ertragen, noch mehr Brillen kaufen oder ordentlicher werden.

Machen Sie sich in diesem Jahrzehnt auf die Suche nach dem, was Sie wirklich wollen, und nutzen Sie die Erfahrungen aus der ersten Hälfte Ihres Lebens, um die zweite zu optimieren. Dass Sie dabei Täler überwinden müssen, ist klar: Veränderungen bedeuten Arbeit, egal, ob Sie lernen müssen, Gefühlschaos zu akzeptieren, Ihre Knackfrische zu verlieren, ob Sie Familienumbildungen und Job-Veränderungen durchstehen müssen, eigene Krankheit oder den Tod von Freunden überwinden müssen. Aber jeder neu erklommene Berg gibt Kraft und macht einen stärker – das wissen Sie ja eigentlich auch, denn Sie haben ja schon einiges hinter sich gebracht.

Deshalb, seien Sie wild aufs Leben – und milde im Umgang mit sich selbst. Hängen Sie Ihre Angst vorm Älterwerden einfach an den Nagel, weil »der Feige stirbt schon vielmals, eh' er stirbt, die

Tapferen kosten einmal nur den Tod[30]«. In diesem Sinne freuen Sie sich auf ein sehr spannendes Jahrzehnt. Das Leben fängt ab 40 erst richtig an. Wirklich. Go for it!

72.

WIE SIE DAS BEFREIENDE GEFÜHL, NICHTS MEHR ZU VERPASSEN, RICHTIG AUSKOSTEN

Endlich 40! Endlich erwachsen! Nachdem wir uns nun das ganze Buch auf die diversen Schwierigkeiten, die einem als mittelalte Frau begegnen können, konzentriert haben, folgt jetzt mal nur und ausschließlich eine Zusammenfassung des Guten und Erfreulichen:

- Sie bekommen so viel Gelassenheit. Jedenfalls trifft das auf die meisten Menschen zu. Mit zunehmendem Alter fällt es einem zusehends leichter, bis drei zu zählen, und manchmal braucht man das auch gar nicht mehr. Weil man schon weiß, dass sich die Aufregung nicht lohnen wird und man sich besser, statt sich zu ärgern, noch einen Kaffee holt und abwartet.
- Sie sind reich an Erfahrung: Lebenserfahrung ist ein großer Schatz. Und vor allem ist es einer, den Ihnen keiner wegnehmen kann. Einmal erworben, bleibt er Ihnen erhalten und wird stetig größer.
- Sie sind endlich eine Respektsperson. Tatsächlich werden ältere Frauen anders behandelt als junge Hüpfer. Wenn mir jemand in der Bahn einen Platz anbietet, denke ich gar nicht daran, dass er das tun könnte, weil ich so gebrechlich aussehe, sondern ich freue mich, dass ich sitzen kann. Vielleicht hängt es damit zusammen, dass die Flirtfalle nicht mehr so oft zuschnappt, sich andere, ebenso wie Sie, eher auf das konzentrieren, was Sie tun und sagen. Wie Ihr Gesicht oder Ihr Busen aussieht ist nicht mehr sooo wichtig. Das ist durchaus sehr angenehm.

- Sie trauen sich endlich, Ihre Meinung nicht nur zu sagen, wenn Ihnen einer doof kommt, Sie wissen entsprechend zu handeln und Ihre Interessen durchzusetzen.
- Entscheidungen kann man plötzlich sehr viel schneller fällen. Sie wissen sehr viel genauer, was Sie eigentlich wollen.
- Sie werden weniger leidensfähig und handeln schneller. Das heißt vielleicht auch, dass man zunächst ins kalte Wasser springen muss, um Freiheit zu erlangen. Wenn Sie beispielsweise Gatte Lutz nur noch demütigt, dann sind Sie in den meisten Fällen einfach besser dran ohne Lutz und den Luxus, den er eventuell bietet. Vielleicht sollten Sie sich eher freuen, dass er sich für die junge Schnalle aus seinem Büro interessiert. Dann sind Sie ihn los, mitsamt seinen Wehwehchen und Launen.
- Sie werden in gewissen Dingen vernünftiger. Ich weiß beispielsweise mittlerweile, dass ich dazu tendiere, mir Sitzschuhe zu kaufen, obwohl ich eigentlich das bequemere Paar dringender brauchen würde. Es gelingt mir immer öfter, mich dann vernünftig zu entscheiden. (Trostkäufe gelten hier nicht. Ein Trostkauf sollte immer unvernünftig sein, sonst hilft er ja nicht.)
- Auch was Freund und Feind angeht, werden Sie konsequenter: Diejenigen, die Ihnen nicht guttun, verschwinden einfach aus Ihrem Leben. Sie haben irgendwann einfach nicht mehr das Gefühl, solche Leuten in Ihrem Leben zu belassen.
- Sie gehen mit Ressourcen sorgfältiger um. Sie lernen, Wichtiges von Unwichtigem zu trennen. Ohne schlechtes Gewissen. Sie können insgesamt besser die Spreu vom Weizen trennen.
- Sie werden selbstbewusster. Wahrscheinlich, weil man irgendwann anfängt, enorm auszusortieren, und nur das behält, was man wirklich bewahren möchte. Man hat auch nicht mehr die Zeit, alles Mögliche zu sammeln. Auch Menschen, die gerne an Altem festhalten, nehmen im Mittelalter gerne die angehäuften Sammelsurien der letzten Jahrzehnte genauer unter die Lupe und trauen sich, Ballast abzuwerfen, weil sie merken, dass sie wirklich

die beleidigenden Briefe des Ex-Freundes nicht mehr brauchen oder die Jeans aus den 1990er-Jahren, in die sie nie wieder reinpassen werden. Weg damit.

- Viele Frauen fühlen sich tatsächlich schöner. Weil Sie plötzlich zu ihrem Körper stehen können.
- Sie sind interessant, vielleicht sogar ein Vorbild für jüngere Frauen, weil Sie schon viel erlebt und was zu erzählen haben. Oder weil Sie sich trauen, Ihre Meinung zu sagen. Das fühlt sich wirklich schön an – wenn man es denn merkt.
- Auch die Gesellschaft sieht Frauen in den Vierzigern nicht mehr soooo alt. »40 ist das neue 30« liest man überall, wenn man mal auf Google ein bisschen stöbert.

Und zum guten Schluss: Sie werden nicht mehr das Gefühl haben, etwas zu verpassen. Sie können sich in Ruhe aussuchen, wo Sie gerne hingehen möchten, weil Sie einfach sehr vieles schon sehr oft gemacht haben und nun wissen, wo die Rosinen zu finden sind.

Eine entspannte Lebenshaltung wirkt sich übrigens enorm günstig auf die Faltenbildung aus. Zumindest auf die Mimikfaltenentwicklung – Stichwort *Zornesfalte*. Je zufriedener Sie sind, desto entspannter sind auch Ihre Gesichtszüge, desto weniger kocht Ihr Blut hoch, desto einfacher wird Ihr Leben.

Alles, was Sie tun müssen, um das zu erreichen, ist: Sie selbst sein. Das Tolle am Vierzigwerden ist, dass die Chance enorm hoch ist, Ihre Mitte in diesem Jahrzehnt zu finden, – nicht trotz, sondern gerade wegen der ganzen Veränderungen. Und in dem Moment, in dem man weiß, was man wirklich will, hat man auch nicht mehr das Gefühl, irgendetwas zu verpassen.

WIE SIE IHRE HANDICAPS ZUM POSITIVEN WANDELN UND IHRE MACKEN KULTIVIEREN

Oscar Wilde ist zwar ein Mann, aber er sagte sehr treffend: »Sei du selbst, alle anderen sind bereits vergeben.«[31] Vielleicht braucht es eine Weile, bis Sie und die mittelalte Frau im Spiegel sich wieder eins fühlen und Sie dann Sie selbst sein können.

Tun Sie, was Sie tun können, um sich in Ihrem sich verändernden Körper wohlzufühlen. Jugend ist nun mal vergänglich. Das heißt, jede einzelne Maßnahme, die Sie unternehmen, um verloren gegangene Schönheit wiederherzustellen, ist ebenfalls nicht für die Ewigkeit. Der Jugend verzweifelt hinterherzulaufen ist sehr, sehr anstrengend. Wenn Sie dafür nicht bezahlt werden, lassen Sie es bleiben. Sie können den Alterungsprozess nicht stoppen, nur ein bisschen ausbremsen. Ein freiwilliges Leben als künstliches Ersatzteillager macht sicher keinen Spaß. Es ist teuer, tut weh, und Sie produzieren eine permanente Nachfrage nach einem noch besseren Produkt, da Sie den Verfall des Köpers nur in Teilen aufhalten, aber niemals stoppen können. Von der selbst zugefügten Behinderung mal ganz zu schweigen. Also ich sehe es schon als gravierende Beeinträchtigung, wenn man sich manche Prominente anschaut, die die eigenen Lippen zu steifen Schnäbeln haben umfunktionieren lassen und dann Getränke nur noch durch einen Strohhalm zu sich nehmen können. Und ich leide mit, wenn ein Gesicht beim versuchten Lächeln derart spannt, dass man denkt, die Pergamentfläche würde gleich mittendurch reißen. Machen Sie sich das Leben nicht so schwer.

Sie müssen sich nicht mit Models auf Magazin-Covern oder Promis in Boulevardformaten im Fernseher vergleichen; zumal dort auch oft Freund Photoshop nachhilft. Hören Sie auf sich selbst zu bestrafen. Wer glücklich ist, ist automatisch schön. Auch mit

Narben, einem ungünstigen BMI, im Rollstuhl sitzend oder mit ohne Haare an den richtigen oder zu vielen an den falschen Stellen. Wenn Sie erst einmal 50 geworden sind, werden Sie die 40er-Jahre, allen körperlichen Veränderungen zum Trotz, nicht nur als den zeitlichen Zenit Ihres Lebens sehen, sondern auch als den Ihrer Höchstleistungen. Das trifft nicht auf alle Frauen zu, aber doch auf die allermeisten. Zumindest auf die allermeisten, mit denen ich gesprochen habe. Und dass sich Frauen ab 40 (nach einer Weile zugegebenermaßen) sehr viel lieber haben als noch mit straffem Luxuskörper, ist auch eine Tatsache. Es ist irgendwann so egal, wie die Zahl, die auf Ihrer Torte steht, lautet; spätestens in dem Moment, in dem die Kerzenanzahl sowieso nicht mehr draufpasst oder die Kerzen teurer werden als der ganze Kuchen, werden andere Dinge wichtig; nämlich, dass der Kuchen schmeckt. Das hat dann viel mehr Wert als gutes Aussehen und Dazugehören, was als junger Mensch so wichtig ist. Um zu finden, was Ihnen schmeckt, müssen Sie ehrgeizig und diszipliniert in eigener Sache sein. Vertrauen Sie Ihrem Bauch. Wenn Sie ihn nicht hören, dann zwingen Sie sich zu einer Auszeit, die Sie ganz Ihrem Bauch widmen. Und wenn der dann wieder anfängt, mit Ihnen zu sprechen, dann handeln Sie danach. Langeweile tötet, Stagnation auch – seien Sie mutig, vertrauen Sie Ihrer Intuition und wagen Sie Neues. Stehen Sie zu Ihren Macken und machen Sie das Beste draus. Und schauen Sie nach vorne und nicht zurück. Finden Sie das Ding, das Sie antreibt – und dann marschieren Sie los. »Das Leben ist zu kurz und zu kostbar: Lasst es uns nicht mit Selbsthass verschwenden[32]«, sagt Taryn Brumfitt in ihrem Dokumentarfilm *Embrace*. Recht hat sie. Sich selbst treu bleiben, Macken kultivieren und zum Markenzeichen erheben – dann können Sie auch in Würde altern.

Was immer Sie tun, hören Sie auf, Ihren Körper zu verabscheuen. Pflegen und lieben Sie ihn lieber. Passen Sie gut auf ihn auf. Sie haben schließlich nur den einen. Irgendwann geht es sowieso nur noch darum, dass er funktioniert.

WIE SIE EIN ROLE MODEL WERDEN

Brauchen wir *Role Models*? Ja, ich denke schon. Wir brauchen starke Frauen als Vorbilder. Wir brauchen Frauen, die zu sich selbst, ihrem Körper, ihrem Älterwerden stehen können und die das zeigen: stolz, aufrecht und mit absoluter Selbstverständlichkeit.

Frauen, die trotz Falten und körperlichen Besonderheiten im Rampenlicht stehen oder standen, sind zum Beispiel Vorbilder, wie Patti Smith, Helen Mirren, Meryl Streep, Isabelle Huppert, Brigitte Macron, Linda Rodin, Eveline Hall, Kate Moss, Kate Winslet, Anke Engelke, und Taryn Brumfitt, Gründerin des Body Image Movements. Vielleicht ist Ihr persönliches Vorbild auch eher eine Freundin, eine Kollegin, eine Nachbarin, eine ehemalige Lehrerin – oder eine Frau, die Sie ganz kurz, nur ein paar Minuten, in der U-Bahn gesehen haben und deren Ausstrahlung den ganzen Waggon erhellt hat.

Ausstrahlung – das ist es, was ein Role Model ausmacht – ist maßgeblich von innerer Einstellung abhängig und wird von einer positiven Haltung sich selbst gegenüber gefördert. Also arbeiten Sie an Ihrer inneren Zufriedenheit. Fangen Sie an, sich selbst wieder etwas lieber zu haben. Nehmen Sie Haltung an. Kopf hoch, Hals lang, Kinn und Brust raus. Haltung, innerlich wie äußerlich, sorgt für eine Grundspannung, die gut für den Rücken und die Brust ist und nebenbei auch sehr gut einem Doppelkinn und einem faltigen Hals (zum Truthahnhals siehe Kapitel 9 *Wie Sie jetzt Ihre Haut … in den Griff bekommen*) entgegenwirkt. Versuchen Sie von innen zu leuchten. Das sagt sich einfacher, als es ist. Aber Sie können es lernen. Wenn Sie Glück und Zufriedenheit ausstrahlen, wird man Ihnen das ansehen.

Seien Sie Vorbild für andere Frauen, besonders für Ihre Töchter. Die brauchen Frauen, die erfolgreich sind, die nicht trotz, sondern

MIT Familie, mit grauen Haaren, Speckrollen und Altersflecken erfolgreich sind. Frauen, die sich so akzeptieren, wie sie sind. Mädchen brauchen starke Frauenvorbilder, weil die Gesellschaft von der Gleichberechtigung von Frauen generell und älterer Frauen im Besonderen tatsächlich noch Lichtjahre entfernt ist. Sie können einen Schritt in die richtige Richtung machen, indem Sie darauf hören, was Sie wirklich wollen, und es dann tun.

Hitzewallungen, Selbstzweifel, Haut- und Figurprobleme, das alles geht vorbei. Sie bestehen aus mehr als Ihrer äußeren Hülle. Begreifen Sie die Zeit der Lebensmitte als Chance. Entwickeln Sie lieber Ihre Persönlichkeit. Betrachten Sie den neuen Lebensabschnitt als große, fantastische Gelegenheit. Wenn Sie einen Weg gefunden haben, Ihre diversen körperlichen Veränderungen zu akzeptieren, klappt es auch mit der Ausstrahlung.

Und sagen Sie einer anderen fremden Frau einfach mal was Nettes – zum Beispiel, dass sie klasse aussieht. Das macht glücklich. Sie beide.

75.

WIE SIE EINE BUCKETLIST ANLEGEN

Es gibt einen alten, sehr effektiven Trick, um sich selbst deutlich vor Augen zu führen, wie begrenzt die Zeit auf Erden ist: Schnappen Sie sich ein Zentimetermaß. Schneiden Sie es bei 84 Zentimetern ab. Dann schneiden Sie es bei der Zahl ab, die Ihrem aktuellen Alter entspricht. Der Schnipsel, der übrig bleibt, ist statistisch die Zeit, die Ihnen auf dieser Erde noch zur Verfügung steht. Wenn Sie gerade erst 40 geworden sind, haben Sie also noch mal mehr als die Hälfte Ihres Lebens vor sich. Rein statistisch.

Das Voraugenführen der verbleibenden Restzeit hilft bei der Trennung von unnötigem oder hemmendem Ballast und fördert enorm das Wertschätzen der verbleibenden Zeit. Wenn Sie nicht wissen, wohin Ihre Reise gehen soll, schreiben Sie Ihre Träume und Wünsche für Ihr Leben auf. Ich habe hervorragende Erfahrung mit dem Schreiben von Wunschlisten gemacht. Da gibt es die grobe Liste mit Lebenswünschen; und es gibt ausführliche Listen, die ein Thema kleinteilig betrachten und Details festlegen. Die grobe Liste ist die sogenannte Bucketlist. Hier stehen Dinge, die man im Leben gemacht haben möchte. Klassiker für Bucketlists sind zum Beispiel Bungee-Jumping, Fallschirmspringen, Chinesische Mauer entlangspazieren, Halbmarathon laufen, einmal nach New York fliegen, mit Delfinen schwimmen, Vom-Dreimeter-brett-in-der-städtischen-Freibadanlage-Springen, einmal George Clooney anfassen – so was. In der Detailliste geht es dann um das Kleinklein. Also wenn es Ihr Traum ist, einen Marathon zu laufen, dann kommt das Kleinklein zu diesem Wunsch auf eine neue Liste, auf der Sie die einzelnen Schritte festhalten: wo, wann, mit wem, woraus Ihre Ausrüstung bestehen soll, wie der Zeitplan aussehen soll, das Davor und das Danach.

Eine Bucketlist ist keine klassische To-do-Liste, auf der jeder Punkt abgehakt wird. Eine Bucketlist ist eine Erinnerung daran, eigene Bedürfnisse nicht zu vergessen, es sich gut gehen zu lassen und sich des Lebens zu erfreuen. Sich Zeit zu nehmen für die Dinge, die einem wirklich wichtig sind. Die Liste soll Sie nicht unter Druck setzen. Sie ist kein sklavisches Muss, sondern eine Orientierung: ab und zu mal aus der Schublade ziehen, sich was aussuchen, machen. Betrachten Sie die Bucketlist als schöne übersichtliche Gedankenstütze – das Kurzzeitgedächtnis lässt mit zunehmendem Alter nach, so eine Liste hilft, die Träume nicht aus den Augen zu verlieren. Schreiben Sie ruhig auch völlig verrückte Dinge auf Ihre Liste. Allein, sie da stehen zu sehen als ein mögliches Ziel, wird Ihnen Flügel verleihen, vielleicht nicht für das konkret verrückte Ding, aber dafür für ein anderes. Wünsche aufzuschreiben, macht sie konkreter, ein bisschen greifbarer.

Die Liste muss nicht lang sein. Fünf oder zehn große Lebenswünsche reichen völlig. Haben Sie Mut zur Unvollkommenheit (siehe Kapitel 44 *Warum Sie mit Mut zur Unvollkommenheit am erfolgreichsten sind*).

76.

WAS SIE BEI IHRER SELBSTFINDUNG EINPLANEN MÜSSEN

Wenn Sie sich entschlossen haben, kräftig an Ihrer Selbstfindung zu arbeiten, müssen Sie mit Widerstand aus der Familie rechnen, wenn Sie die Ergebnisse in die Tat umsetzen wollen. Im Allgemeinen sträuben sich alle: Ihr Partner, Ihre Kinder, Ihre Eltern und Schwiegereltern. Erwarten Sie nicht, dass die mit Ihnen d'accord gehen und begeistert mitmachen. Dazu ist der Mensch erstens zu bequem und zweitens ein Gewohnheitstier, das sich, einmal an etwas gewöhnt, nur schwer und mit viel Konsequenz umerziehen lässt – zumindest, wenn nicht sofort ein klarer Vorteil erkennbar ist.

Veränderung ist immer eine enorm unbequeme Sache. Besonders für die, die dann nicht mehr alles in den Hintern geblasen bekommen, sondern auf einmal selbst tatkräftig zupacken müssen – und sei es auch nur durch die schwierige Aufgabe »Müll selbst die Treppe runtertragen« oder »Wäsche von der Leine nehmen und auffalten«. Auch Sie müssen sich selbst disziplinieren, was mal mehr, mal weniger gut klappen wird. Eine Familie, die bei Ihrem Projekt nicht mitzieht, lässt eine weichherzige Mutter schnell einknicken. Überlegen Sie sich also vor der Einführung neuer Hausregeln, Wiedereingliederung in den Beruf, Auslandssemester, Ernährungsumstellung, Vorbereitung auf die Iron-Woman auf Hawaii – oder was auch immer Sie geplant haben – ein familientaugliches Umsetzungskonzept. Besonderen Schwerpunkt sollten Sie auf mögliche Verweigerungsstrategien Ihres Clans legen und was Sie tun, wenn eines Ihrer Kinder krank wird. Und sie werden krank werden. Halten Sie also für solche Fälle unbedingt einen Plan B und, wenn möglich, sogar einen Plan C bereit, damit Sie die Kinder gut versorgt wissen, auch wenn Sie sechs Wochen fern der Heimat sein sollten, um an einer Forschungsexpedition in Uruguay teilzunehmen oder sich in einer mehrwöchigen Reha vom Stress der letzten 16 Jahre Familienaufopferung erholen. Sich eine Auszeit zu nehmen ist übrigens nicht egoistisch, sondern dient dazu, dass Sie mit sehr viel Elan, positiver Energie und Power wieder zurückkommen und für die Familie und Ihr neues Projekt oder Leben da sein können. Und garantiert sind Sie dann entspannter. Es ist also eine Win-win-Situation für alle.

10. KAPITEL

EGO-BOOSTER

SCHNELLE LÖSUNGEN FÜR MIESE TAGE

Trotz guter Creme oder gelungenem Lifting, es gibt Tage, an denen Sie sich richtig mies fühlen werden, einfach weil Sie sich echt alt vorkommen oder weil Ihnen Ihre Umwelt das so glauben machen will (unbewusst natürlich – bis Mitte 20 haben junge Menschen gar kein Gespür dafür, wie tief sie Frauen ab 40 mit unüberlegtem Verhalten oder leicht dahingeplapperten Äußerungen verletzen können. Ich erinnere mich sehr gut an eine eigene Äußerung, die ich in jungen Jahren einer Frau in der U-Bahn an den Kopf geworfen habe. Ich schäme mich heute aufrichtig.)

Auslöser für Ihr mieses Tagestief war vielleicht ein kurzer Blick in einen unbarmherzig ausgeleuchteten Spiegel, in dem Sie einen neuen Gesichtskrater entdeckt haben, oder es war die dunkle Verfärbung, die sich seit ein paar Tagen auf Ihrem Handrücken abzeichnet, auf die Sie schon den ganzen Morgen gestarrt haben und die sich vermutlich in den nächsten Monaten zu einem großflächigen Altersfleck entwickeln wird. Oder eine jüngere Kollegin hat das Projekt bekommen, das Sie haben wollten und eigentlich auch viel besser machen würden. Egal was, Sie fühlen sich unbedeutend, unattraktiv, ungeliebt.

Was Sie jetzt brauchen, ist ein Kopfstreichler. Irgendeine Aufmerksamkeit, ein Kompliment, das Ihnen sagt, wie toll Sie sind. Schnelle Kopfstreichler sind oft von oberflächlicher Natur. Das sollte Sie in so einem akuten Fall aber nicht weiter stören. Auch wenn Sie ein eher intellektueller Geist sind: Es geht bei schnellen Ego-Boostern nicht um innere Werte und hochtrabende politisch-korrekte Argumente, sondern um effektive und effiziente Abhilfe. Hier ist Kirche-im-Dorf-Lassen angesagt, auch wenn's quasi profaner nicht geht. Manchmal ist das einfach die beste Medizin, wie Sie sich in kürzester Zeit wieder aufbauen können.

77

WIE SIE SICH ÄLTER MACHEN, UM JÜNGER ZU WIRKEN

Sie brauchen also ein promptes und vor allem ehrliches Kompliment. Sie werden übrigens, je älter Sie werden, unehrliche Komplimente messerscharf entlarven können. So was brauchen Sie nicht. Dafür haben Sie weder Zeit noch Nerven. Was Sie brauchen, ist Bewunderung aus tiefstem Herzen.

Mein persönlicher Ego-Booster für solche Akut-Fälle ist, wenn man mich WIRKLICH für sehr viel jünger hält. Am besten kommt dieses Staunen von einer jüngeren Frau. Frau deshalb, weil Frauen viel schwieriger zu beeindrucken sind. Männer sind da einfach viel beeinflussbarer und selten so kritisch wie eine Geschlechtsgenossin.

Der Trick ist, dass man sich älter machen muss, als man eigentlich ist. Wie Sie das machen? Sie behaupten es einfach. Damit ich für VIEL jünger gehalten werde, muss ich mich VIEL älter machen. Dann ist der Effekt stärker – weil: größere Altersspanne. Tatort ist im Idealfall ein Drogeriemarkt oder eine Parfümerie.

Ihre kleine Notlüge lassen Sie möglichst beiläufig in einem Nebensatz ins Verkaufsgespräch einfließen, wie eine Selbstverständlichkeit. Wenn Sie also tatsächlich 44 sind, sagen Sie »mit fast 50«; mit 54 sagen Sie »mit fast 60« usw. Also so: Nehmen wir mal an, Sie sind 44: Sie vergewissern sich, dass eine Verkäuferin in Ihrer Nähe ist und stehen scheinbar unschlüssig vor einem Regal mit Hunderten von Tiegeln, greifen schließlich im Regal zu einem Exemplar für reife Haut und versuchen über dem Rand Ihrer Brille das Kleingedruckte zu lesen. (Kleingedrucktes nicht lesen zu können, suggeriert Alterskurzsichtigkeit – mit 44 sind Sie sehr wahrscheinlich schon betroffen.) Dann gehen Sie offensiv auf die Verkäuferin zu und fragen sie, ob das wohl die richtige Creme für Haut ab 50 ist. Die sagt dann – hoffentlich – was Balsamierendes wie »Für Sie? Für Sie ist diese Creme viel zu reichhaltig!« Oder »Ich hätt Sie jetzt echt auf Ende 30 geschätzt. Hammer!«. Manchmal braucht die Verkäuferin auch gar nichts zu sagen. Sie werden es an ihrem Gesichtsausdruck sehen, wie sie unter ihrer dicken Make-up-Schicht erblasst und für sich selbst eine solche Haut wünscht, wenn sie erst einmal so alt ist wie Sie (im Idealfall vergleicht sie Sie mit ihrer eigenen Mutter, die etwa in Ihrem vorgetäuschten Alter ist und natürlich nicht annähernd so straffe Haut hat wie Sie).

Wenn Sie sich entschlossen haben, in Würde zu altern, können Sie dieses ganze Vorgehen natürlich absurd und echt albern finden; meine Freundin Kerstin findet es erbärmlich (zu ihren Ansichten mehr in Kapitel 6 *Wie Sie es überleben, dass Ihnen niemand mehr hinterherpfeift*). Ich aber finde, es gibt so Tage, da tut eine sehr oberflächliche, rein äußerliche Bewunderung einfach nur gut. So ein Kompliment geht dann, verdammt noch mal, runter wie Öl! Außerdem tut es niemandem weh und macht glücklich. Und ein heiteres Gesicht sieht tatsächlich jünger und frischer aus.

Tipp: Zum Üben können Sie sich auch erst einmal eine wirklich sehr reichhaltige oder sehr fette Creme aus dem Regal nehmen und die Verkäuferin um ihre fachkundige Meinung dazu bitten – ohne Altersnennung. Sie wird Ihnen dann höchstwahrscheinlich raten, eine leichtere zu nehmen, weil Ihre Haut so was noch nicht braucht. Ansonsten kann man den Trick auch in Boutiquen ausprobieren (»Meinen Sie, ich kann diesen Rock in meinem Alter noch tragen?«).

78.

WIE SIE EINEN »BAD HAIR DAY« RETTEN

Jede fühlt sich mal schlecht. Man mag sich nicht, weil man den Bauch zu schwabbelig, die Hände zu trocken, den Busen zu tief, den Po zu platt, die Beine zu haarig, die Haare zu grau findet. Alles doof: das Phänomen *Bad Hair Day*. Als Frau ab 40 wird dieses Phänomen schlimmer: Sie haben nicht einfach einen *Bad Hair Day*. Es ist irgendwie grundsätzlicher als nur ein doofer Tag. Es ist eher ein: Jetzt-ist-alles-vorbei-Gefühl, so als ob niemand Sie jemals mehr attraktiv finden könnte, weil Sie sich so alt fühlen, weil die Falten nicht mehr weggehen, das Abspecken nicht klappt, weil Gatte Lutz nur noch durch Sie hindurchsieht und Sie ihm neue Schuhe schon ins Gesicht halten müssten, damit er sie bemerkt. Es ist ein sehr oberflächliches, aber beschämend beängstigendes, machtloses Endzeitgefühl. Ein Gleichsetzen von schwindender Attraktivität und Lebensende ist beim Entdecken der eigenen Vergänglichkeit kein ungewöhnliches Phänomen – möchte frau doch weiterhin so aussehen wie sie selbst.

In solchen Situationen hilft schnelles, schmeichelndes Mitgefühl. Oberflächlichkeiten reichen dafür absolut aus – ja, sind manchmal sogar besser als tiefe echte Emotionen von Freundinnen, denen es ja genauso geht (die Gefahr ist dann, dass frau sich gegenseitig hochschaukelt). Hervorragendes, schnelles Mitgefühl bekommen Sie – pardon, aber es ist so – von schwulen Männern, die in Berufen tätig sind, die größtmögliche Empathie als Kernkompetenz verlangen: Friseure, Visagisten, Personaltrainer. NIEMAND kann eine an ihrer oberflächigen Äußerlichkeit temporär zugrunde gehenden Frau besser verstehen als ein schwuler Mann, der seiner Berufung in der Kosmetik-, Frisuren- und/oder Fitnessbranche nachgeht. Niemand kann balsamierender und gleichzeitig bestimmter auftreten, sich aufwendiger in Sie hineinversetzen und das Problem mit einer einzigen Handbewegung lösen.

Es ist nicht nur das selbstverständliche Verständnis, das diese Experten einer aufgewühlten Frau entgegenbringen, sondern vor allem ist es die Art und Weise, in der sie es können: Man spürt, dass man das geschundene Selbst an der Lehne des Kosmetikstuhles ablegen und sich in die kompetenten Hände einfach fallen lassen kann und als Schwan wieder aufstehen wird. Und natürlich lässt man sich gerne das überteuerte Lippenstiftexemplar in »Rouge Rebelle« von Chanel nach einer aufopferungs- und verständnisvollen Betüddelung aufschwatzen. Weil dieser Lippenstift dann – und wahrscheinlich nur dann – tatsächlich hilft. Es ist der Luxus, die Zeit, die reparierenden Komplimente, das liebevolle und wertschätzende Eincremen, das Verständnis, das resolute Auftreten. Versuchen Sie es. Gehen Sie, wenn Sie sich schlecht und unattraktiv fühlen, in ein Kaufhaus in Ihrer Nähe und laufen Sie gezielt auf den Verkäufer zu. Sie erkennen den richtigen daran, dass er so aussieht, als gehöre ihm die Welt. Und so ist es. Sie werden glücklich, aber finanziell entlastet aus dem Laden wieder herauskommen.

79.

WIE SIE GLAUBWÜRDIG IHR ALTER NACH UNTEN KORRIGIEREN – WENN ES SEIN MUSS

Alt sein möchte keiner, früh sterben selbstverständlich auch nicht – das ist klar und, ohne Frage, ein Dilemma, welches nur eine einzige Lösung hat: Sie müssen sich mit dem Älterwerden arrangieren.

Aber Sie müssen niemandem Ihr Alter verraten. Niemand zwingt Sie, Ihr wirkliches Alter laut auszusprechen. Außer vielleicht irgendwelche Behörden. Aber die sagen es nicht weiter. Es gibt ja auch viele Prominente, die mehr oder weniger gelungen zeitlos altern. Die gut gelifteten – bei einigen merkt man erst, wie sehr sich das Gesicht verändert hat, wenn man sich 20, 30 Jahre alte Bilder von ihnen anguckt – bleiben ja über Dekaden in derselben Alterszone stecken. Im Bekanntenkreis weiß es in der Regel auch niemand so ganz genau, es sei denn, jemand hat am selben Datum Geburtstag wie Sie und Sie schmeißen seit Ewigkeiten die Party zusammen.

Ich bin lange Zeit – mehrere Jahre eigentlich – 38 geworden. Dann eine ganze Weile 40. Und irgendwann war es mir dann einfach zu anstrengend (ich habe mich verrechnet) und bin dann dazu übergegangen, mein wahres Alter zu nennen. Mittlerweile vergesse ich, wie alt ich tatsächlich bin. Ich könnte es ausrechnen, aber ich habe keine Lust dazu. Mit der Vergesslichkeit bin ich nicht alleine. Es scheint ein Ü40-Phänomen zu sein. In meinem Bekannten- und Freundeskreis sind es tatsächlich einige, die, nach dem Alter befragt, erst nachdenken müssen. Diese Alterszahlvergesslichkeit scheint sich ab ca. dem 46. Geburtstag bei vielen Frauen einzuschleichen. Die Zahl ist dann einfach nicht mehr so wichtig. Erst wenn die nächste Hürde unmittelbar vor der Tür steht, können alle wieder prompt ihr Alter nennen: 50. Aber das ist ein anderes Thema. Also, wenn Ihr Alter Sie stört, also die eigentliche Zahl, nennen Sie eine andere. Wenn es Sie glücklich macht, sagen Sie doch einfach »Ich bin 39«. für die nächsten acht Jahre. Bis dahin haben Sie sich dran gewöhnt. Oder vergessen, wie alt Sie sind. Irgendwann wird es zu anstrengend, dann ist es einfacher, sich am Passeintrag zu orientieren.

80.

WIE SIE SICH EIN PERSÖNLICHES EGO-BOOSTER-PORTFOLIO BASTELN

Neben den Beispielen aus den vorherigen Kapiteln gibt es ja noch unzählige weitere schnelle Ego-Booster. Zum Beispiel diese:
- Sammeln Sie Komplimente: Ein Kompliment schmeichelt immer. Ich kenne niemanden, die oder auch der sich nicht von einem Kompliment zumindest ein bisschen gebauchpinselt fühlt. Da Komplimente mit zunehmendem Alter weniger werden, fangen Sie am besten sofort an, sich nicht nur aus tiefstem Herzen

über Komplimente zu freuen, sondern merken Sie sich diese. Schreiben Sie sich das Kompliment in Ihren Handy-Kalender als Termin und stellen Sie ihn auf »jährlich wiederholen«. Im nächsten Jahr freuen Sie sich tierisch, denn Sie haben das Kompliment bis dahin garantiert vergessen.

- Nehmen Sie sich eine Mini-Auszeit, setzen Sie sich mit dem Gesicht der Sonne zugewandt in einen bequemen Liegestuhl und tauchen Sie ab. Handy unbedingt außer Hör- und Fühlweite legen.
- Verändern Sie Ihr Aussehen: Gehen Sie zum Friseur, und sagen Sie mal nicht: »Nur die Spitzen«, sondern trauen Sie sich mal was ganz anderes – und wenn es die Farbe ist.
- Lassen Sie sich verwöhnen: Machen Sie einen Termin bei der Kosmetikerin, oder lassen Sie sich bei einer thailändischen Massage ordentlich von rechts auf links drehen.
- Gehen Sie in die Natur und atmen Sie. Ganz tief.
- Überraschen Sie Gatte Lutz mit einem besseren Programm, als die Fernseh-Übertragung des Relegationsspiels seines Fußballvereins es könnte.
- Erfüllen Sie sich Miniwünsche: Schreiben Sie sich eine Liste mit leicht finanzierbaren Miniwünschen: handgeschöpfte Schokolade, Buch, Parfüm, Wolle, entbehrliches Elektrogerät, Römertopf, Handtasche, irgendeinen Schnickschnack, den Sie mal irgendwo gesehen haben. Schuhe gehen eigentlich auch immer. Je nachdem, was für Ihren Geldbeutel »Mini« heißt, wäre ja auch ein Auto eine Kleinigkeit.
- Bauen Sie sich einen She-Shed. Ganz hippes Dingens und so was von hygge. Und nur für Frauen. Was dem Gatten der Hobbykeller, könnte Ihnen ein kuscheliger aufgehübschter Geräteschuppen sein, der nun anstatt Harken und Rasenmäher eine Sitz- oder Liegefläche hat und durch viele Accessoires einen sehr romantischen und wohnlichen Rückzugsort darstellt. Es muss ja nicht unbedingt der klassische She-Shed in Form des besag-

ten Gartenhäuschens sein. Hat ja auch nicht jede von uns einen Garten, und wenn, können ja auch nicht alle die Gartengeräte ausquartieren. Es reicht eine kleine Ecke, in die Sie sich zurückziehen können. Vielleicht reicht es auch aus, ab und zu mal die Tür zuzumachen.

Schauen Sie mal, was für Sie passt, und notieren Sie sich eine Liste mit kleinen Glücksmomenten an einer Stelle, wo Sie sie weder verlieren noch vergessen (vielleicht in eine rosafarbene Teedose in Ihrem She-Shed?). Und dann gönnen Sie sich was davon. Ab und zu. Im Gegensatz zur Bucketlist sind das Dinge, die Sie sich schnell erfüllen können. Dinge, die Sie im Alltag sehen und dann vergessen. Also immer gut aufschreiben.

DANKE

Dieses Buch stützt sich hauptsächlich auf Erfahrungen: auf meine ganz persönlichen und auf die von Freundinnen, Kolleginnen, Nachbarinnen, Bekannten und Verwandten. Auch eine Handvoll Männer hat ihren Teil beigetragen. Einiges wurde mir unter dem Deckmantel der Verschwiegenheit erzählt, und deshalb habe ich (fast) alle Namen im Buch geändert. Die Geschichten aber sind echt, und die Tipps und Tricks sind allesamt erprobt, aber eben meistens individuell. Wenn Sie sich ernsthaft Sorgen um Ihre Gesundheit machen, wenn Sie eine Vorgeschichte mit irgendeiner Krankheit haben oder etwas Merkwürdiges an Ihrem Körper wächst, dann, bitte, wenden Sie sich an medizinisches Fachpersonal. Mir ging es darum, die Herausforderungen, die sich wirklich mit zunehmendem Alter einstellen, erträglicher zu machen und sie nicht so wahnsinnig ernst zu nehmen. Denn, wie schon gesagt, die einzige Alternative zum Älterwerden ist ein Abgang für immer. Und darauf habe ich noch keine Lust, und ich finde es auch in keiner Weise erstrebenswert, mich die restlichen Jahrzehnte über diverse körperliche Veränderungen zu ärgern.

Ich danke euch sensationell tollen Frauen – und Männern: Heike A., Susan B., Stefanie B., Sabine B. Petra B., Martin B., Uta B., Judith B., Melanie C.-N., Martina F., Monika D., Franziska D., Janette E., Eva E., Rolf E., Heike-Talea E., Jutta F., Annette F., Eva G., Christa G., Sandra G., Andrea G., Birgid H., Katja H.-K., Christine H., Charlotte H., Sabine H., Sandra K., André K., Nina K., Cäcilie K., Maike K., Lilian K., Marlies L.-K., Sigi L., Garnet M., Petra M., Lüder M., Eva-Maria N., Susanne N., Britta O., Michaela P., Angelika P.-H., Fatima P., Julia R., Antje R., noch mal Antje R., Sandra S., Gudrun S., Elke S., Torsten S., Heike V., Dagmar W.,

Ulrike Z. und den vielen Hundert Frauen in meinem Netzwerk, die mir, manchmal ohne es zu ahnen, Impulse, Trost, Kraft, Mut und Glück spenden. Danke für euer Vertrauen, für eure lustigen, traurigen, ehrlichen und manchmal peinlichen, schmerzhaften und sehr intimen Geschichten; für eure Unterstützung, euer Interesse, eure Ratschläge, euer Wissen, euren Mut und eure Zeit; für lange Abende, reichlich Wein und viel Schokolade. Und dafür, dass ihr so seid, wie ihr seid in all eurer Vielfalt und mit all euren Macken und Besonderheiten.

Ein ganz besonderer Dank für Kritik, Kopfstreichler und Korrekturen geht an Susanne A., Gisela F. und Stephanie W.

Ich danke von Herzen meinem Mann Kai und unseren beiden Mädchen Zoë und Nina – für eure gnadenlos ehrliche Kritik und fürs Einfach-da-Sein.

Und last, but not least danke ich Ihnen, liebe Leserin, dass Sie dieses Buch in Händen halten. Ich bin neugierig, wie Sie im Mittelalter zurechtkommen. Schreiben Sie mir: surviving40@macedo.de oder schauen Sie mal unter www.howtosurvivealsfrauab40.de.

QUELLEN

1 »Old age ain't no place for sissies«
wird Davis zitiert in *Newsweek*, Band
114, 1989.

2 Frauen greifen ab 40 öfters zu einem
Gläschen Alkohol als in jüngeren
Jahren. www.fitforfun.de/gesundheit/
alkohol_aid_4478.html

3 Bernd Eggen, Marina Rupp: *Vom
Kinderreichtum zur planbaren
Familie*, www.berlin-institut.org/
online-handbuchdemografie/bevoel-
kerungsdynamik/regionale-dynamik/
kinderreichtumin-deutschland.html

4 www.destatis.de/DE/ZahlenFakten/
GesellschaftStaat/Bevoelkerung/Ge-
burten/Tabellen/GeburtenMutterAl-
terBundeslaender.html

5 www.bpb.de/nachschlagen/
zahlen-und-fakten/soziale-situ-
ation-in-deutschland/61556/al-
ter-der-muetter

6 Den »Sexiest Man Alive« bestimmt
das *People's Magazine* jedes Jahr neu.

7 Die Auszeichnung »Sexiest Woman
Alive« wird vom *Esquire Magazine*
vergeben.

8 www.krankenkassen.de/gesetz-
liche-krankenkassen/leistungen-ge-
setzliche-krankenkassen/gesetz-
lich-vorgeschriebene-leistungen/
gesetzliche-krankenkassen-Vorsorge-
untersuchungen/

9 www.krebsdaten.de/Krebs/DE/
Content/Publikationen/Krebs_in_
Deutschland/kid_2015/krebs_in_
deutschland_2015.pdf

10 www.igel-monitor.de/

11 www.krebsdaten.de

12 www.krebsdaten.de/Krebs/DE/
Content/Publikationen/Krebs_in_
Deutschland/kid_2015/krebs_in_
deutschland_2015.pdf

13 vgl. Sigrid Sator: *Frühe Wechseljahre*,
patmos Verlag, 2007

14 Annette Bopp: *Wechseljahre: Den
eigenen Weg finden*, Stiftung Waren-
test , 2011

15 Gibt es zum Beispiel bei Adler in Er-
furt.

16 Frei nach Artdeco, www.artdeco.de

17 Michaela Axt-Gadermann, Peter
Axt: *Skin Food – Mit der richtigen Er-
nährung zu strahlend schöner Haut*,
Herbig, 2017

18 www.iwkoeln.de/studien/iw-reports/
beitrag/andrea-hammermann-oli-
ver-stettes-qualitaet-der-ar-
beit-in-europa-355697

19 www.focus.de/finanzen/altersvorsor-
ge/rente/tid-14947/rente-mit-69-wes-
halb-der-generationenvertrag-schei-
tern-muss_aid_418678.html

20 www.spiegel.de/wirtschaft/soziales/
renten-luecke-zwischen-maennern-
und-frauen-wird-nur-sehr-langsam-
kleiner-a-1157893.html

21 Die Scheidungsrate 2016 lag bei
40,82%. Das durchschnittliche

Scheidungsalter von Männern liegt bei 46,6, das von Frauen bei 43,6 Jahren. 51,3% der Scheidungsanträge kommen von den Frauen. www.destatis.de/DE/PresseService/Presse/Pressemitteilungen/2017/07/PD17_237_12631.html

22 ebd.

23 Albert Camus: *Der Mythos des Sisyphos*, 1942

24 Der Woman Acceptance Factor oder Woman Approval Factor bedeutet, dass die Frau entscheidet, welches technische Gerät Einzug ins Wohnzimmer hält. https://de.wikipedia.org/wiki/Woman_acceptance_factor

25 www.welt.de/icon/partnerschaft/article159591201/So-viel-Sex-pro-Woche-ist-in-Ihrem-Alter-normal.html

26 Ingeborg Lackinger Karger: *Wechseljahre*, 2008

27 Friedrich Schiller: *Die Räuber*, 1782

28 www.destatis.de/Europa/DE/Thema/BevoelkerungSoziales/Bevoelkerung/Junge_Muetter.html

29 www.vereinbarkeit-von-beruf-und-familie.info/berufstaetige-frauen-deutschland/

30 Lässt Shakespeare seinen Helden in *Julius Caesar*, II, 2,32-37 sagen.

31 Zitat von Oscar Wilde: *Be yourself, everyone else is already taken.*

32 *Embrace – Du bist schön*, Dokumentation von Taryn Brumfit, Twentieth Century Fox, 2016

HOW TO SURVIVE SCHEIDUNG

WENN DIE LIEBE SCHEITERT: WIE SIE VOR, WÄHREND UND NACH DER TRENNUNG ZEIT, NERVEN UND GELD SPAREN

HOW TO SURVIVE SCHEIDUNG
WENN DIE LIEBE SCHEITERT: WIE SIE VOR, WÄHREND
UND NACH DER TRENNUNG ZEIT, NERVEN UND GELD SPAREN
Von Jörg ter Veer
312 Seiten, Taschenbuch
ISBN 978-3-86265-673-8 | Preis 9,99 €

Allein in Deutschland werden pro Jahr knapp 200.000 Ehen geschieden, erleben also etwa eine halbe Million Erwachsene und Kinder die emotionalen Situationen und schwierigen Entscheidungen, die mit einer Trennung verbunden sind.

Oft fehlen den Betroffenen nicht nur Zeit, Kraft und Mut, sondern auch das notwendige Wissen, um einfache und teure Fehler zu vermeiden. Wer nicht Psychologie oder Jura studiert hat, wurstelt sich irgendwie durch – meist für viel Geld, mit bescheidener Perspektive und ohne Humor. Dabei geht es auch anders ...

Der Autor Jörg ter Veer liefert in seinem Buch eine sehr kurzweilige Mischung aus wissenschaftlichen Erkenntnissen und eigenen Erfahrungen – für die Zeit vorher, mittendrin und nachher. Verständlich und direkt, ernsthaft und kompetent, witzig und unterhaltsam.

HOW TO SURVIVE IM RUHESTAND

HOW TO SURVIVE IM RUHESTAND
WIE MAN DAS LEBEN OHNE ARBEIT
IN VOLLEN ZÜGEN GENIESSEN LERNT
Von Dietrich von Horn und Hein-Dirk Stünitz
232 Seiten, Taschenbuch
ISBN 978-3-86265-566-3 | Preis 9,99 €

Ruheständler sein und die Klappe halten ist nicht mehr. Dieses Buch gibt auf unterhaltsame Weise Auskunft über den sogenannten »Ruhestand« und wie man ihn so richtig auskostet und genießt. Es gibt zahlreiche erprobte Tipps und zeigt Wege auf, Fallstricke zu vermeiden und zu erfahren, dass dieser Lebensabschnitt nicht mit Stillstand und Warten gleichzusetzen ist, sondern viele wunderbare Überraschungen bereithält.

Die Autoren, selbst glückliche Ruheständler, wissen, wovon sie schreiben. Sie nehmen den Leser mit auf das Ruhestandsabenteuer und zeigen, wie man darin nicht nur überleben, sondern auch aufblühen kann. Am Ende steht dann die Erkenntnis: Das Leben ist schön! Man muss sein Glück nur beim Schopfe packen.

Ein Buch über Leute, die im Alter mit sich und der Zeit etwas anfangen können.

WWW.SCHWARZKOPF-SCHWARZKOPF.DE

DAGMAR DA SILVEIRA MACÊDO, *1968, hat ihre 40er-Jahre fast geschafft und währenddessen ihr Leben komplett umgekrempelt: neue Liebe und neuen Job gefunden, Haus gekauft, Apfelbaum gepflanzt, neue Sprache gelernt, Regionallauf geschafft, einen (fast) freien Fall gewagt. Die Situationen in diesem Buch hat sie am eigenen Leib erfahren oder hautnah bei Freundinnen miterlebt und erlitten. Sie arbeitet als Texterin und Redakteurin.

Dagmar da Silveira Macêdo
HOW TO SURVIVE ALS FRAU AB 40
*So leben Sie glücklich mit Falten, Pfunden
und anderen Zumutungen des Älterwerdens*

ISBN 978-3-942665-42-1
© Schwarzkopf & Schwarzkopf Media GmbH, Berlin 2018
HOW TO SURVIVE – DIE REIHE MIT DEM HAI wird von Martin Brinkmann und Oliver Schwarzkopf herausgegeben | Alle Rechte vorbehalten. Dieses Werk ist urheberrechtlich geschützt. Jede Verwendung, die über den Rahmen des Zitatrechtes bei korrekter und vollständiger Quellenangabe hinausgeht, ist honorarpflichtig und bedarf der schriftlichen Genehmigung des Verlages. | Coverillustrationen alle: © studiostoks/fotolia.com; außer: unten rechts: © thruer/fotolia.com; oben rechts: © ivector/fotolia.com; oben links: © irina_levitskaya/fotolia.com | Autorenfoto: © Tanja Sperzel

VERLAG
Schwarzkopf & Schwarzkopf Media GmbH
Kastanienallee 32, 10435 Berlin
Telefon: 030 – 44 33 63 00
Fax: 030 – 44 33 63 044

INTERNET | E-MAIL
www.schwarzkopf-schwarzkopf.de
www.facebook.com/schwarzkopfverlag
info@schwarzkopf-schwarzkopf.de